民法典合同编通则及司法解释

案例应用手册

主 编

邹毅强　朱　挺

副主编

潘建云　陶俊杰

中国法制出版社

CHINA LEGAL PUBLISHING HOUSE

目　录
Contents

第一章　一般规定

第二章　合同的订立

第三章 合同的效力

第四章 合同的履行

第八章　违约责任

附 录

第一章 一般规定

第四百六十三条 **【合同编的调整范围】**本编调整因合同产生的民事关系。

条文沿革

本条来自《合同法》第 1 条①:"为了保护合同当事人的合法权益,维护社会经济秩序,促进社会主义现代化建设,制定本法。"

裁判规则一

集体经济组织对其自有财产权益的分配系属对自身权益的处分,该权利处分属单方行为,并不受其与他人之间的协议约束。

——辽宁省沈阳市中级人民法院(2023)辽 01 民终 9187 号民事判决书②

▶案情概要

郭某系辽宁省沈阳市辽中区某社区村民委员会村民。2004 年因对郭某耕种土地实施征收,辽宁省沈阳市辽中区某社区村民委员与郭某签订协议书两份。该协议书主要内容为"辽宁省沈阳市辽中区某社区村民委员对郭某承包土地实施一次性安置补偿 9 万元,郭某及其子孙自动脱离辽宁省

---

① 即《中华人民共和国合同法》,已于 2021 年废止。
② 本书除另有说明外,所有案例参考自中国裁判文书网,最后访问日期:2024 年 4 月 20 日。

沈阳市辽中区某社区村民委员集体经济组织，自此郭某不再享有村集体权益。"协议签订后，辽宁省沈阳市辽中区某社区村民委员给付郭某一次性征地补偿款 9 万元，但郭某户籍未迁离辽宁省沈阳市辽中区某社区村民委员经济组织，宅基地仍为郭某占有使用、郭某仍享受农村医疗保障政策。2017 年沈阳市辽中县林场对辽宁省沈阳市辽中区某社区村民委员村委会坝外林地实施租用，辽宁省沈阳市辽中区某社区村民委员需向村民发放租金。辽宁省沈阳市辽中区某社区村民委员经村民代表大会表决一致同意将案涉款项发放给郭某等村民。郭某共计获得租金 9915 元。现辽宁省沈阳市辽中区某社区村民委员以郭某已不是本村村民为由要求返还上述租金 9915 元。

法院认为，农村集体经济组织成员有权享受本村村民待遇，集体经济组织对其自有财产权益的分配系属对自身权益的处分，该权利处分属单方行为，并不受其与他人之间的协议约束。即虽上诉人与被上诉人曾于 2004 年签订协议约定被上诉人不再享有集体经济组织成员权益，但上诉人在处分自身权益时将利益分配给被上诉人系上诉人通过村民代表大会程序对自身权利的处分权能。辽宁省沈阳市辽中区某社区村民委员、郭某虽于 2004 年签订了协议书，郭某脱离辽宁省沈阳市辽中区某社区村民委员集体经济组织，并不再享有村集体权益。但案涉补偿款发放时，辽宁省沈阳市辽中区某社区村民委员已经经全体村民代表大会同意对郭某发放补偿款，故辽宁省沈阳市辽中区某社区村民委员、郭某不再受原协议约束。辽宁省沈阳市辽中区某社区村民委员亦无权再以双方签订了协议书为由索要已发放补偿款。

裁判规则二

当事人就遗产分割达成协议，争议基础是基于继承产生的纠纷，应当由被继承人死亡时住所地人民法院或主要遗产所在地人民法院专属管辖。

——山东省德州市中级人民法院（2022）鲁 14 民辖终 126 号管辖裁定书

▶ 案情概要

被继承人丁某死亡后，继承人杨某、丁某 1、周某就遗产分割达成协议。协议履行过程中产生争议，丁某1、周某起诉至山东省禹城市人民法院并申请财产保全，禹城市人民法院予以认可。杨某上诉至山东省德州市中级人民法院并提出管辖权异议，认为本案系法定继承纠纷案件，应适用民事诉讼法关于继承纠纷的特殊管辖规定，一审法院裁定以合同纠纷的管辖规定处理本案管辖问题，适用法律错误。

法院认为，本案双方当事人就遗产分割达成协议，争议基础仍是基于继承产生的纠纷，依照《民事诉讼法》第34条①规定，应当由被继承人死亡时住所地人民法院或主要遗产所在地人民法院专属管辖。

第四百六十四条 【合同的定义及身份关系协议的法律适用】合同是民事主体之间设立、变更、终止民事法律关系的协议。

婚姻、收养、监护等有关身份关系的协议，适用有关该身份关系的法律规定；没有规定的，可以根据其性质参照适用本编规定。

条文沿革

本条来自《合同法》第2条："本法所称合同是平等主体的自然人、法人、其他组织之间设立、变更、终止民事权利义务关系的协议。

婚姻、收养、监护等有关身份关系的协议，适用其他法律的规定。"

裁判规则

在婚姻关系已经解除且不可逆的情况下，不应允许当事人对于离婚协议中财产部分反悔。

---

① 案例中的法律文件为案件裁判当时有效。

——内蒙古自治区阿拉善盟中级人民法院（2022）内 29 民终 2 号民事判决书

▶**案情概要**

王某薇是王某友与侍某的婚生女儿。王某薇父母协议离婚，约定王某薇由其父亲王某友抚养，并在离婚协议中约定："王某友所购楼房归其和女儿王某薇所有。"王某友与案外人王某某结婚后，与王某某签订房屋赠与协议，将案涉房屋所有权全部赠与王某某，并申请变更登记。

法院认为，王某友与侍某达成的离婚协议，带有保障子女今后生活需要、确保该财产归子女所有的考虑，亦是父母双方出于保障婚生女王某薇在父母离婚后依然能够健康成长的伦理考量，具有基于亲情的无偿性、自愿性与道德义务性等特征。在婚姻关系已经解除且不可逆的情况下，如果允许当事人对于财产部分反悔，将助长先离婚再恶意占有财产等有违诚实信用原则的行为，也不利于保护原配偶及未成年子女的权益。王某友虽然重新组建了家庭，但其作为父亲，应当按照离婚协议的约定积极履行产权共有登记义务。物权的取得和行使，应当遵守法律，尊重社会公德，不得损害公共利益和他人合法权益。

第四百六十五条 【合同约束力和合同相对性】依法成立的合同，受法律保护。

依法成立的合同，仅对当事人具有法律约束力，但是法律另有规定的除外。

条文沿革

本条来自《合同法》第 8 条："依法成立的合同，对当事人具有法律约束力。当事人应当按照约定履行自己的义务，不得擅自变更或者解除合同。

依法成立的合同，受法律保护。"

裁判规则一

合同的当事人可以援用合同的免责条款对抗第三人。运输合同形成的委托关系中，委托人可以行使受托人对第三人的权利，第三人也可以向委托人主张其对受托人的抗辩。

——上海市静安区人民法院（2018）沪 0106 民初 31612 号民事判决书

▶案情概要

2018 年 3 月，陈某（原告）向案外人朱某订购蓝宝石一颗，并支付了蓝宝石价款 56000 元及 GRS 证书费 900 元。该蓝宝石系案外人郭某所有，朱某通过案外人张某向郭某订购。2018 年 7 月，原告和朱某沟通，要求将蓝宝石和 GRS 证书直接以某快递公司快递到付方式寄送给原告。当日傍晚，张某通过手机下单，由快递公司（被告）的快递员至上海市黄浦区泰康路某弄某号某室上门取件，实际托寄物为蓝宝石和 GRS 证书，运单上托运物默认为文件（未修改），收件人为原告，付款方式为到付现结，保价金额 5000 元。后原告迟迟未收到快件，联系被告后得知该快件已丢失。原告认为，原告享有蓝宝石和 GRS 证书的所有权，被告因过错致托寄物遗失，侵害了其财产权，故起诉被告赔偿财产损失 56900 元。本案争议焦点在于：原告是否有权提起侵权之诉；若原告是本案适格主体，其主张的侵权赔偿是否需要受到运输合同保价条款的约束。

法院认为，委托人行使受托人对第三人的权利的，第三人可以向委托人主张其对受托人的抗辩。第一，风险负担规则中的"交付"并非转移所有权的"交付"。本案中，案涉物品已经交付给第一承运人（被告），故该物品毁损、灭失的风险应当由原告承担，但是原告尚未取得该物品的占有及所有权。可是，对于原告来说，由于原告向出卖人仍负有付款义务，故被告侵犯出卖人的财产权所造成的实际损失转移至原告处。此时，原告虽尚未取得物品的所有权，但基于其经济损失有权向被告主张侵权之诉。第二，对于原告的救济，既要尊重原告在请求权上的选择权，也要保护被告依法享有的抗辩权。本案中，出卖人系按照原告的要求代办托运，安排他人寄送案涉物品，故原告与寄件人之间形成了委托合同关系。委托人行使受托人对第三人的权利的，第三人可以向委托人主张其对受托人的抗辩。原告提起侵权损害赔偿，应受到运输合同中保价条款的约束，故判令被告在保价金额 5000 元的限额内赔偿原告损失。

裁判规则二

第三人满足合同约定的主体范围并实际履行合同义务，即便未在合同中签字盖章，仍享有当事人的权利。

——辽宁省高级人民法院（2020）辽民终 1361 号民事判决书

▶**案情概要**

甲乙丙三公司、丁合伙企业、戊己个人签订《增值扩股协议》，协议中甲方约定在满足一定情况下有权要求投资公司或者原股东回购所持全部股份，而后甲指定案外人新某中心出资，履行合同义务，并登记投资人。后发生协议约定的情况，新某中心要求按约定价格回购股份并支付利息，本案中新某中心是否为本案适格原告。

法院认为，新某中心虽未在协议上盖章确认，但从协议内容看，甲公司可指定机构从事案涉投资行为，甲公司系新某中心的合伙人之一，双方存在关联关系，且双方之间存在有关案涉协议的指定安排文件，新某中心按照协议约定具体执行了合同义务，是本案适格主体。

裁判规则三

在租赁关系存续期间，即使所有权人将租赁物让与他人，对租赁关系也不产生任何影响，买受人不能以其已成为租赁物的所有人为由否认原租赁关系的存在并要求承租人返还租赁物。因此，在租赁期间，所有权人将租赁物转让给买受人的，买受人不能要求承租人返还租赁物。

——最高人民法院（2014）民抗字第 23 号民事判决书

▶**案情概要**

置某公司将房产用于西单建行的借款抵押，后长某公司通过拍卖的方式取得置某公司用以担保的房产，同时金某公司主张与置某公司签订有《写字楼租赁合同》，长某公司主张金某公司与置某公司之间为《物业管理服务合同》，长某公司主张租赁合同伪造，对其真实性提出质疑，一审、二审认定《写字楼租赁合同》为一般商业合同、不应受"买卖不破租赁"的法律规定，金某公司申请上诉。

最高人民法院认为，长某公司在参与竞拍时即清楚房产存在两份租赁合同，且未提出异议，而租赁物在租赁期间发生所有权变动的，不影响租赁合同的效力，因此长某公司要求金某公司腾空房产的请求无法获得支持，长某公司应当继续履行租赁合同。

裁判规则四

当事人在夫妻关系存续期间，以所购房屋作为抵押向银行进行贷款用于购买抵押房屋，并办理抵押权登记手续，即便房款实际为第三人支付，借款为第三人使用，夫妻双方在离婚后仍对该笔贷款承担共同的偿还责任，不能以非本人实际使用为由进行抗辩，银行的抵押权自预告登记之日起成立，其有权主张优先受偿权。

——辽宁省沈阳市和平区人民法院（2021）辽 0102 民初 13201 号民事判决书

▶案情概要

某银行沈阳和平支行（贷款人、抵押权人）与被告万某（借款人、抵押人）、马某（抵押人）、被告沈阳华某世纪投资公司（保证人）签订《个人购房担保合同》，抵押物为万某、马某名下的房产。而后银行提供了借款服务，被告未按照合同约定还款，原告主张解除合同，被告抗辩一是两者已经离婚，不承担共同的还款责任；二是经查明抵押房产实际为朱某用赃款支付，应当为房产实际所有人，银行借款也为其使用，被告本身并非实际借款人，不承担还款责任；三是朱某已被刑事拘留，现房屋已被沈阳市中级人民法院以房屋系赃款所购买为由进行查封，原告应当向沈阳市中级人民法院提出主张权利，行使优先受偿权。

沈阳市和平区人民法院认为，被告万某、马某系夫妻关系，在婚姻关系存续期间借款购房并登记在两人名下，并且签署《共同还款承诺书》，即便双方已离婚，不影响其共同偿还借款并承担相关费用的责任；

根据相对性原则，被告万某、马某应承担合同责任，且被告万某、马某在购房时明知购房款来自朱某，而愿意出面签订借款合同进行购房，其应承担签订合同后的法律后果；被告购买的房产作为抵押物为本案借款提供担保并已办理抵押权预告登记，且该房产已办理不动产首次登记，其具备办理房产证及抵押登记的条件，依法应认定抵押权自预告登记之日起设立。故原告有权对抵押房屋主张优先受偿。

第四百六十六条　【合同的解释规则】当事人对合同条款的理解有争议的，应当依据本法第一百四十二条第一款的规定，确定争议条款的含义。

合同文本采用两种以上文字订立并约定具有同等效力的，对各文本使用的词句推定具有相同含义。各文本使用的词句不一致的，应当根据合同的相关条款、性质、目的以及诚信原则等予以解释。

条文沿革

本条来自《合同法》第 125 条："当事人对合同条款的理解有争议的，应当按照合同所使用的词句、合同的有关条款、合同的目的、交易习惯以及诚实信用原则，确定该条款的真实意思。

合同文本采用两种以上文字订立并约定具有同等效力的，对各文本使用的词句推定具有相同含义。各文本使用的词句不一致的，应当根据合同的目的予以解释。"

关联司法解释

《最高人民法院关于适用〈中华人民共和国民法典〉合同编通则若干问题的解释》

第一条　人民法院依据民法典第一百四十二条第一款、第四百六十六条第一款的规定解释合同条款时，应当以词句的通常含义为基础，结合相关条款、合同的性质和目的、习惯以及诚信原则，参考缔约背景、磋商过程、履行行为等因素确定争议条款的含义。

有证据证明当事人之间对合同条款有不同于词句的通常含义的其他共同理解，一方主张按照词句的通常含义理解合同条款的，人民法院不予支持。

对合同条款有两种以上解释，可能影响该条款效力的，人民法院应当选择有利于该条款有效的解释；属于无偿合同的，应当选择对债务人负担较轻的解释。

裁判规则一

当事人对合同条款的理解有争议的，应当按照合同所使用的词句，结合相关条款、行为的性质和目的、习惯以及诚信原则，确定合同中有关意思表示的含义。

——最高人民法院（2022）最高法知民终 340 号民事判决书

▶ 案情概要

涉案合同第 1 条第 5 项载明的技术服务时间为 2020 年 11 月 9 日至 2021 年 12 月 8 日。但是涉案合同在技术服务期限、服务质量期限要求、违约责任所涉用工周期的条款中均约定了 1 个月的期限，同时涉案合同明确约定了北某公司向源某公司支付技术服务报酬及支付方式的条款。源某公司主张北某公司存在单方面终止项目、未完整履行 1 年用工周期的行为。

法院认为，涉案合同的履行期限为 1 个月。虽然涉案合同第 1 条第 5 项载明的技术服务时间为 2020 年 11 月 9 日至 2021 年 12 月 8 日，但合同中没有相应的技术服务费金额、支付期限等内容与之对应。结合当事人双方依此确定权利义务以及北某公司履行支付技术服务报酬的情况，能够明确双方当事人行使涉案合同权利义务的期限为 1 个月。

裁判规则二

对合同条款的含义，应当按照该条款所使用的语句，结合相关条款、合同目的、交易习惯以及诚实信用原则加以确定。

——山东省高级人民法院（2021）鲁民终 1048 号民事判决书

▶**案情概要**

兴运某公司与威海某公司签订《39M 玻璃钢海洋牧场平台建造合同》。双方对合同条款 2.6 约定的提供船检证书义务应由谁承担存在不同理解。合同条款 2.6 载明："平台如需提供船检证书，费用由兴运某公司承担。"兴运某公司将该合同条款理解为提供船检证书的义务应由威海某公司承担；威海某公司对该合同条款的理解与兴运某公司相反。

法院认为，从文义解释的角度来看，A 公司"提供""船检证书"给 B 公司，应是上述约定的应有之义；这里，A 公司是主语，"提供"是谓语，"船检证书"是直接宾语，B 公司是间接宾语；从逻辑分析的角度来看，A 公司与 B 公司必不是同一公司；从合同相对性的角度分析，A 公司与 B 公司应为涉案合同双方，而不可能是合同之外的第三方。结合合同目的，B 公司应为平台建造完成后的使用者即兴运某公司，而 A 公司则为合同相对方的威海某公司。此外，通过威海某公司就其建造的同类型其他平台的检验事宜而制作的《关于海洋牧场水上多功能玻璃钢平台申请检验的请示》可知，威海某公司在签订同类型平台建造合同时的交易习惯亦是由其办理平台检验事宜；对双方争议条款的上述解释亦符合威海某公司交易习惯。因此，法院判令威海某公司为涉案平台办理船检证书。

第四百六十七条 【非典型合同及特定涉外合同的法律适用】本法或者其他法律没有明文规定的合同，适用本编通则的规定，并可以参照适用本编或者其他法律最相类似合同的规定。

在中华人民共和国境内履行的中外合资经营企业合同、中外合作经营企业合同、中外合作勘探开发自然资源合同，适用中华人民共和国法律。

第四百六十八条 【非合同之债的法律适用】 非因合同产生的债权债务关系，适用有关该债权债务关系的法律规定；没有规定的，适用本编通则的有关规定，但是根据其性质不能适用的除外。

条文沿革

本条为新增条文。

裁判规则一

侵权损害结果发生后，被侵权人在知晓损害结果发生的情况下未能采取有效措施及时止损的，对于损失扩大的部分应自行承担责任。

——湖北省宜昌市中级人民法院（2021）鄂 05 民终 2230 号判决书

▶案情概要

申某（乙方）与业某商业公司（甲方）签订《商铺租赁合同》，约定业某商业公司将部分商铺出租给申某经营使用。商铺经营期间，正某物业公司请工人修理水箱时，由于操作不当导致水箱漏水后流入案涉店铺，店铺因此遭受淹水损失。次日，申某发现店铺淹水后未对现场物品损失进行收集、清理登记或保全，也未要求正某物业公司或业某商业公司对其商铺受损部位进行维修，迟至两个月后才委托进行证据保全并进行评估鉴定。申某与正某物业公司就赔偿数额无法达成一致意见，遂成讼。

法院认为，《民法典》第 468 条规定："非因合同产生的债权债务关系，适用有关该债权债务的法律规定；没有规定的，适用本编通则的有关规定，但是根据其性质不能适用的除外。"《民法典》第 591 条规定："当事人一方违约后，对方应当采取适当措施防止损失的扩大；没有采取适当措施致使损失扩大的，不得就扩大的损失请求赔偿。当事人因防止损失扩大而支出的合理费用，由违约方负担。"本案虽系侵权纠纷，但并不存在排斥适用前述规定的情形。申某店铺的财产被水淹是由正某物业公司造成，但申某在发现水淹后，仅进行了扫水、清理、开门通风等简单的善后处理，作为财产的所有人和控制人，其并没有在合理时间内积极地采取修缮、更换等补救措施及时止损，而是放任其财产在渗水、受潮后，损失进一步扩大，其本人对扩大损失部分有不可推卸的责任，应对损失扩大部分自行承担责任。

裁判规则二

侵权事实发生于《民法典》生效前，虽然因侵权产生的债权债务关系中并无债权人撤销权的相关规定，但依据《最高人民法院关于适用〈中华人民共和国民法典〉时间效力的若干规定》第3条、《民法典》第468条的规定，债务人有逃避债务行为时，债权人可以行使债权人撤销权。

——广东省韶关市中级人民法院（2021）粤02民终2271号民事判决书

▶案情概要

2020年4月7日，赵某驾驶普通二轮摩托车与许某驾驶的普通二轮摩托车相撞，导致赵某死亡、许某受伤、车辆受损。乳源县公安局交通警察大队认定双方承担事故同等责任。2020年6月28日，赵某的妻子赵某1以及女儿赵某2、赵某3、赵某4以许某为被告向乳源瑶族自治县人民法院提起机动车交通事故责任诉讼，主张许某承担赔偿责任。乳源瑶族自治县人民法院于2020年9月7日作出（2020）粤0232民初727号民事判决书，支持了四原告诉讼请求。许某与李某系夫妻关系，并育有一子许某1。2020年5月19日，许某、李某将该房屋无偿赠与许某1，并于同日办理了产权过户手续，将该房屋过户登记在许某1名下。赵某1、赵某2、赵某3、赵某4认为许某赠与房产的行为系出于逃避债务之目的，故诉至乳源瑶族自治县人民法院，请求撤销许某将案涉房产过户至许某1名下的行为，并将案涉房产恢复至许某名下。由于案涉房屋原系许某、李某共有，乳源瑶族自治县人民法院作出（2021）粤

0232 民初 232 号民事判决，在许某份额内支持了四原告的诉讼请求。许某不服上述判决，向广东省韶关市中级人民法院提出上诉。

二审法院认为，本案系债权人撤销权之诉。虽然本案纠纷是因《民法典》施行之前的法律事实所引起的，但在《侵权责任法》等法律、司法解释对机动车交通事故中被侵权人及其近亲属是否享有债权人撤销权没有规定而《民法典》有相关规定的情况下，依照《最高人民法院关于适用〈中华人民共和国民法典〉时间效力的若干规定》第 3 条的规定，处理本案纠纷可适用《民法典》的规定。由于赵某 1、赵某 2、赵某 3、赵某 4 与许某之间的债权债务关系是由机动车交通事故所引起的，而《民法典》侵权责任编对机动车交通事故中被侵权人及其近亲属是否享有债权人撤销权没有规定，依照《民法典》第 468 条的规定，对本案纠纷可适用《民法典》合同编通则的有关规定处理。

第二章 合同的订立

第四百六十九条 **【合同形式】**当事人订立合同，可以采用书面形式、口头形式或者其他形式。

书面形式是合同书、信件、电报、电传、传真等可以有形地表现所载内容的形式。

以电子数据交换、电子邮件等方式能够有形地表现所载内容，并可以随时调取查用的数据电文，视为书面形式。

条文沿革

本条来自《合同法》第 10 条："当事人订立合同，有书面形式、口头形式和其他形式。

法律、行政法规规定采用书面形式的，应当采用书面形式。当事人约定采用书面形式的，应当采用书面形式。"

第 11 条："书面形式是指合同书、信件和数据电文（包括电报、电传、传真、电子数据交换和电子邮件）等可以有形地表现所载内容的形式。"

裁判规则一

双方在订立合同之前已达成的口头协议，并实际履行，且无必须订立书面合同之约定，则口头协议成立。

——新疆维吾尔自治区高级人民法院伊犁哈萨克自治州分院

(2023) 新 40 民终 124 号民事判决书

▶**案情概要**

原告王某陆续给被告高某转款，共计 12 万元。高某出具收条，载明收到王某投资开店资金 80000 元、20000 元、20000 元，由高某返还 80000 元为投资开店资金，如亏损，高某自愿赔付一半，即 40000 元。王某诉称，高某因以各种理由拖延拒签合同，致双方间合伙合同未成立、未生效，本案系民间借贷纠纷，高某应全额返还其款项。高某辩称，合伙合同成立。

法院认为，双方在订立合同之前已达成合伙投资的口头协议，并实际履行，且无必须订立书面合同之约定。通过王某与高某的微信聊天及高某给王某出具收条内容可以证实，王某有与高某合伙的意思表示，并实际履行了合伙出资义务，且高某已接受，双方的合伙协议因此成立。王某主张本案系民间借贷纠纷，但从收条及双方的微信聊天内容可证实王某支付给高某的款项是双方协议约定的合伙资金，王某关于本案系民间借贷纠纷的主张不成立，本案案由应当是合伙合同纠纷。法院判令高某支付王某合同投资损失 40000 元，以及相应利息。

裁判规则二

书面文件作为体现合同内容的载体，如其内容涉及当事人之间设立、变更或终止民事权利义务关系，是各方当事人的一致意思表示且该意思表示的内容具体明确，具有可执行性，当事人并无排除受其约束的意思，则具备了民事合同的要件，可以构成一份法律意义上的合同。

——西藏自治区高级人民法院 (2022) 藏民终 36 号民事判决书

▶**案情概要**

Z 大厦与陈某 1 签订《商品房租赁合同》约定，甲方将位于拉萨市某路的部分沿街商品房共计 54 间 (1—3 层) 出租给乙方使用。后期租金，双方确认陈某 1 尚欠原告租金 175 万元。Z 大厦负责人李某兰、张某与陈某 1 等人磋商房屋租赁事宜并形成《会议纪要》，约定了租期、租金等具体事宜。该《会议纪要》无公司盖章确认。现 Z 大厦诉称，请求陈某1返还案涉租赁房屋，支付租金、利息、违约金及水电费。陈某1反诉称，请求Z大厦继续履行租赁合同，并赔偿其租金利息损失及相关费用。

法院认为，案涉《会议纪要》为书面文件，可作为体现合同内容的载体。《会议纪要》的名称对于纪要内容是否构成一份合同，并无实质的决定意义。通常而言，《会议纪要》只是记录会议或磋商谈判的过程和所达成的原则性意见。案涉《会议纪要》虽未冠称为合同，但如其内容涉及当事人之间设立、变更或终止民事权利义务关系，是各方当事人的一致意思表示且该意思表示的内容具体明确，具有可执行性，当事人并无排除受其约束的意思，则具备了民事合同的要件，可以构成一份法律意义上的合同。此外，案涉《会议纪要》第一段载明双方协商的事项为债权债务的处理及商品房续租事宜并初步达成一致，该内容可表明双方就协商事宜达成一致意思表示，合同成立。

第四百七十条　【合同主要条款及示范文本】 合同的内容由当事人约定，一般包括下列条款：

（一）当事人的姓名或者名称和住所；

（二）标的；

（三）数量；

（四）质量；

（五）价款或者报酬；

（六）履行期限、地点和方式；

（七）违约责任；

（八）解决争议的方法。

当事人可以参照各类合同的示范文本订立合同。

条文沿革

本条来自《合同法》第12条："合同的内容由当事人约定，一般包括以下条款：

（一）当事人的名称或者姓名和住所；

（二）标的；

（三）数量；

（四）质量；

（五）价款或者报酬；

（六）履行期限、地点和方式；

（七）违约责任；

（八）解决争议的方法。

当事人可以参照各类合同的示范文本订立合同。"

裁判规则一

合同内容中，当事人、标的物为合同必备要素，履行期限、地点和方式以及是否具备履行可能性未明确约定，并不影响合同的效力。

——北京市第二中级人民法院（2023）京 02 民终 5155 号民事判决书

▶**案情概要**

奥某公司（出租人）与珀某公司（承租人）先后在 2021 年 12 月 12 日和 2021 年 12 月 17 日签订设备租赁合同，两份合同明确了当事人、租赁物，履行期限为 2021 年 12 月 15 日至 2021 年 2 月 15 日，具体时间以实际为准，现承租人违约不支付租金及违约金，诉称案涉合同为无效合同，理由是根据《民法典》第 470 条，合同应必备履行期限、地点和方式等必备条款且具备履行可能性，但案涉合同均约定租赁期限为 2021 年 12 月 15 日至 2021 年 2 月 15 日，明显无法履行，违背法律强制性规定，且在 17 日仍约定该日期，明显不是上诉人真实意思表示，辩称依法成立的合同对双方当事人具有法律约束力，双方当事人签订的合同不具有法律规定的无效情形。

法院认为，案涉两份租赁合同的当事人相同、租赁物为相同种类、约定的租赁期限相同，主张一并提起诉讼，不违反法律规定，本案中，虽然合同约定的租赁期限记载为 2021 年 12 月 15 日至 2021 年 2 月 15 日，但根据上下文的理解可以看出系笔误，并不影响合同的成立与履行，且双方都按照合同约定全面履行己方义务。因此，承租人诉称合同履行期限、地点和方式是必备条款的主张不成立，不予支持。

裁判规则二

作为主合同补充的协议，若其中没有明确的合同签订时间，无法确定签订日期为主合同之后，不能认定为主合同的补充协议。

——云南省普洱市中级人民法院（2023）云 08 民终 278 号民事判决书

▶ 案情概要

某某公司为东某公司提供爆破服务，双方签订《爆破工程施工服务合同》，对双方权利义务作出规定。某某公司与万某公司签订《民爆一体化服务补充协议》协议无签署日期和履行期限。某某公司诉称万某公司在一审中未对《民爆一体化服务补充协议》的三性提出异议，并且做出拉矿抵偿、支付爆破费的行为，表明其认可该协议内容，且东某公司也表示该协议为主合同的补充，并且双方均履行合同。此外，主合同约定合同期限是长期，故《民爆一体化服务补充协议》中未约定开始时间不影响合同的效力；万某公司辩称该爆破服务是东某公司与其签订转让协议之前签订，与本公司无关。

云南省普洱市中级人民法院认为，合同应有履行期限、地点和方式。本案中《爆破工程施工服务合同》系某某公司与东某公司签订，某某公司与万某公司虽然签订了《民爆一体化服务补充协议》，但无签署日期和履行期限，不具备合同成立并生效的条件。因为没有明确的合同签订时间，不能确认该补充协议签订于《爆破工程施工服务合同》之后。因此，某某公司提供的证据不足以证明《民爆一体化服务补充协议》系《爆破工程施工服务合同》的补充。

裁判规则三

合同的条款由当事人协商一致，规定权利和义务，不同合同有不同的主要条款，由合同类型和性质决定，而当事人的姓名或名称、标的、数量为合同的必备条款，是合同成立的必备要件。

——北京市第三中级人民法院（2023）京 03 民终 4254 号民事裁定书

▶ **案情概要**

邵某所在村落拆迁腾退，邵某已购买与《北京市住宅房屋拆迁货币补偿协议》及《回迁安置协议》不同的回迁安置房，邵某提出增加购房，并有《请示》和《购房申请》，经时任领导批示，但邵某并未选定房屋和支付房款。邵某诉称双方之间已成立合法有效的购房合同，并实际履行了带其看房的义务，对于房屋买卖事宜已形成口头协议，应当继续履行；北京市某农工商联合公司辩称双方合同关系未成立。

法院认为，当事人的姓名或者名称、标的、数量为合同的必备条款，当合同没有这 3 项条款之一时，合同不能成立。本案中，根据邵某提交的《请示》及《购房申请》可知，经相关主管部门负责人批示，邵某获得了增购一套回迁安置房的资格，但邵某因故未能选择并确定具体房屋，缺少房屋买卖合同成立的必备标的。邵某以《请示》及《购房申请》作为双方房屋买卖合同要约与承诺的意见无法律依据，故无论是书面合同还是口头合同，双方之间的合同关系并未成立。

第四百七十一条 【订立合同的方式】当事人订立合同，可以采取要约、承诺方式或者其他方式。

条文沿革

本条来自《合同法》第 13 条："当事人订立合同，采取要约、承诺方式。"

裁判规则

承诺是受要约人同意要约的意思表示，可以以行为作出，承诺生效，合同成立。

——北京市第四中级人民法院（2021）京 04 民初 816 号民事判决书

▶**案情概要**

飞某货运与天某速递签订了《国际货物航空出口代理协议》。双方就协议履行提起诉讼。天某速递应付飞某货运运费而未付，只支付部分款项。飞某货运诉称天某速递拖欠款项并单方出具欠条，约定还款日期，飞某货运明确表示不同意该还款方案，要求天某速递支付欠款以及逾期付款滞纳金。天某速递辩称，对于飞某货运主张的逾期付款滞纳金，是由飞某货运单方出具的格式性条款，应该作出不利于飞某货运的解释且滞纳金约定数额过高。

法院认为，法律允许当事人以行为方式作出承诺。本案中，根据一般人的理解，虽然没有在欠条中签章但接收欠条的行为本身亦可以视为作出承诺的意思表示，因此欠条上虽然仅有天某速递单方印章，但同样是双方当事人之间达成的共同意思表示，对双方当事人均具有约束力。该欠条应当理解为，天某速递应当按照《国际货物航空出口代理协议》约定的费用金额及违约责任向飞某货运承担给付义务，但同时双方约定将天某速递的给付时间展期至 2022 年 5 月 25 日。也就是说，除了给付时间改变对原合同其他内容并未作出任何调整。截至目前，约定的给付期限已经届满，天某速递并未履行给付义务，法院支持飞某货运要求天某速递支付拖欠费用及违约金的诉讼请求。

第四百七十二条　【要约的定义及其构成】要约是希望与他人订立合同的意思表示，该意思表示应当符合下列条件：

（一）内容具体确定；

（二）表明经受要约人承诺，要约人即受该意思表示约束。

第四百七十三条 　**【要约邀请】**要约邀请是希望他人向自己发出要约的表示。拍卖公告、招标公告、招股说明书、债券募集办法、基金招募说明书、商业广告和宣传、寄送的价目表等为要约邀请。

　　商业广告和宣传的内容符合要约条件的，构成要约。

条文沿革

　　本条来自《合同法》第15条："要约邀请是希望他人向自己发出要约的意思表示。寄送的价目表、拍卖公告、招标公告、招股说明书、商业广告等为要约邀请。

　　商业广告的内容符合要约规定的，视为要约。"

裁判规则一

　　要约与要约邀请的区别在于，要约须能反映所要订立合同的主要内容，具备订立合同的主要条款；要约邀请一般向不特定人发出，是一方当事人邀请他人向自己发出要约的意思表示，本身不发生要约的法律效力，是订立合同的预备行为，其内容不具备成立合同的全部必要条款。

　　——新疆维吾尔自治区乌鲁木齐市中级人民法院（2022）新01民终1163号民事判决书

　　▶**案情概要**

　　乐某公司（出租方、甲方）与贾某（承租方、乙方）签订《商铺租赁合同》一份，就租赁商铺所在位置及面积、租赁期限、租金及其他服务费的数额和缴纳方式、定金的数额及缴纳方式等内容作出明确约定。同日，双方签订《商铺租赁合同补充协议》，就租赁期限、综合管理费等内容作出明确约定。合同履行中发生争议，贾某诉至法院，主张被告乐某公司未兑现招商宣传册承诺的内容，乐某公司的虚假宣传行为构成欺诈，案涉两合同系无效。乐某公司提出反诉，主张贾某未按时支付费用系违约，请求贾某承担违约责任。

法院认为，要约与要约邀请的区别在于，要约的作出须符合要约的构成要件，能反映所要订立合同的主要内容，具备订立合同的主要条款。而要约邀请一般是向不特定的人发出，是一方当事人邀请他人向自己发出要约的意思表示，本身不发生要约的法律效力，是订立合同的预备行为，其内容不具备成立合同的全部必要条款。本案中所涉的招商广告宣传册，并不包含具体的标的、质量、数量、价款、履行期限、方法等内容，应认定为要约邀请，亦未被双方写入涉案合同之中，故不发生要约的法律效力。

裁判规则二

招标文件中关于投标保证金金额、交纳时间、退还期限及方式的内容具体明确，属于要约。经投标人投标，招标人即受该意思表示约束。

——安徽省芜湖市鸠江区人民法院（2022）皖 0207 民初 4200 号民事判决书

▶案情概要

新某公司发布《主题音乐喷泉施工工程招标文件》，载明工程保证金、交纳时间、投标时间、未中标则退还保证金等内容。中某水景公司参与投标但未中标。中某水景公司要求新某公司退还投标保证金遭拒，遂诉至安徽省芜湖市鸠江区人民法院，请求新某公司按照《主题音乐喷泉施工工程招标文件》退还投标保证金。

法院认为，被告发布的《主题音乐喷泉施工工程招标文件》虽为要约邀请，但招标文件中关于投标保证金金额、交纳时间、退还期限及方式的规定，内容具体明确，经投标人投标，被告即受该意思表示约束，属于要约。原告按招标文件要求交纳投标保证金，双方就此达成合意，故被告发布的招标文件中关于投标保证金的规定对招投标双方均具有法律约束力。

第四百七十四条 【要约的生效时间】 要约生效的时间适用本法第一百三十七条的规定。

条文沿革

本条来自《合同法》第 16 条："要约到达受要约人时生效。

采用数据电文形式订立合同，收件人指定特定系统接收数据电文的，该数据电文进入该特定系统的时间，视为到达时间；未指定特定系统的，该数据电文进入收件人的任何系统的首次时间，视为到达时间。"

裁判规则

要约人发出新的要约，要约应在到达对方时生效。

——山东省济南市中级人民法院（2022）鲁 01 民终 6401 号民事判决书

▶案情概要

现某学院与万某职业学院签订《房屋租赁协议》。双方约定，由万某职业学院承租现某学院位于济南市的场地及房屋。合同履行期间，万某职业学院通过邮政快递 EMS 向现某学院邮寄了关于房屋租赁续租意向函一份。该邮件到达现某学院菜鸟驿站自提点，被收件人取走。后现某学院与案外人华某公司签订《房屋租赁和场地使用协议》。双方约定，现某学院将济南市的场地及房屋出租给华某公司。万某职业学院又通过邮政快递 EMS 向现某学院邮寄了关于租期延期的申请函一份，该函件载明万某职业学院至此已知晓现某学院已与案外人华某公司签订租赁合同的事实。该邮件由现某学院门卫代收。万某职业学院于租期届满后继续占用案涉校区，拒不交还现某学院。现某学院诉称，请求万某职业学院腾退校区，返还租赁物。万某职业学院反诉称，请求现某学院配合万某职业学院行使优先承租权，万某职业学院在同等条件下优先承租案涉校区。

法院认为，因承租人的优先承租权的存在系以其有继续承租的意思表示为前提。本案中，依双方当事人的约定判断，万某职业学院的续租申请实质系发出新的承租要约，要约应在到达对方时生效。据此，万某职业学院依约需在约定的租赁期限届满的 3 个月前，向现某学院送达续租申请，才产生保有其优先承租权的效力。万某职业学院虽向现某学院发出了续租意向函，且该函即到达现某学院菜鸟驿站，但是，因无证据证实双方当事人已约定现某学院的收件地址为现某学院菜鸟驿站，亦无证据证实现某学院指定或同意邮件送达现某学院菜鸟驿站即视为送达，故该函送达至现某学院菜鸟驿站不应视为已送达现某学院，而应以现某学院实际签收时间为准。也即，于现某学院签收该函时，万某职业学院的续租申请才到达现某学院。此时已逾越当事人约定的保留优先承租权的期限。因此应视为其已无续租意愿，据此其已不再享有优先承租权。

第四百七十五条 【要约的撤回】要约可以撤回。要约的撤回适用本法第一百四十一条的规定。

条文沿革

本条来自《合同法》第 17 条："要约可以撤回，撤回要约的通知应当在要约到达受要约人之前或者与要约同时到达受要约人。"

裁判规则

撤回要约的意思表示应以通知的方式作出，且通知应在要约到达受要约人前或与要约同时到达受要约人。

——云南省红河哈尼族彝族自治州中级人民法院（2022）云 25 民终 2887 号民事判决书

▶案情概要

唐某以合作种植中草药为名向朱某转账 50 万元，因转账后双方一直未签订相关合同，唐某在双方共同的微信群里作出退出项目筹备和合作的通知。朱某诉称 50 万元已用于项目投入中，双方系合作关系且该项目正在继续，双方未对唐某的 50 万元投资款达成撤回或回购、收购等合意，双方的聊天记录也表明并未同意其撤资。唐某辩称，转账 50 万元的意思表示是预约，双方未形成合同关系，且多次提出股权确定等合伙事宜，对方没有给出明确答复，应当承担违约责任，因预约合同目的无法实现，退出合同的主张符合法律规定。

法院认为，唐某发出退出合作通知，形成撤回合作的意思表示，该行为已经构成了一项有效的通知，因此原告唐某要求被告朱某退还投资款 50 万元的请求，被告朱某应当退还。同时双方建立预约合同关系后，应本着诚实信用原则，积极建立合作关系，但被告朱某在长达 5 个多月的时间内，没有提出合作方案，已构成根本性违约，因此，被告朱某认为款项是投资款，已投资到合作项目中，只能等清算之后退还投资款的主张，不符合合作投资风险共担、利益共享的一般原则，法院不予采纳。

第四百七十六条 【要约不得撤销情形】 要约可以撤销，但是有下列情形之一的除外：

（一）要约人以确定承诺期限或者其他形式明示要约不可撤销；

（二）受要约人有理由认为要约是不可撤销的，并已经为履行合同做了合理准备工作。

条文沿革

本条来自《合同法》第 18 条和第 19 条，第 18 条："要约可以撤销。撤销要约的通知应当在受要约人发出承诺通知之前到达受要约人。"

第 19 条："有下列情形之一的，要约不得撤销：

（一）要约人确定了承诺期限或者以其他形式明示要约不可撤销；

（二）受要约人有理由认为要约是不可撤销的，并已经为履行合同作了准备工作。"

裁判规则

要约人在要约中明确了受要约人收到要约后的承诺期限，则该要约不得撤销。

——上海市黄浦区人民法院（2021）沪 0101 民初 29436 号民事判决书

▶**案情概要**

北京某人力资源服务上海有限公司以电子邮件方式向季某发送《聘用通知书》，之后又以电子邮件通知季某撤销《聘用通知书》。季某诉称撤销《聘用通知书》给其造成损失，劳务派遣单位与用工单位应对劳动者的损失承担连带赔偿责任。北京某人力资源服务上海有限公司辩称其根据《聘用通知书》中的约定可以取消录用，无需承担责任。

法院认为，要约不得撤销的两种情形：要约人以确定承诺期限或者其他形式明示要约不可撤销；受要约人有理由认为要约是不可撤销的，并已经为履行合同做了合理准备工作。被告 2021 年 2 月 9 日向原告发出《聘用通知书》，要求原告于 1 个工作日内回复邮件确认接收。《聘用通知书》载明，（聘用与否）"取决于通过聘用的背景筛查，如筛查……您没有透露之前的犯罪行为或不道德行为可能撤回聘用意向书且终止劳动合同"。被告在背景筛查中缺乏充分证据，提供的事实不具有考证性，故被告在向原告发出的要约中确定了承诺期限，该情节符合要约不得撤销的第一种情形。

第四百七十七条　【要约撤销条件】撤销要约的意思表示以对话方式作出的，该意思表示的内容应当在受要约人作出承诺之前为受要约人所知道；撤销要约的意思表示以非对话方式作出的，应当在受要约人作出承诺之前到达受要约人。

条文沿革

本条来自《合同法》第18条:"要约可以撤销。撤销要约的通知应当在受要约人发出承诺通知之前到达受要约人。"

裁判规则一

撤销要约的意思表示以对话方式作出的,应当在受要约人作出承诺之前为受要约人所知道。

——新疆维吾尔自治区昌吉回族自治州中级人民法院(2023)新23民终191号民事判决书

▶案情概要

马某与靳某就租赁或购买商铺进行磋商。就合同是否成立产生争议,靳某诉至法院,认为其与马某订立预约合同的意思表示明确,且符合预约合同的构成要件,故对于预约合同双方达成合意,并且马某已实际支付定金,预约合同成立并生效。马某辩称本案不涉及预约合同法律关系,双方之间并没有明确表示要在将来一定期限内订立合同,而仅仅是进行价格磋商,同时双方也未签署订购书、认购书等,故不具有预约合同的构成要件。

法院认为,靳某在一审庭审中提交的2021年4月20日的录音证据可反映出双方对案涉房屋是买卖还是租赁未达成共识,且马某明确表示放弃购买案涉房屋,靳某亦表示其将房屋予以另行租赁。换言之,靳某与马某进行磋商后仍无法就合同的主要条款达成一致,缺少合同成立的必要条款,因此不构成预约合同所指的违约情形,已付定金应返还。

裁判规则二

撤销要约的意思表示以非对话方式作出的,应当在受要约人作出承诺之前到达受要约人。

——河南省洛阳市中级人民法院(2021)豫03民终3652号民事判决书

▶案情概要

2017 年 7 月 11 日，华某公司与付某签订《建材城商铺租赁合同》，2021 年 3 月 1 日华某公司发出续租通知。双方就续租合同是否成立存在争议，华某公司认为其已于 2021 年 3 月 9 日以邮寄《律师函》的形式撤销要约，应符合民法典规定的撤销条件。付某主张其于 2021 年 3 月 1 日接到通知书后即在回执联签字，应视为双方续租合同成立。

法院认为，华某公司制作的《通知书》下半部分设计有回执，且付某提交的通知书没有回执部分，应系华某公司收回。华某公司未提交通知书回执联，因此，法院不支持华某公司认为已撤销要约的主张。法院判令华某公司按照通知书内容与付某签订续租合同。

裁判规则三

未提供有效证据加以证明其提出撤销要约的，由负有举证责任的当事人承担不利后果。

——河南省郑州市人民法院（2021）豫 01 民终 8615 号民事判决书

▶案情概要

甲方原某公司、乙方万某公司、丙方爱某公司签订《债务转让协议》。原某公司、万某公司、爱某公司均在《债务转让协议》上加盖公章，各方均不持异议。就该协议是否合法有效，万某公司称涉案的债务转让协议不成立且曾明确提出撤销要约。原某公司辩称，《债务转让协议》依法成立并生效。

法院认为，万某公司对于在《债务转让协议》上盖章所生法律后果应当完全明知。万某公司在协议上盖章不仅具有形式意义，更是对实体权利的处分。在《债务转让协议》各方均盖章的情况下，法院判令万某公司应当依法向爱某公司主张债权。

裁判规则四

向对方发出要约后，在对方承诺作出前向法院提出诉讼，视为撤销前述要约。

——天津市宝坻区人民法院（2021）津 0115 民初 3474 号民事判决书

▶**案情概要**

景某置业公司、宝某签订《天津某小镇商品房认购书》，就认购商品房作出约定。双方就认购书是否解除发生争议，宝某诉至法院，认为景某置业公司一直恶意拖延审批流程，亦未将景某置业公司签章的解除协议交还宝某，故请求判令解除双方签订的《天津某小镇商品房认购书》。景某置业公司辩称，双方之间的认购书已经解除，同意退还购房款含定金 240104 元。

法院认为，宝某曾向景某置业公司提交书面《退房申请》，并单方签署解除协议的行为，即是向景某置业公司发出要约，景某置业公司虽主张已审批通过退房申请，但未提供由双方签章的解除协议，亦未举证证实已将签章后的解除协议送达宝某，即未举证证实已将解除认购书的承诺告知宝某，更未在本案诉状向其送达前向宝某退还房款。法院认定，在本案诉状送达景某置业公司前，景某置业公司并未就解除认购书向宝某作出承诺，即此时双方签订的认购书尚未解除。庭审中，景某置业公司主张双方之间的认购书已经解除，虽可视为其就解除认购书向宝某作出承诺，但宝某在该承诺作出前向本院提出诉讼，要求景某置业公司退还房款、契税、维修基金、双倍返还定金并支付相应利息的行为，可视为撤销前述要约，该撤销要约的意思表示自诉状送达景某置业公司时生效，因此宝某向景某置业公司作出的"解除认购书、景某置业公司退还宝某房款 240104 元"的要约自动失效。截至庭审时，双方于 2017 年 7 月 22 日签订的认购书尚未解除。

第四百七十八条　【要约失效】有下列情形之一的，要约失效：

（一）要约被拒绝；

（二）要约被依法撤销；

（三）承诺期限届满，受要约人未作出承诺；

（四）受要约人对要约的内容作出实质性变更。

条文沿革

本条来自《合同法》第 20 条："有下列情形之一的，要约失效：

（一）拒绝要约的通知到达要约人；

（二）要约人依法撤销要约；

（三）承诺期限届满，受要约人未作出承诺；

（四）受要约人对要约的内容作出实质性变更。"

裁判规则

受要约人未在要约规定时间内作出承诺的，要约失效。

——贵州省遵义市中级人民法院（2021）黔 03 民终 8362 号民事判决书

▶案情概要

2021 年 5 月 20 日王某通过微信公众号参加某酒公司预约购酒活动。2021 年 5 月 20 日 17 时 30 分，某酒公司通过短信告知王某预约成功，要求王某于 2021 年 5 月 12 日 11 时至 13 时凭短信及有效身份证件至指定地点办理。该短信记载："超时、过期或请他人代办的一律不予办理。"王某因不能按照上述时间、地点购酒而未能购酒，遂诉至法院，要求某酒公司继续履行合同并支付 3 倍货款。

法院认为，某酒公司已经就购酒事项通过短信进行通知，王某因自身原因未在约定时间到达约定地点履行，某酒公司发出的要约失效。故王某与某酒公司之间并未达成买卖的合意，双方未建立买卖合同关系。

第四百七十九条　　【承诺的定义】承诺是受要约人同意要约的意思表示。

条文沿革

本条来自《合同法》第21条："承诺是受要约人同意要约的意思表示。"

裁判规则

承诺应从以下两个方面理解：第一，承诺的法律性质是一种意思表示，是指向外部表明意欲发生一定私法上效果之意思的行为；第二，作出承诺意思表示的主体是特定的，承诺必须由受要约人作出。

——辽宁省沈阳市中级人民法院（2023）辽01民终4658号民事判决书

▶案情概要

吴某、高某夫妻系沈阳市苏家屯区安某生鲜超市实际经营者。2021年10月，吴某与高某1签订《招商合同》，约定将超市内一摊位租给高某1经营。2022年5月，因案涉超市经营困难，吴某向超市租户发布《承诺书》，载明："即日起超市将停业转让，超市若后期继续营业，则按停业时间计算返还租金或延期。若超市到期闭店，本人（吴某）同意退还已招租商户剩余租金，剩余租金按履行（7个月）履行。"该承诺书下附相应业主应返款项列表，其中高某1经营摊位所列款项为10450元。然而返还期限届满时，吴某、高某仍未返还高某1剩余租金，高某1诉至法院，请求吴某、高某返还剩余租金10450元。

法院认为，在商事交易中，要约一般又称为"发盘""发价"，承诺又被称作"接受"。承诺是受要约人同意接受要约的全部内容以订立合同的意思表示。承诺应当从以下几方面予以理解。第一，承诺的法律性质是一种意思表示，是指向外部表明意欲发生一定私法上效果之意思的行为。简单地说，就是将企图发生一定法律效果的意思表示出来。因此，意思表示包括内在意思和外在表示。外在表示行为，是指行为人将其内在意思以一定的方式表示于外部，并足以为外界所客观理解的行为要素。意思表示可以通过言语、书面、电子数据等明示的方式作出，也可以通过行为等默示的方式作出。有相对人的意思表示，是指表意人应向相对人为意思表示，又称需受领的意思表示。第二，承诺必须由受要约人作出。作出承诺意思表示的主体是特定的，承诺必须由受要约人作出。由于要约是要约人向特定的受要约人发出的希望订立合同的意思表示，必须由受要约人作出完全同意或接受要约内容的答复，方能成为具有法律意义的承诺。这是由要约的拘束力所决定的，只有受要约人才能取得承诺的能力。要约人发出要约之后，需要受到要约的拘束力，只要承诺生效，在要约人与受要约人之间即成立合同，要约人不能在成立合同之后又反悔。因此，受要约人是要约人选定的潜在交易相对方，一旦受要约人承诺，合同即成立，双方应当依约履行。承诺必须由受要约人作出，更主要的是交易实践本身的要求和反映。

第四百八十条　【承诺的方式】承诺应当以通知的方式作出；但是，根据交易习惯或者要约表明可以通过行为作出承诺的除外。

条文沿革

本条来自《合同法》第 22 条："承诺应当以通知的方式作出，但根据交易习惯或者要约表明可以通过行为作出承诺的除外。"

裁判规则

能够以行为进行承诺的情形必须具备下列两个前提之一：一是根据交易习惯可以通过行为作出承诺；二是要约表明可以通过行为作出承

诺。而对于交易习惯的认定是在不违反法律、行政法规强制性规定，不违背公序良俗的前提下在交易行为当地或者某一领域、某一行业通常采用并为交易对方订立合同时所知道或者应当知道的做法，或者当事人双方经常使用的习惯做法。因此是否认定为交易习惯要根据相关行业的具体规定来判断。

——陕西省咸阳市中级人民法院（2023）陕04民终689号民事判决书

▶案情概要

原告自2013年起向被告出售食用菌，2019年起被告委托第三方每天将食用菌配送其他门店，被告每月从原告货款中扣除配送费每一个门店200元，同时每年从原告货款中扣除合同签订费每一个店1000元，2022年1月31日，双方之间合同关系解除，就关于配送费和合同签订费的约定是否有效产生争议。被告诉称双方虽未签订书面合同，但原告对于支付配送费及合同费是明知且同意的，原告应按合同履行义务，且根据《民法典》第480条规定，双方合同规定执行多年，早已形成固定习惯的交易模式。原告辩称关于配送费与合同费的扣除双方未协商一致，是被告单方面扣除。关于配送费、合同费的扣除无行业惯例且已经被商务部明确规定为应由零售商自身承担的费用。

法院认为，根据法律规定，能够以行为进行承诺的情形必须具备下列两个前提之一：1.根据交易习惯可以通过行为作出承诺；2.要约表明可以通过行为作出承诺。本案中，不存在要约表明可以通过行为作出承诺的情形。至于本案可否按照交易习惯认定被上诉人通过行为作出了同意扣款的承诺，首先明确交易习惯是在不违反法律、行政法规强制性规定，不违背公序良俗的前提下在交易行为当地或者某一领域、某一行业通常采用并为交易对方订立合同时所知道或者应当知道的做法，或者当事人双方经常使用的习惯做法。根据《零售商供应商公平交易管理办法》第13条规定："零售商不得收取或变相收取以下费用：（一）以签订或续签合同为由收取的费用……（六）其他与销售商品没有直接关系、应当由零售商自身承担或未提供服务而收取的费用。"商务部等五部委经国务院批准的《清理整顿大型零售企业向供应商违规收费工作方案》中所列举的禁止违规收费范围为"零售商利用市场优势地位，向供应商收取的合同费、搬运费、配送费……"由此可见，被告作为零售商，单方从应向原告支付的货款中扣除合同费、配送费的行为不符合行业规范要求，不利于公平交易的市场秩序，不利于零售业健康发展，不能认定为《民法典》第480条规定的"交易习惯"。

第四百八十一条　【承诺的期限】承诺应当在要约确定的期限内到达要约人。

要约没有确定承诺期限的，承诺应当依照下列规定到达：

（一）要约以对话方式作出的，应当即时作出承诺；

（二）要约以非对话方式作出的，承诺应当在合理期限内到达。

条文沿革

本条来自《合同法》第23条："承诺应当在要约确定的期限内到达要约人。

要约没有确定承诺期限的，承诺应当依照下列规定到达：

（一）要约以对话方式作出的，应当即时作出承诺，但当事人另有约定的除外；

（二）要约以非对话方式作出的，承诺应当在合理期限内到达。"

裁判规则

承诺期限首先以要约确定，要约未确定的情形下，要约以对话方式作出的，对方当场接收后未提出异议，承诺生效。在多份合同中，即便对方在其中一份中未签名，不影响承诺产生的效力。

——辽宁省大连市中级人民法院（2022）辽02民终10487号民事判决书

▶案情概要

原告派某建材批发商行（销货方）与被告薛某（购货方）签订《商品销售合同》，商品名称为系统门窗，后因实地面积比报价面积要大，签订补充协议《派某门窗定货合同》，就该补充协议是否成立产生争议。原告诉称双方当日协商补交5.5万元后签订补充协议，薛某未及时付款，表明其不认同协议内容，双方并未就内容达成一致意思，被告不同意对方诉讼请求。补充说明，被告与不知情案外人红某公司签订《定/销货单》并缴纳货款5.5万元，原告诉称其为独立合同，并非补充协议的延伸，虽然货款一致，但不能认定被告履行《派某门窗定货合同》的主要义务。

法院认为，虽然薛某没有在派某建材批发商行所持一联的《派某门窗定货合同》上签字，但该合同为一式三联，派某建材批发商行负责人书写完毕后随即将复写件交与薛某，薛某接收复写联后并未提出异议，而《派某门窗定货合同》所载内容并没有承诺期限的限制，原告也没有撤回要约（定货合同）。那么，薛某接收《派某门窗定货合同》复写联时承诺生效，案涉合同自薛某接收《派某门窗定货合同》复写联时成立并生效，原告关于《派某门窗定货合同》未成立的诉讼请求没有法律依据。

第四百八十二条 【承诺期限的起算】 要约以信件或者电报作出的，承诺期限自信件载明的日期或者电报交发之日开始计算。信件未载明日期的，自投寄该信件的邮戳日期开始计算。要约以电话、传真、电子邮件等快速通讯方式作出的，承诺期限自要约到达受要约人时开始计算。

条文沿革

本条来自《合同法》第24条："要约以信件或者电报作出的，承诺期限自信件载明的日期或者电报交发之日开始计算。信件未载明日期的，自投寄该信件的邮戳日期开始计算。要约以电话、传真等快速通讯方式作出的，承诺期限自要约到达受要约人时开始计算。"

裁判规则

通过招标方式订立的建设工程施工合同，发送招标文件系要约邀请，投标系要约，中标系承诺，双方即就招标项目成立建设工程施工合同关系。中标的一方未在期限内签订合同，应当承担相应的违约责任。

——山东省日照市中级人民法院（2021）鲁 11 民终 2222 号民事判决书

▶案情概要

2021 年 1 月，岚某港务公司就其职工宿舍楼及食堂施工项目进行招标，润某公司了解到该招标项目后，与岚某港务公司的招标工作组取得联系。1 月 23 日，润某公司涉案招投标项目的委托代理人范某开始通过手机短信及邮件等方式与岚某港务公司招标项目工作人员黄某沟通招投标事宜。2 月 3 日，岚某港务公司组织开标，润某公司参与投标，并经岚某港务公司的评标委员会评定中标。2 月 4 日，范某给黄某发送邮件《联系单》，其中记载，润某公司存在项目经理证书已过期、总工程师未提供证书、公司资金链断裂无法缴纳保证金等情形，无法保证涉案招标项目的施工，要求岚某港务公司给予放弃本项目的施工；两人并通过微信联系，黄某表示将润某公司提及的上述情况反馈给评标委员会。2 月 7 日，黄某通过手机短信及邮件形式通知范某，要求润某公司于当日 16 时于指定地点签署合同；接收到信息后，范某给黄某打电话，黄某明确告知经评标委员会评定，该公司为中标单位，如果放弃盖章反馈。因润某公司未在上述指定时间与岚某港务公司签订合同，岚某港务公司后与中某集团公司签订了建设工程施工合同。岚某港务公司的招标文件规定，投标保证金为 80 万元银行保函，投标人在投标有效期内撤回其投标文件、未参加开标会议、未能在规定期限内提交履约担保或签订合同协议等情形的，岚某港务公司予以没收投标保证金。后岚某港务公司诉称，请求润某公司支付投标保证金。润某公司辩称，合同不成立，不构成违约，不支付投标保证金。

法院认为，岚某港务公司与润某公司之间的招投标程序合法有效。岚某港务公司向润某公司发送招标文件系要约邀请，润某公司向岚某港务公司投标系要约，岚某港务公司评定该公司中标系承诺，双方即就招标项目成立建设工程施工合同关系。润某公司中标后无正当理由拒签合同，违反招投标文件约定及法律规定，岚某港务公司有权要求润某公司支付投标保证金，并将保证金数额调整为 60 万元。

第四百八十三条 【合同成立时间】承诺生效时合同成立，但是法律另有规定或者当事人另有约定的除外。

条文沿革

本条来自《合同法》第 25 条："承诺生效时合同成立。"

关联司法解释

《最高人民法院关于适用〈中华人民共和国民法典〉合同编通则若干问题的解释》

第三条 当事人对合同是否成立存在争议，人民法院能够确定当事人姓名或者名称、标的和数量的，一般应当认定合同成立。但是，法律另有规定或者当事人另有约定的除外。

根据前款规定能够认定合同已经成立的，对合同欠缺的内容，人民法院应当依据民法典第五百一十条、第五百一十一条等规定予以确定。

当事人主张合同无效或者请求撤销、解除合同等，人民法院认为合同不成立的，应当依据《最高人民法院关于民事诉讼证据的若干规定》第五十三条的规定将合同是否成立作为焦点问题进行审理，并可以根据案件的具体情况重新指定举证期限。

裁判规则

双方当事人完成了合同的要约与承诺过程，承诺已生效，故合同成立。

——浙江省宁波市中级人民法院（2022）浙02民终6070号民事判决书

▶ **案情概要**

瑞某公司与裘某通过宁波弘某房产经纪有限公司介绍签订《房屋买卖业务签订文件合订本》，合同包括《宁波市存量房买卖合同》《中介服务合同》《房屋交易保障房屋合同》，并约定：买受方于本合同签订后2个工作日内将定金80000元支付给出售方，给付定金的一方不履行合同约定义务导致合同解除的，无权要求返还定金，收受定金的一方不履行本合同约定义务导致合同解除的，应双倍返还定金，双方放弃办理该80000元部分的资金监管。合同由瑞某公司在出售方处加盖公章，裘某在买受方处签字确认。后瑞某公司工作人员通过微信要求裘某提供定金付款凭证截图，并于次日再次催促履行支付定金义务。裘某通过微信提出合同问题，要求提供授权委托书。后其表示银行无法为个人与企业的房产交易办理资金监管。双方线下再度协商未果。在上述时间范围内，瑞某公司多次向裘某催缴定金，并通过微信、短信方式发送催告函。此外，瑞某公司两次通过中介向裘某提供补充协议文本，裘某认为补充协议未实质解决问题，未签署。瑞某公司诉称，裘某违反合同规定，应向瑞某公司支付违约金848000元。裘某辩称，合同不成立，不应承担责任。

法院认为，民法典明确规定定金合同系实践性合同，需以实际交付定金为合同成立条件，因涉案定金尚未实际交付，故涉案合同关于定金部分的约定并未成立。但定金合同系为主合同提供担保的从合同，从合同不成立不影响主合同部分，涉案房屋买卖合同也并未约定主合同成立需以定金合同成立为前提，且双方在《房屋买卖业务签订文件合订本》签字或盖章，完成了合同的要约与承诺过程，承诺已生效，故应认定《房屋买卖业务签订文件合订本》除定金部分以外均成立。裘某的抗辩主张，该院不予采信。

第四百八十四条　【承诺生效时间】以通知方式作出的承诺，生效的时间适用本法第一百三十七条的规定。

承诺不需要通知的，根据交易习惯或者要约的要求作出承诺的行为时生效。

条文沿革

本条来自《合同法》第26条："承诺通知到达要约人时生效。承诺不需要通知的，根据交易习惯或者要约的要求作出承诺的行为时生效。

采用数据电文形式订立合同的，承诺到达的时间适用本法第十六条第二款的规定。"

裁判规则一

承诺通知到达要约人时生效。以对话方式作出的承诺，相对人知道其内容时生效。

——北京市第二中级人民法院（2023）京02民终285号民事判决书

▶案情概要

赵某以银行转账的形式向窦某转账400000元，窦某出具了涉诉收据并签字确认。双方就承包项目作出约定，后赵某将拟定好的涉案合同微信发给窦某，窦某通过微信将修改后的涉案合同发给赵某，赵某以微信的形式要求窦某先别上交涉案合同。佰某地产公司称窦某收取赵某400000元意向金的行为系职务行为。就合同是否成立双方产生争议，赵某主张签订涉案合同时合同未载明承包期限和订立日期，且在佰某地产公司承诺前，其已撤回要约，故请求法院判令撤销涉诉收据，并要求窦某、佰某地产公司返还400000元意向金及给付资金占用利息。窦某、佰某地产公司辩称赵某给付的意向金已转为承包保证金。

北京市第二中级人民法院认为，窦某作为佰某地产公司授权代表系与赵某二人以面对面沟通的方式就合同达成了一致意见，该方式属对话方式。在窦某认可该合同的意思表示到达赵某时，该意思表示即生效。现赵某自认二人当时已达成一致意见，即窦某所代表的佰某地产公司愿意受到涉案合同约束的意思表示已到达赵某，赵某与佰某地产公司之间的合同已成立。赵某以佰某地产公司当时并未加盖公章为由主张佰某地产公司未作出承诺，故其在微信中要求窦某先别上交涉案合同属于对要约的撤销，缺乏事实和法律依据，本院不予采信。故一审法院认定涉案合同已经订立，"意向金协议"已经履行完毕，未予支持赵某要求撤销该协议并退款的诉讼请求，并无不当。

裁判规则二

承诺通知到达要约人时生效。以非对话方式作出的承诺，到达相对人时生效。

——江苏省常州市钟楼区人民法院（2022）苏 0404 民初 2126 号民事判决书

▶案情概要

王某与霍某、第三人芒某公司签订《房地产买卖居间合同》，就购买房屋事宜作出约定。合同履行过程中发生争议，后双方签订《售房合同补偿协议》。王某主张霍某、芒某公司不配合办理房屋过户手续，将其权益置于不确定状态，并将二者诉至江苏省常州市钟楼区人民法院，请求判令二者继续履行房屋买卖合同。霍某、芒某公司辩称双方签订的《房地产买卖居间合同》早已由双方协商一致解除，其无需再继续履行原合同。

法院认为，以通知方式作出的承诺，到达相对人时生效。本案中，虽原告王某与被告霍某之前签订了《房地产买卖居间合同》，但因履行过程中出现问题，双方曾多次协商解除合同事宜，之后被告霍某将具有解除合同性质的《售房合同补偿协议》通过微信发送给原告，原告回复"可以的"，应视为双方就该补偿协议通过数据交换的形式达成了合意，此时该补偿协议就已经成立并生效。虽原告之前提到要将协议打印出来让他签字，但签字盖章只是一种形式要件，并不是合同成立的必需要件，不能因为没有签字盖章而认为合同没有成立。综上，因原告与被告霍某已经达成了补偿协议，则视为解除了之前的房屋买卖合同，现原告要求在仅支付霍某剩余 79 万元（扣除已支付给第三人芒某公司的 90 万元）的前提下继续履行合同，且霍某对此不予认可，故原告要求继续履行买卖合同的法律基础已不存在。

裁判规则三

承诺不需要通知的，根据交易习惯或者要约的要求作出承诺的行为时生效。

——福建省福鼎市人民法院（2021）闽 0982 民初 2140 号民事判决书

▶案情概要

孙某与合某公司签订《原山谷共享茶园战略合作协议》，就孙某享有茶园服务事项作出约定。该协议签订后，由于合某公司未履行协议各项义务，双方又签订了《延期返还预付款合同》，该合同约定合某公司向孙某返还预付款和保证金。合同履行过程中发生争议，孙某依据《关于合某茶园兑付事项实施计划的通知》主张合某公司违约并将其诉至法院，请求判令合某公司支付 10% 违约金。合某公司辩称，孙某请求支付10% 违约金缺乏事实与法律依据，该通知中的第 6 条对双方并没有生效。

法院认为，《关于合某茶园兑付事项实施计划的通知》的受要约人应推定为所有与合某公司签署《原山谷共享茶园战略合作协议》的当事人，该通知第 6 条系要约方合某公司对其自身违约责任承担作出的约定，无须受要约方予以承诺，且双方当事人签订的《延期返还预付款合同》并未对上述通知的相关内容作出实质性变更，通知内容对双方当事人具有约束力，故合某公司应遵循诚实守信原则，全面履行自身义务，对孙某要求合某公司承担未付款总额 10% 违约金即 22980 元的主张，本院予以支持。

第四百八十五条　【承诺的撤回】 承诺可以撤回。承诺的撤回适用本法第一百四十一条的规定。

条文沿革

本条来自《合同法》第 27 条："承诺可以撤回。撤回承诺的通知应当在承诺通知到达要约人之前或者与承诺通知同时到达要约人。"

裁判规则

撤回承诺的意思表示先于承诺的意思到达相对人或者同时到达相对人的，承诺可以撤回。

——新疆维吾尔自治区阿克苏地区中级人民法院（2022）新 29 民终 365 号民事判决书

▶案情概要

杨某与某农商行签订《农户借款合同》，就借款事宜作出约定，并约定担保方式为保证，保证人为纪某。某农商行与纪某签订《保证合同》一份，就担保事宜作出约定。杨某向某农商行出具《借款共有人承诺书》，并签名按印。合同履行过程中发生争议，某农商行主张保证合同成立并生效，将纪某诉至新疆维吾尔自治区阿克苏市人民法院，请求判令纪某对上述债务承担连带担保责任。纪某辩称保证合同不成立，其依法不应承担担保责任。一审法院判决纪某对上述债务承担连带担保责任。纪某不服一审判决提出上诉。

二审法院认为，纪某签名担保的《保证合同》留存在某农商行，即承诺到达了相对人。纪某所称的口头表示不再进行担保的事由，经庭审质证，某农商行不仅不认可，而且作出完全相反的陈述。结合纪某曾有贷款经验，纪某应当明白撤回担保的意思表示需要得到某农商行的同意或将签有自己姓名的《保证合同》收回或者销毁，才能消除其在《保证合同》中签名的法律后果。本案中，纪某对其撤回担保的意思表示同时到达某农商行的主张没有其他证据证明。对其认为担保合同不成立的上诉理由，本院不予采信。

第四百八十六条　【逾期承诺及效果】 受要约人超过承诺期限发出承诺，或者在承诺期限内发出承诺，按照通常情形不能及时到达要约人的，为新要约；但是，要约人及时通知受要约人该承诺有效的除外。

第四百八十七条　【迟到的承诺】 受要约人在承诺期限内发出承诺，按照通常情形能够及时到达要约人，但是因其他原因致使承诺到达要约人时超过承诺期限的，除要约人及时通知受要约人因承诺超过期限不接受该承诺外，该承诺有效。

条文沿革

本条来自《合同法》第 29 条："受要约人在承诺期限内发出承诺，按照通常情形能够及时到达要约人，但因其他原因承诺到达要约人时超过承诺期限的，除要约人及时通知受要约人因承诺超过期限不接受该承诺的以外，该承诺有效。"

裁判规则

未迟发而迟到的承诺，除要约人及时通知无效外，该承诺有效，合同成立。

——北京市大兴区人民法院（2021）京 0115 民初 23633 号民事判决书

▶案情概要

璐某公司经某出版社工作人员刘某介绍，于 2019 年 4 月将盖本公司公章的《图书插画合同书》通过顺丰快递邮寄给梦某公司，双方在合同中约定，甲方为璐某公司，乙方为梦某公司，乙方为甲方设计书内插图。现梦某公司就稿费支付提起诉讼。梦某公司诉称，在收到《图书插画合同书》后，将其加盖公章并于 2019 年 4 月 15 日将合同寄至刘某提供的地址，合同签订后，梦某公司按约定履行完毕全部合同义务，于 2019 年 5 月 5 日制作完毕，页数共计 16 页。该图书已于 2019 年 11 月出版，但璐某公司至今仍未按合同约定支付梦某公司稿费。璐某公司辩称其与梦某公司并不相识，梦某公司不可能在 2019 年 4 月 15 日向其邮件，璐某公司是在收到起诉材料后才看到合同。

　　法院认为，关于梦某公司与璐某公司签订的《图书插画合同书》是否成立，根据《民法典》第 479 条、第 487 条规定："承诺是受要约人同意要约的意思表示。"承诺的法律效力在于承诺一经作出并送达要约人，合同即告成立。"受要约人在承诺期限内发出承诺，按照通常情形能够及时到达要约人，但是因其他原因致使承诺到达要约人时超过承诺期限的，除要约人及时通知受要约人因承诺超过期限不接受该承诺外，该承诺有效。"本案中，璐某公司将盖有本公司公章的《图书插画合同书》邮寄给了梦某公司，形成本合同的要约，梦某公司收到上述要约后，同意上述协议并加盖公章，构成了承诺的完成，双方的《图书插画合同书》即成立。

　　第四百八十八条　**【承诺对要约内容的实质性变更】**承诺的内容应当与要约的内容一致。受要约人对要约的内容作出实质性变更的，为新要约。有关合同标的、数量、质量、价款或者报酬、履行期限、履行地点和方式、违约责任和解决争议方法等的变更，是对要约内容的实质性变更。

条文沿革

　　本条来自《合同法》第 30 条："承诺的内容应当与要约的内容一

致。受要约人对要约的内容作出实质性变更的，为新要约。有关合同标的、数量、质量、价款或者报酬、履行期限、履行地点和方式、违约责任和解决争议方法等的变更，是对要约内容的实质性变更。"

裁判规则一

要约人发出要约后，受要约人决定是否对此进行承诺，承诺内容必须与要约的内容完全一致，才认为双方意思表示一致，合同成立。如果受要约人对要约的内容作出变更，无论是更改、限制还是补充，都认为是拒绝了原要约，原要约因此而失效。承诺对要约内容的变更原则上视为对合同的补充建议，这样就必须经过原要约人的同意才能加入合同。

——辽宁省沈阳市中级人民法院（2021）辽 01 民终 17472 号民事判决书

▶ 案情概要

郑某（买方）与孙某（卖方）通过清某房产签订《房屋买卖合同》，就房屋交付、付款方式等作出约定。同日，郑某又与孙某、清某房产签订《资金托管协议》，约定由清某房产无息托管购房定金，待查档确认交易房屋无任何影响交易的情形后将定金交给孙某。合同履行过程中，因清某房产擅自在定金中扣除交易佣金，双方发生争议，就合同解除事宜发生纠纷。郑某遂向法院提起诉讼，主张解除合同并双倍返还定金。

法院认为，《民法典》第 488 条规定，承诺的内容应当与要约的内容一致。受要约人对要约的内容作出实质性变更的，为新要约。有关合同标的、数量、质量、价款或者报酬、履行期限、履行地点和方式、违约责任和解决争议方法等的变更，是对要约内容的实质性变更。要约人发出要约后，受要约人决定是否对此进行承诺，承诺内容必须与要约的内容完全一致，才认为双方意思表示一致，合同成立。如果受要约人对要约的内容作出变更，无论是更改、限制还是补充，都认为是拒绝了原要约，原要约因此而失效。承诺对要约内容的变更原则上视为对合同的补充建议，这样就必须经过原要约人的同意才能加入合同。

裁判规则二

合同成立是指双方对合同主要条款达成一致形成合意，案涉货物数量和价格是否形成一致意见是判断合同成立的要件，一般采取要约和承诺方式完成合同订立过程。

——江苏省无锡市中级人民法院（2022）苏02民终2745号民事判决书

▶案情概要

2021年5月13日，华某公司向国某公司表示要购买不同型号的马口铁20吨，并于当日以银行承兑汇票的形式向国某公司支付款项30000元。双方在此后就马口铁的单价及数量反复变更和沟通，但并未达成一致意见。华某公司遂提起诉讼，请求法院判令国某公司返还预付款30000元。

法院认为，合同成立是指双方当事人对合同主要条款达成一致形成合意。对合同主要条款达成一致形成合意是合同成立的要件。案涉货物数量和价格是否形成一致意见是判断合同成立的要件，一般采取要约和承诺方式完成合同订立过程。本案中，双方的微信聊天记录显示，华某公司向国某公司订购不同规格的马口铁，此后双方就价格数量仍有协商，但最终未能达成合意，引起本案诉讼。故案涉合同未成立，不涉及合同义务和合同责任。

第四百八十九条　【承诺对要约内容的非实质性变更】 承诺对要约的内容作出非实质性变更的，除要约人及时表示反对或者要约表明承诺不得对要约的内容作出任何变更外，该承诺有效，合同的内容以承诺的内容为准。

条文沿革

本条来自《合同法》第31条："承诺对要约的内容作出非实质性变

更的，除要约人及时表示反对或者要约表明承诺不得对要约的内容作出任何变更的以外，该承诺有效，合同的内容以承诺的内容为准。"

裁判规则

承诺对要约的内容作出非实质性变更的，除要约人及时表示反对或者要约表明承诺不得对要约的内容作出任何变更的以外，该承诺有效，合同的内容以承诺的内容为准。

——江苏省盐城市中级人民法院（2021）苏 09 民终 4902 号民事判决书

▶案情概要

瀚某公司向米某公司发送两份半导体订购单，就货物型号、数量、交付地点及违约责任等作出约定，并载明交付期限为"2020 年 7 月底""2020 年 9 月 20 日"。米某公司收到订购单后盖章确认，但将交付期限修改为"尽量 2020 年 7 月底交完""尽量 10 月 15 日"。瀚某公司未表达反对意见。自 2020 年 8 月 14 日至 2020 年 11 月 16 日期间，米某公司共通过快递公司向瀚某公司发货 14 批次，但瀚某公司未支付货款。米某公司遂向法院起诉，要求瀚某公司支付价款；瀚某公司提出反诉，主张米某公司承担逾期履行的违约责任。

法院认为，承诺对要约的内容作出非实质性变更的，除要约人及时表示反对或者要约表明承诺不得对要约的内容作出任何变更的以外，该承诺有效，合同的内容以承诺的内容为准。本案中，瀚某公司向米某公司发出的《采购单》系要约，该要约中载明了明确的交货时间，米某公司加盖公章并回传该采购单，应当认定为承诺。米某公司在承诺时，将合同约定的交付时间作出了变更，瀚某公司对此没有作出明确反对，且双方已经实际履行了合同。在合同履行过程中，瀚某公司亦未向米某公司提出书面催货或解除合同的通知。因此米某公司不能认定为逾期交付货物，不能认定为违约。

第四百九十条 **【采用书面形式订立合同的成立时间】** 当事人采用合同书形式订立合同的，自当事人均签名、盖章或者按指印时合同成立。在签名、盖章或者按指印之前，当事人一方已经履行主要义务，对方接受时，该合同成立。

法律、行政法规规定或者当事人约定合同应当采用书面形式订立，当事人未采用书面形式但是一方已经履行主要义务，对方接受时，该合同成立。

条文沿革

本条来自《合同法》第 32 条、第 36 条、第 37 条，第 32 条："当事人采用合同书形式订立合同的，自双方当事人签字或者盖章时合同成立。"

第 36 条："法律、行政法规规定或者当事人约定采用书面形式订立合同，当事人未采用书面形式但一方已经履行主要义务，对方接受的，该合同成立。"

第 37 条："采用合同书形式订立合同，在签字或者盖章之前，当事人一方已经履行主要义务，对方接受的，该合同成立。"

裁判规则一

当事人采用合同书形式订立合同，在签名、盖章或者按指印前，一方已履行主要义务，对方接受时，合同成立。

——河南省高级人民法院（2021）豫知民终 627 号民事判决书

▶案情概要

宋某公司与葛某签订《合作协议》，协议约定：葛某在安徽省蒙城县开设"烤面筋"店铺，宋某公司提供"宋记烤面筋"的技术支持服务，并许可葛某使用相关商标。葛某应一次性向宋某公司支付技术支持费 5000 元，商标使用费 3000 元。后宋某公司因葛某违反协议约定而向其邮寄解除函。现双方就该合同纠纷提起诉讼。葛某诉称案涉合同应当按照合同约定的成立日期认定合同成立和生效，协议中并未规定根本违约事项，自己不构成根本违约且宋某公司未尽到提示说明义务。宋某公司辩称，协议应在双方实际履行时即生效，协议第 21 条即为违约事项约定且该协议并非格式合同，宋某公司没有提示说明义务。

法院认为，本案系特许经营合同纠纷，涉案特许经营合同是双方的真实意思表示，且未违反法律的强制性规定，为有效合同，双方均应依照约定全面履行自己的义务。根据《民法典》第 490 条第 1 款，当事人采用合同书形式订立合同的，自当事人均签名、盖章或者按指印时合同成立。在签名、盖章或者按指印之前，当事人一方已经履行主要义务，对方接受时，该合同成立。本案中，《合作协议》记载的签署时间为 2020 年 12 月 27 日，本案现有证据表明，双方均于 2020 年 12 月开始实际履行该合同，葛某在 2020 年 12 月 1 日已通过微信转账的形式向宋某公司支付相关技术服务费和商标使用费，涉案门店于 2020 年 12 月 25 日登记成立，故可以认定双方均于 2020 年 12 月 27 日知晓并认同涉案协议内容，涉案协议于该日生效。葛某称合同成立生效时间为实际签名、盖章的 2021 年 6 月 1 日的上诉理由，本院不予支持。

裁判规则二

当事人未采取书面合同形式，但一方已履行主要义务，对方接受时，合同成立。

——新疆维吾尔自治区高级人民法院（2023）新民申 64 号民事裁定书

▶案情概要

2021 年 11 月 23 日，孙某某之子孙某将货物名称为工具以纸箱包装的 643 件货物交由志某物流进行托运，收货人为孙某某，送货方式为送货到付运费 17600 元。同日志某物流将货物交由联某物流新疆专线由重庆运送至阿瓦提县，货物名称为工具以纸箱包装的 643 件，收货人为孙某某，提付、送货运费 17600 元。争议货物到达阿克苏市中某接货点，

2021 年 11 月 29 日，阿克苏市中某接货点以送货的方式将货物运送至孙某某处，经双方清点孙某某收到的货物为 646 件。阿克苏市中某接货点将货物运送至孙某某处，由于双方对货物数量发生争议，阿克苏市中某接货点雇人清点货物支付 600 元清点费，清点的货物数量为 646 件。孙某某诉求阿克苏市中某接货点对丢失的 1.2 吨货物损失进行赔偿。阿克苏市中某接货点辩称，双方约定按货物件数进行运输，托运单上登记的货物件数与送达的货物数量相吻合。

法院认为，本案的争议焦点是孙某某是否应当向阿克苏市中某接货点支付运费 17600 元及货物清点费。《民法典》第 490 条第 2 款规定，法律、行政法规规定或者当事人约定合同应当采用书面形式订立，当事人未采用书面形式但是一方已经履行主要义务，对方接受时，该合同成立。具体到本案中，根据已查明事实，孙某某之子孙某将货物交由志某物流进行托运，后志某物流将货物交由联某物流由重庆运送至阿瓦提县，货物到达阿克苏后由阿克苏市中某接货点接收货物并与孙某某联系，后将货物运送至孙某某处。因双方针对货物是否丢失产生争议，孙某某在收到货物后于 2021 年 11 月 29 日出具书面说明一份，载明"今收到阿克苏市中某接货点送来工具 14.8 吨计 646 件，吨数还差 1.2 吨，1.2 吨运来运费付清。现在没有付运费，总工具 16 吨"。因阿克苏市中某接货点将货物运送至孙某某处，并持有载明"送货到付"内容的托运单，且孙某某出具的上述书面说明亦能证明其认可从阿克苏市中某接货点收到货物，故根据上述法律规定，结合本案查明事实，虽然孙某某与阿克苏市中某接货点没有订立书面的运输合同，但双方已实际建立事实上的合同关系，且志某物流、联某物流并未就案涉运费向孙某某进行过主张，故阿克苏市中某接货点向孙某某主张运费具有事实依据和法律依据，原审法院对阿克苏市中某接货点诉讼请求予以支持，并无不当。

第四百九十一条　【签订确认书的合同及电子合同成立时间】当事人采用信件、数据电文等形式订立合同要求签订确认书的，签订确认书时合同成立。

当事人一方通过互联网等信息网络发布的商品或者服务信息符合要约条件的，对方选择该商品或者服务并提交订单成功时合同成立，但是当事人另有约定的除外。

条文沿革

本条来自《合同法》第 33 条："当事人采用信件、数据电文等形式订立合同的，可以在合同成立之前要求签订确认书。签订确认书时合同成立。"

裁判规则一

当事人采用信件、数据电文等形式订立合同要求签订确认书的，签订确认书时合同成立。

——北京市大兴区人民法院（2022）京 0115 民初 12118 号民事判决书

▶案情概要

王某称其从特某公司的二手车网站上购买车辆，并于 2020 年 3 月 23 日 17：22、18：15、18：50 分别支付给特某公司费用 1000 元，共计 3000 元。订单号分别为 RN×××× 03424、RN×××× 04156、RN×××× 02302。双方就订单协议是否成立以及履行产生争议。王某诉请特某公司履行协议并支付违约金。特某公司辩称前两次订单并未成立生效合同，不应对此承担责任。

法院认为，本案的争议焦点为就 RN×××× 03424 订单车辆双方是否成立买卖合同。根据《民法典》第 491 条的规定，当事人采用信件、数据电文等形式订立合同要求签订确认书的，签订确认书时合同成立。当事人一方通过互联网等信息网络发布的商品或者服务信息符合要约条件的，对方选择该商品或者服务并提交订单成功时合同成立，但是当事人另有约定的除外。本案中，王某通过特某公司二手车官网于2022年3月23日共计下单三次购买特某公司二手车，支付三笔车辆款共计3000元，但因系统问题其中两笔订单（包含涉案订单）并未经系统审核通过。下单当日，因王某下单后找寻不到相应订单，便联系特某公司的销售员，销售员已于下单当日告知王某系统可能存在问题，后王某确认的电子邮箱中仅收到RN××××02302订单的《汽车订购协议》，并未收到RN××××03424订单的确认收件，且就RN××××03424订单支付的款项1000元业已退回至王某账户，因此特某公司并未就RN××××03424订单项下的车辆作出确认交易的承诺，双方并未就RN××××03424订单所涉车辆并未实际成立买卖合同关系，故王某要求交付车辆、支付违约金、赔偿损失的全部诉讼请求，本院均不予支持。

裁判规则二

当事人一方通过互联网等信息网络发布的商品或者服务信息符合要约条件的，对方选择该商品或者服务并提交订单成功时合同成立，但是当事人另有约定的除外。

——北京市第一中级人民法院（2023）京01民终291号民事判决书

▶案情概要

刘某分别于2022年3月20日、27日9时，登录物某大卖场App（应用程序）参与物某大卖场组织的每瓶金额为1499元的500mL 53°飞天茅台抢购活动。刘某称其登录App后按照抢购规则参与飞天茅台抢购，之前曾抢购成功过，但这两次按照系统提示从抢购首页依次进入"努力排队中"页面，再进入到显示有"确认下单"按钮的页面，在"确认下单"页面显示有购买数量1和金额1499元，但当其点击"确认下单"按钮后App却弹出"今天的茅台酒库存不足了，明天再来试试吧"，刘某认为物某大卖场存在欺诈行为，诉请确认合同成立，要求物某大卖场履行合同赔偿损失。物某大卖场对刘某所述抢购成功不予认可，辩称付款成功合同才成立。

法院认为，本案争议焦点为双方是否就茅台酒抢购一事形成信息网络买卖合同关系。《民法典》第491条第2款规定，当事人一方通过互联网等信息网络发布的商品或者服务信息符合要约条件的，对方选择该商品或服务并提交订单成功时合同成立，但是当事人另有约定的除外。物某大卖场在App平台上发布抢购规则，明确了抢购人的资格及抢购产品的名称、数量、价格，商品信息内容具体明确，属于要约。消费者通过点击"预约购买"链接而向物某大卖场做出有意参加抢购购买商品的意思表示。各方均应知晓并接受，在抢购商品数量少于抢购者有意购买的商品数量时，部分消费者无法通过表达抢购的意思表示而与物某大卖场建立合同关系。消费者关于缔约"承诺"的意思表示应为，如能获得确认，同意以物某大卖场发布商品信息的相关条件购买所涉商品，如不能获得确认，则同意不购买所涉商品。故，消费者发出有意购买商品的意思表示并不能构成"承诺"，双方网购合同成立的时间应为消费者提交订单成功之时。涉案抢购的抢购规则中未对合同何时成立做出约定，亦未就何种页面显示代表提交订单成功做出约定，从双方案外进行的抢购成功的交易来看，刘某得以通过点击"确认下单"跳转付款页面并支付货款，完成抢购，又结合双方均认可抢购成功时跳转付款页面会显示付款等待期，应当认定，能够进入相应的付款页面进行付款操作才是双方买卖合同成立的标志。而本案中，刘某抢购商品并未能够跳转付款页面进行付款，说明双方未就案涉货物形成买卖合同关系。

第四百九十二条 **【合同成立的地点】** 承诺生效的地点为合同成立的地点。

采用数据电文形式订立合同的，收件人的主营业地为合同成立的地点；没有主营业地的，其住所地为合同成立的地点。当事人另有约定的，按照其约定。

条文沿革

本条来自《合同法》第 34 条："承诺生效的地点为合同成立的地点。采用数据电文形式订立合同的，收件人的主营业地为合同成立的地点；没有主营业地的，其经常居住地为合同成立的地点。当事人另有约定的，按照其约定。"

裁判规则一

采用数据电文形式订立合同的，收件人的主营业地为合同成立的地点；没有主营业地的，其住所地为合同成立的地点。

——福建省安溪县人民法院（2022）闽 0524 民初 6999 号民事裁定书

▶案情概要

甲方郭某、乙方泉州某商业银行股份有限公司通过杭州某网络科技有限公司某电子签约云平台签订《某普惠金融贷记卡（成功宝·小额标准贷）申请表》。合同履行中发生争议，郭某所欠透支本金、利息、违约金未按时归还，泉州某商业银行股份有限公司根据《某普惠金融贷记卡领用合约》的规定向福建省安溪县人民法院提出诉讼，请求判令解除双方签署的合约以及郭某立即偿还所欠透支利息、违约金。郭某未应诉答辩。

法院认为，泉州某商业银行股份有限公司住所地为案涉合同成立的地点，由此应当认定泉州某商业银行股份有限公司即为案涉合同经办支行。根据原、被告签订的《某普惠金融贷记卡领用合约》第七条"乙方与甲方在履行本合约中发生的争议，由双方协商解决，协商不成向经办支行所在地人民法院提起诉讼。在诉讼期间，本协议不涉及争议部分的条款仍须履行"的约定，因本案作为经办支行泉州某商业银行股份有限公司住所地在福建省泉州市丰泽区滨海街某区域、10 层、11 层，泉州市丰泽区人民法院对本案拥有管辖权，因此，本案应由泉州市丰泽区人民法院管辖，本院对该案不拥有管辖权。

裁判规则二

采用数据电文形式订立合同的，仅根据合同内容无法确定合同签订地时，收件人的主营业地为合同成立的地点；没有主营业地的，其住所地为合同成立的地点。

——重庆市第五中级人民法院（2022）渝05民辖终500号民事裁定书

▶ **案情概要**

万某公司与红某公司约定由万某公司对红某公司的17台汽车的货箱用304不锈钢进行改装，后万某公司向某旺公司商议采购304不锈钢事宜，双方以电子数据方式签订《购销合同》。合同履行过程中发生争议，某旺公司提供的304不锈钢不符合红某公司的要求，红某公司向万某公司提出索赔，最后达成由万某公司向红某公司赔偿1660000元的协议。后万某公司向红某公司转账支付了1660000元赔偿款后向某旺公司索赔未果。万某公司主张应由重庆市綦江区人民法院管辖，故将某旺公司诉至重庆市綦江区人民法院，请求判令某旺公司赔偿其损失1660000元；某旺公司提出管辖权异议，辩称本案应由重庆市大渡口区人民法院管辖。一审法院裁定某旺公司对管辖权提出的异议成立，本案移送重庆市大渡口区人民法院处理。万某公司不服向重庆市第五中级人民法院提出上诉。

重庆市第五中级人民法院认为，当事人在《购销合同》中约定的合同争议解决方式为协商不成，依法向合同签订地人民法院提起诉讼；另合同载明的签订地为重庆，未明确具体的行政辖区，故本案仅根据合同内容无法确定合同签订地。上诉人称其系以电子数据方式将签章后的购销合同发给被上诉人，且双方未指定特定系统，故上诉人所作承诺在相对人知道或者应当知道该数据电文进入其系统时生效。而被上诉人重庆万某公司作为收件人，其主营业地为合同成立的地点。虽然本案无法通过合同内容直接确定合同签订地，但根据合同签订过程，能够确定本案合同签订地为万某公司的主营业地，即重庆市大渡口区。因双方对管辖法院的约定不违反级别管辖和专属管辖的规定，故合同签订地的重庆市大渡口区人民法院对本案依法具有管辖权。上诉人的上诉理由不能成立，本院不予支持。一审裁定未依照当事人约定确定管辖法院存在不当，本院予以纠正，但裁判结果正确，可予维持。

第四百九十三条　【书面合同成立地点】 当事人采用合同书形式订立合同的，最后签名、盖章或者按指印的地点为合同成立的地点，但是当事人另有约定的除外。

条文沿革

本条来自《合同法》第 35 条："当事人采用合同书形式订立合同的，双方当事人签字或者盖章的地点为合同成立的地点。"

裁判规则一

采用书面形式订立合同，合同约定的签订地与实际签字或者盖章地点不一致的，以约定的签订地为合同签订地，而不是以实际的签字或盖章的地点为合同签订地。

——北京市高级人民法院（2021）京民辖终 105 号民事裁决书

▶ **案情概要**

2017 年，中某公司、信某公司、汪某三方在北京市丰台区共同签署《合作协议》，就中某公司受让哆某公司的股权作出约定。中某公司和信某公司、汪某于 2019 年 12 月签署《合作协议之补充协议》，就信某公司、汪某向中某公司支付收购价款事宜作出约定。后信某公司、汪某未向中某公司支付其他款项，遂中某公司将信某公司、汪某诉至北京市第二中级人民法院，请求判令信某公司和汪某收购中某公司持有的哆某公司 17.18% 股权。信某公司、汪某提出管辖权异议，认为一审法院对本案没有管辖权，请求依法裁定将本案移送有管辖权的北京市第三中级人民法院审理。一审法院对信某公司、汪某的答辩意见均不予采纳。汪某不服一审裁定，向本院提起上诉，请求撤销一审裁定，将本案移送至北京市第三中级人民法院审理。

北京市第三中级人民法院认为，当事人在合同中可以约定合同签订地，这是当事人意思自治原则的体现和要求，当事人意思自治也是民事法律中的一项基本原则。合同约定的签订地与实际签字或者盖章地点不一致的，以约定的签订地为合同签订地，而不是以实际的签字或盖章的地点为合同签订地，这符合当事人意思自治的原则。从司法实践来看，合同的实际签订地在认定上容易产生争议，实际签字或盖章地需要在合同书之外另行提供证据加以证明，当事人签字或盖章还有可能不在同一地点等，从而导致合同实际签订地难以举证证明，或增加诉讼成本。而合同约定的签订地则是明确的、确定的，在当事人提供合同书后即可以加以认定，不需要当事人另外提供其他证据。为了便于认定，避免当事人之间对合同签订地的认定产生纠纷，应以合同约定的签订地为合同签订地。而合同约定的签订地本身即是法律规定的与争议有实际联系的地点。根据《最高人民法院关于适用〈中华人民共和国民法典〉时间效力的若干规定》第20条之规定，民法典施行前成立的合同，依照法律规定或者当事人约定该合同的履行持续至民法典施行后，因民法典施行前履行合同发生争议的，适用当时的法律、司法解释的规定。本案中，当事人在《民法典》施行前即因履行合同发生争议，故无论合同履行是否持续至《民法典》施行后，有关合同签订地认为问题适用《最高人民法院关于适用〈中华人民共和国合同法〉若干问题的解释（二）》符合法律规定。同时，《民法典》有关合同成立地点的规定同样尊重当事人的意思自治，一审法院认定前后法律规定不冲突并无不当。

本案中，当事人在2017年签订的《合作协议》中约定，与本协议有关的任何争议，各方均应首先通过友好协商加以解决；协商不成的，任何一方有权诉至本协议订立地人民法院管辖。该协议载明，本合作协议于2017年在北京市丰台区共同签署。该约定不违反法律规定，合法有效，当事人应予以遵守。根据民事诉讼法有关级别管辖的规定，结合本案诉讼标的，该案应由一审法院管辖。综上所述，上诉人汪某的上诉理由不成立，对其上诉请求本院不予支持。一审法院裁定驳回管辖权异议正确，本院予以维持。

裁判规则二

采用合同书形式订立合同，当事人约定合同签订地的以约定的签订地为合同成立地。

——上海市高级人民法院（2022）沪民辖241号民事裁定书

▶ 案情概要

上海荣某公司与易某公司签订《易某渠道战略合作框架协议》，约定荣某公司为易某公司的楼盘销售提供服务。因易某公司拖欠销售佣金至今未付，故荣某公司将其起诉至上海市虹口区人民法院，请求判令易某公司向其支付房地产销售佣金68600元。上海市虹口区人民法院裁定将本案移送上海市松江区人民法院处理。后上海市第一中级人民法院以虹口法院对本案具有管辖权为由，报请上海市高级人民法院指定管辖。

上海市高级人民法院认为，本案系中介合同纠纷，并非不动产纠纷，故不适用不动产专属管辖原则。《民法典》第493条规定，当事人采用合同书形式订立合同的，最后签名、盖章或者按指印的地点为合同成立的地点，但是当事人另有约定的除外。因双方当事人在案涉《易居渠道战略合作框架协议》中约定签订地为本市虹口区，故应认定本市虹口区为合同签订地。双方当事人在上述协议中约定上海市虹口区人民法院为管辖法院，该约定合法有效。综上，上海市虹口区人民法院作为当事人约定的管辖法院，对本案依法具有管辖权，将本案移送上海市松江区人民法院处理不当，依法应予纠正。

第四百九十四条 【强制缔约义务】国家根据抢险救灾、疫情防控或者其他需要下达国家订货任务、指令性任务的，有关民事主体之间应当依照有关法律、行政法规规定的权利和义务订立合同。

依照法律、行政法规的规定负有发出要约义务的当事人，应当及时发出合理的要约。

依照法律、行政法规的规定负有作出承诺义务的当事人，不得拒绝对方合理的订立合同要求。

条文沿革

本条来自《合同法》第 38 条："国家根据需要下达指令性任务或者国家订货任务的，有关法人、其他组织之间应当依照有关法律、行政法规规定的权利和义务订立合同。"

裁判规则

一方未履行合同义务是由于突发重大公共卫生事件造成，属于不可抗力。双方当事人应当按照相应的政策对合同的条款进行修改。

——江西省抚州市中级人民法院（2022）赣 10 民终 1567 号民事判决书

▶案情概要

谢某作为买受人与华某公司签订了《商品房买卖合同》。该合同主要约定：谢某购买华某公司开发的某小区 19#楼 204 室。出卖人应当在 2020 年 12 月 30 日前向买受人交付该商品房，逾期交付责任为：除不可抗力外，出卖人未按约定的时间将该商品房交付买受人的，如逾期在 90 日之内，自合同约定的交付期限届满之次日起至实际交付之日止，出卖人按日计算向买受人支付全部房价款万分之零点二的违约金；如逾期超过 90 日后，买受人有权解除合同。合同订立后，谢某按合同约定支付首付款，华某公司向谢某开具发票。截至 2022 年 11 月，华某公司尚未完成建设工程竣工验收备案，谢某至今未收房。另查明，2020 年 1 月 24 日，江西省启动了重大突发公共卫生事件一级响应，2020 年 2 月 28 日抚州市人民政府办公室印发了相关实施意见，该实施意见中规定了顺延企业竣工交付时间，内容为：因受疫情影响，房地产项目不能如期竣工交付的，依法援引"不可抗力"条款，竣工交付时间依据合同约定顺延 3 个月，顺延期间不计违约责任。谢某诉称，解除房屋买卖合同并返还购房款及利息。华某公司辩称，不存在根本违约，不解除合同。

法院认为，谢某与华某公司签订的《商品房买卖合同》及补充协议是双方当事人真实意思的表示，其内容合法有效，依法受法律保护。合同签订后，谢某、华某公司双方均应严格按照合同的约定履行各自的义务。在此期间，华某公司未能履行交房的行为是由于突发重大公共卫生事件造成，属于不可抗力。根据相关规定，对于房地产项目因疫情不能竣工交付的，顺延 3 个月不计违约责任。因此，根据以上事实，华某公司交房时间共计可顺延 3 个月，最后交房期限应为 2021 年 3 月 30 日。至本案开庭前华某公司尚未取得竣工验收备案手续，至今华某公司不能向谢某交付符合法律规定交付条件的案涉商品房，华某公司已构成违约，应按合同约定承担违约责任。故谢某诉请解除合同符合法律规定和合同约定、理由正当，法院予以支持。

第四百九十五条　【预约合同】当事人约定在将来一定期限内订立合同的认购书、订购书、预订书等，构成预约合同。

当事人一方不履行预约合同约定的订立合同义务的，对方可以请求其承担预约合同的违约责任。

条文沿革

本条为新增条文。

关联司法解释

《最高人民法院关于适用〈中华人民共和国民法典〉合同编通则若干问题的解释》

第五条　第三人实施欺诈、胁迫行为，使当事人在违背真实意思的情况下订立合同，受到损失的当事人请求第三人承担赔偿责任的，人民法院依法予以支持；当事人亦有违背诚信原则的行为的，人民法院应当根据各自的过错确定相应的责任。但是，法律、司法解释对当事人与第三人的民事责任另有规定的，依照其规定。

第六条　当事人以认购书、订购书、预订书等形式约定在将来一定期限内订立合同，或者为担保在将来一定期限内订立合同交付了定金，能够确定将来所要订立合同的主体、标的等内容的，人民法院应当认定预约合同成立。

当事人通过签订意向书或者备忘录等方式，仅表达交易的意向，未约定在将来一定期限内订立合同，或者虽然有约定但是难以确定将来所要订立合同的主体、标的等内容，一方主张预约合同成立的，人民法院不予支持。

当事人订立的认购书、订购书、预订书等已就合同标的、数量、价款或者报酬等主要内容达成合意，符合本解释第三条第一款规定的合同成立条件，未明确约定在将来一定期限内另行订立合同，或者虽然有约定但是当事人一方已实施履行行为且对方接受的，人民法院应当认定本约合同成立。

第七条　预约合同生效后，当事人一方拒绝订立本约合同或者在磋商订立本约合同时违背诚信原则导致未能订立本约合同的，人民法院应当认定该当事人不履行预约合同约定的义务。

人民法院认定当事人一方在磋商订立本约合同时是否违背诚信原则，应当综合考虑该当事人在磋商时提出的条件是否明显背离预约合同约定的内容以及是否已尽合理努力进行协商等因素。

第八条　预约合同生效后，当事人一方不履行订立本约合同的义务，对方请求其赔偿因此造成的损失的，人民法院依法予以支持。

前款规定的损失赔偿，当事人有约定的，按照约定；没有约定的，人民法院应当综合考虑预约合同在内容上的完备程度以及订立本约合同的条件的成就程度等因素酌定。

裁判规则一

预约合同既可以是明确本约合同的订约行为，也可以是对本约合同内容进行预先设定。因此，仅根据当事人合意内容上是否全面，并不足以界分预约合同和本约合同。判断预约合同和本约合同的根本标准应当是当事人的意思表示，而不仅看合同约定是否完备。也就是说，当事人是否有意在将来订立一个新的合同，以最终明确在双方之间形成某种法律关系的具体内容。

——新疆维吾尔自治区高级人民法院伊犁哈萨克自治州分院（2022）新40民终295号民事判决书

▶案情概要

于某、陈某与杨某、孟某口头约定：杨某、孟某当年在巩留县经营的杏园种植的树上干杏成熟时向于某、陈某出售一级果，价格根据市场行情确定。于某随后委托他人向杨某转账20万元，转账附言为"杏定金"，同日，杨某出具"收到杏子押金20万元"的收条。其后，陈某向杨某转账10万元。于某与孟某就树上干杏出售价格多次进行电话沟通，双方对价格仍未达成一致意见，于某表示不再购买。随后，杨某、孟某将案涉果园种植的成熟树上干杏出售给他人。另查明，2021年4月受冷空气的影响，巩留县县域范围内树上干杏的成果率低于平均年份。于某、陈某诉称，请求退还押金并支付占用款项期间利息损失。杨某、孟某辩称，双方已订立本约合同，不应退还押金。

法院认为，预约合同是一种约定将来订立一定合同的预备性合同，目的在于当事人对将来签订特定合同的相关事项进行规划，其主要意义在于为当事人设定按照公平、诚信原则进行磋商以达成本约合同的义务。预约合同既可以是明确本约合同的订约行为，也可以是对本约合同内容进行预先设定。因此，仅根据当事人合意内容上是否全面，并不足以界分预约合同和本约合同。判断预约合同和本约合同的根本标准应当是当事人的意思表示，而不仅看合同约定是否完备。也就是说，当事人是否有意在将来订立一个新的合同，以最终明确在双方之间形成某种法律关系的具体内容。本案中，双方当事人通过电话进行口头磋商，主要围绕果品交易价格、采摘责任、果品重量标准等合同细节，但双方均明确磋商完成后需要另行签订合同，因此，根据双方当事人的共同意思表示，可以认定双方进行的口头磋商构成预约合同，而非本约合同。由于双方直至果品成熟后仍未签订书面合同，达成本约合同，故双方口头磋商订立的预约合同已实质终止履行，杨某、孟某应当将收取的预订押金30万元退还于某、陈某。杨某、孟某关于双方已订立本约合同，不应退还押金的理由，没有法律依据，本院不予采纳。

裁判规则二

预约合同仅仅产生订立本约合同的义务，并不产生本约的法律效力，一方当事人不能要求另一方继续履行本约的义务。

——新疆维吾尔自治区高级人民法院伊犁哈萨克自治州分院（2023）新40民终531号民事判决书

▶案情概要

蒋某与宏某公司签订《定购协议书》，主要内容是：蒋某定购宏某公司开发的宏某家园2号楼3单元101室房屋，定购人须于7日内持此《定购协议书》到售房现场签订《商品房买卖合同》，逾期可视为自动放弃认购，已交定金不退还，宏某公司有权另行处理定购人所放弃认购的房屋。后蒋某缴纳定金及房款，并将欲购买的房屋更改为13号楼2单元301室，双方未签订商品房买卖合同。另查明，伊宁县自然资源局出具的不动产信息查询单显示，宏某家园13号楼2单元301室房屋处于已抵押状态。蒋某诉称，请求交付房屋并办理相关登记手续。宏某公司辩称，此为预约合同，拒绝交付房屋。

法院认为，本案中，根据蒋某与宏某公司签订的《定购协议书》显示，该认购书是为了将来订立商品房买卖合同而签订的预约合同，该合同虽约定了当事人名称、房屋价款及付款方式，但并不具备《商品房销售管理办法》第16条规定的商品房买卖合同的其他主要内容，如并未明确约定付款时间、交付适用条件、交付日期、办理产权登记等相关房产买卖交易条件。因此，涉案认购书的性质应当为预约合同，而不能认定为商品房买卖合同。预约合同仅仅产生订立本约合同，即订立商品房买卖合同的义务，并不产生商品房买卖合同的法律效力。故蒋某请求宏某公司按照《定购协议书》履行交付房屋及过户，没有法律依据，法院不予支持。

第四百九十六条　【格式条款】 格式条款是当事人为了重复使用而预先拟定，并在订立合同时未与对方协商的条款。

采用格式条款订立合同的，提供格式条款的一方应当遵循公平原则确定当事人之间的权利和义务，并采取合理的方式提示对方注意免除或者减轻其责任等与对方有重大利害关系的条款，按照对方的要求，对该条款予以说明。提供格式条款的一方未履行提示或者说明义务，致使对方没有注意或者理解与其有重大利害关系的条款的，对方可以主张该条款不成为合同的内容。

条文沿革

本条来自《合同法》第39条："采用格式条款订立合同的，提供格式条款的一方应当遵循公平原则确定当事人之间的权利和义务，并采取合理的方式提请对方注意免除或者限制其责任的条款，按照对方的要求，对该条款予以说明。

格式条款是当事人为了重复使用而预先拟定，并在订立合同时未与对方协商的条款。"

关联司法解释

《最高人民法院关于适用〈中华人民共和国民法典〉合同编通则若干问题的解释》

第九条 合同条款符合民法典第四百九十六条第一款规定的情形，当事人仅以合同系依据合同示范文本制作或者双方已经明确约定合同条款不属于格式条款为由主张该条款不是格式条款的，人民法院不予支持。

从事经营活动的当事人一方仅以未实际重复使用为由主张其预先拟定且未与对方协商的合同条款不是格式条款的，人民法院不予支持。但是，有证据证明该条款不是为了重复使用而预先拟定的除外。

第十条 提供格式条款的一方在合同订立时采用通常足以引起对方注意的文字、符号、字体等明显标识，提示对方注意免除或者减轻其责任、排除或者限制对方权利等与对方有重大利害关系的异常条款的，人民法院可以认定其已经履行民法典第四百九十六条第二款规定的提示义务。

提供格式条款的一方按照对方的要求，就与对方有重大利害关系的异常条款的概念、内容及其法律后果以书面或者口头形式向对方作出通常能够理解的解释说明的，人民法院可以认定其已经履行民法典第四百九十六条第二款规定的说明义务。

提供格式条款的一方对其已经尽到提示义务或者说明义务承担举证责任。对于通过互联网等信息网络订立的电子合同，提供格式条款的一方仅以采取了设置勾选、弹窗等方式为由主张其已经履行提示义务或者说明义务的，人民法院不予支持，但是其举证符合前两款规定的除外。

裁判规则一

格式条款的认定需满足两个基本特征：一是一方为反复适用而预先拟定；二是附和性，即格式条款的内容是不容协商的。主张为格式条款的一方，应当承担该条款在订立合同中不容协商的举证责任。

——北京市高级人民法院（2021）京民终180号民事判决书

▶**案情概要**

普某公司（乙方）与京某公司（甲方）签署编号为2017××××310的《产品购销协议》，约定甲方向乙方采购相关产品用于再销售事宜。该协议约定第4.3.1条为甲乙同意选择以下第1款退货方式：第4.3.1.1条乙方接受甲方任何原因的退货。后双方对于《产品购销协议》第4.3.1.1条是否为格式条款产生争议。普某公司诉称《产品购销协议》第4.3.1.1条属于京某公司提供的格式条款。《民法典》第496条第1款明确格式条款是当事人"为了重复使用而预先拟定"的条款，故其中的"订立合同时未与对方协商"仍然指的是尚未与对方协商，而不是"不可协商"。京某公司辩称双方的缔约地位是平等的并提交了相关证据证明，双方之间的历史合同中对于案涉合同第4.3.1条作出了三种不同选择，由此可以证明这个条款完全可以协商，因此不是格式条款。

法院认为，格式条款是"当事人为了重复使用而预先拟定，并在订立合同时未与对方协商的条款"，据此，格式条款的认定需满足两个基本特征：一是一方为反复适用而预先指定；二是附和性，即格式条款的内容是不容协商的。考察格式条款的规范意旨，条款是否可以经由当事人协商约定纳入合同，提供条款的一方是否具有缔约优势是格式条款认定的前提条件。在合同签订时，双方均有把握商业机会、自我决定的权利，普某公司主张案涉《产品购销协议》第4.3.1.1条系格式条款，但并未举证证明双方在订立合同的过程中，上述条款不容协商，故其以案涉《产品购销协议》第4.3.1.1条系格式条款而主张无效，依据不足。

裁判规则二

保险合同中的"疾病释义"条款如背离了通常认知和通行的诊疗标准，过度限缩对疾病的理赔范围，应视为免责条款，保险公司应向投保人履行提示说明义务，让投保人充分了解其所投保的重大疾病保险的责任范围等重要事项。否则，有关"疾病释义"条款不能成为保险合同的内容，对投保人不发生效力，保险公司不能据此主张免除赔偿责任。

——广州市中级人民法院（2021）粤01民终12850号民事判决书

▶案情概要

原告温某购买了某人寿保险股份有限公司广东分公司的保险服务，于罹患疾病进行手术后向保险公司请求给付保险金，保险公司以"本次申请不符合《重大疾病保险条款》约定的保险金给付条件"为由，拒绝赔付保险金。温某诉称保险公司关于重大疾病的条款违反一般医学标准要求且未尽到提示、说明义务，该条款不发生效力。保险公司辩称相关条款并不属于责任免除条款，是对疾病的释明条款，且鉴于网络投保的方式，已通过电话回访的方式对条款进行说明。

法院认为，保险合同中的"疾病释义"条款背离了一般人的通常认知和通行的诊疗标准，限缩了疾病的理赔范围，实际免除或者减轻了保险人的保险责任，应视为免责条款，而被告未就该条款的概念、内容和法律后果对原告作出解释说明，故该条款对原告不发生效力。

第四百九十七条 【格式条款无效的情形】 有下列情形之一的，该格式条款无效：

（一）具有本法第一编第六章第三节和本法第五百零六条规定的无效情形；

（二）提供格式条款一方不合理地免除或者减轻其责任、加重对方责任、限制对方主要权利；

（三）提供格式条款一方排除对方主要权利。

条文沿革

本条来自《合同法》第40条："格式条款具有本法第五十二条和第五十三条规定情形的；或者提供格式条款一方免除其责任、加重对方责任、排除对方主要权利的，该条款无效。"

裁判规则一

对于格式条款无效事由中提供格式条款一方不合理地免除或减轻其责任、加重对方责任、限制对方主要权利的条款，应当结合案件事实加以评价，不能仅因其与通常情况有别就将其认定为无效条款。部分条款无效不影响其他部分的效力。

——上海市虹口区人民法院（2022）沪0109民初5702号民事判决书

▶ **案情概要**

原告张某与被告曾某约定，被告为原告提供代练服务，代练费为3000元，在代练期间，被告不顾原告禁止使用外挂的提示，导致代练过程中使用外挂致账号被封，现原告诉求被告赔偿因账号被封带来的经济损失，主张《X游戏许可及服务协议》列有关于禁止将账号提供给他人使用的条款，但是该条款属于格式条款，且该条款剥夺了用户对于游戏账号的所有权，限制了对游戏虚拟财产的自由转让权，并严重侵害了用户的权益，损毁、浪费和减损了社会总体财富，破坏了商品的本质和市场交易秩序，应属于无效的格式条款，对原告不具有约束力。被告辩称《X游戏许可及服务协议》中已经明确约定账号不能买卖和提供给他人使用，故原告对其经济损失的产生也有过错，双方应当各承担一半责任。

法院认为，本案的争议焦点是《X游戏许可及服务协议》有关禁止将账号提供给他人使用的条款对原告是否具有约束力，原告认为该条款系无效格式条款，故对其并无约束力，但原告并未否认该条款已订入合同或主张该条款不成为合同内容。结合原告的质证意见，其主张的依据为《民法典》第 497 条第 2 项、第 3 项之规定，即提供格式条款一方不合理地免除或者减轻其责任、加重对方责任、限制对方主要权利，以及排除对方主要权利的格式条款无效。

该协议系游戏运营方在未与对方协商的情况下预先拟定并对任意用户重复使用，根据《民法典》第 496 条第 1 款之规定，协议内容均系格式条款。格式条款是否属于无效条款，应结合其约定的内容予以确定，与提供格式条款的一方是否履行《民法典》第 496 条第 2 款规定的提示、说明义务无关。一方面，结合《民法典》第 156 条之规定，部分格式条款无效并不绝对影响协议整体效力，由此，格式条款中的部分内容无效亦不绝对影响其他格式条款的效力。另一方面，协议中的每一个单列序号条款并非绝对整体，若其包含多个内容，则任一单列序号条款中的内容可能部分无效而部分有效，需关注无效部分是否影响到其他部分。

本案所涉《X 游戏许可及服务协议》第 2.6 条中，包括用户对账号不享有所有权而仅享有使用权、禁止用户将账号提供给他人使用在内的两个与用户权利相关的内容。首先，原告称该条款剥夺了用户对于游戏账号的所有权，但有关用户是否就游戏账号享有所有权的内容，与有关用户是否有权将账号提供给他人使用的内容并无密切关联，即便前者无效，也并不导致后者无效。其次，《X 游戏许可及服务协议》第 2.6 条约定用户"不得将游戏账号以任何方式提供给他人使用"，此为游戏运营方出于确保游戏参与者符合国家法规要求并维护其自身权益的需要对用户使用账号的方式予以限制，即游戏账号仅能被用于参与游戏，不能被用于出租、出借等。此种限制并非不合理限制，且游戏运营方并未对用户本人使用账号参与游戏做任何限制。最后，游戏运营方对用户的游戏账号采取的相关措施，并未加重用户责任或免除、减轻运营方责任。因此，《X 游戏许可及服务协议》有关禁止将账号提供给他人使用的条款并非无效格式条款，其对包括原、被告在内的全体用户均具有约束力。

裁判规则二

网络平台通过消费者"知情+同意"的方式收集、处理个人信息的行为，并不能主张消费者只能以《民法典》第 497 条第 2 款、第 3 款的无效事由抗辩，因为大数据下的信息收集方式本身不合理，不能以不合理方式形成的个人信息收集协议来对抗消费者的权利。

——浙江省绍兴市中级人民法院（2021）浙 06 民终 3129 号民事判决书

▶ **案情概要**

原告胡某在携某 App 上以 2889 元预订希尔顿酒店大床房一间，酒店实际收款 1377.63 元，经核实酒店向携某 App 供应商提供原价为 1621 元，提前预订打八五折，实际为 1377.63 元，原告主张携某行为系"大数据杀熟"，其不合理地收集个人信息，其《服务协议》《隐私政策》以拒绝提供服务形成对用户的强制，迫使用户许可其采集和使用非必要信息，对于收集的信息使用方式侵害其权益，诉求携某公司增加用户不同意其现有《服务协议》《隐私政策》仍可继续使用携某 App。携某辩称《民法典》没有规定原审判决中所谓的"个人信息拒绝权"，在胡某已经同意了《服务协议》《隐私政策》的前提下，若胡某认为携某公司不应依据《隐私政策》处理其个人信息，只能依据《民法典》第 497 条提出相关条款对其不生效的请求，不能主张增设不同意其现有《服务协议》《隐私政策》仍可继续使用携某 App 的请求。

法院认为，本案胡某以个人信息权益作为诉请依据并无不当，携某公司主张我国法律并未规定"个人信息拒绝权"，胡某具有非必要个人信息使用拒绝权，是法院根据法律及相关规范性文件的规定，对携某公司强制性收集、使用用户非必要个人信息的非正当性行为，胡某有权予以拒绝的归纳总结，并不是对信息权项下一种新型权利的创设。平台经营者虽然通过消费者以"知情+同意"的方式，取得了处理其个人信息的资格，但平台经营者的处理行为应当恪守合法、正当、必要原则，应以对个人信息影响最小的方式为之，且符合消费者的初衷和真实意愿。平台经营者未尽前述注意义务，符合侵权行为构成要件的，应承担侵权责任。

第四百九十八条　【格式条款的解释方法】 对格式条款的理解发生争议的，应当按照通常理解予以解释。对格式条款有两种以上解释的，应当作出不利于提供格式条款一方的解释。格式条款和非格式条款不一致的，应当采用非格式条款。

条文沿革

本条来自《合同法》第 41 条："对格式条款的理解发生争议的，应当按照通常理解予以解释。对格式条款有两种以上解释的，应当作出不利于提供格式条款一方的解释。格式条款和非格式条款不一致的，应当采用非格式条款。"

裁判规则

格式条款是为了重复使用预先拟定的条款，制定格式条款的一方相对对方具有一定优势，对格式条款有两种以上解释的，应当作出不利于提供格式条款一方的解释。

——新疆维吾尔自治区乌鲁木齐市中级人民法院（2023）新 01 民终 1320 号民事判决书

▶案情概要

刘某（买受人）与江某房产公司（出卖人）签订《商品房买卖合同》。合同约定，江某房产公司应在 2016 年 12 月 15 日之前交付经验收合格的商品房，最终交付日期按出卖人通知办理入住日期或报纸公告为准。同时约定，出卖人未按本合同规定的期限交房，出卖人逾期 91 日至 180 日的按买受人支付房款的同期银行存款利率赔付，出卖人逾期 180 日以上的按买受人支付房款的同期银行利率上浮 10% 赔付。2017 年 10 月期间，江某房产公司通过报纸或邮寄通知的方式，告知业主在 2017 年 10 月 15 日至 10 月 31 日期间办理集中交房手续。刘某认为被告交付房屋存在质量问题未修复，2021 年 9 月 5 日办理入住。办理入住时，江某房产公司要求刘某支付 2017 年 10 月至 2018 年 4 月暖气费 3456.2 元，同时支付第三人绿某物业公司物业费 23556.28 元。刘某诉求江某房产公司支付违约金并承担交房前的暖气费和物业费，江某房产公司辩称延期交房系刘某主观原因并应当按照合同约定逾期至 2017 年 7 月期间免责。

法院认为，根据《民法典》第 498 条规定，对格式条款的理解发生争议的，应当按照通常理解予以解释。对格式条款有两种以上解释的，应当作出不利于提供格式条款一方的解释。格式条款和非格式条款不一致的，应当采用非格式条款。本案中江某房产公司为了重复使用而事先拟定的违约责任条款约定出卖人逾期按照同期银行存款利率赔付。经查，同期各商业银行一年期存款利率在 1.75%—1.95%。被上诉人刘某起诉时主张按照 1.75% 的利率计算利息，现上诉人主张应按照同期人民银行公布的基准存款利率计算利息。合同双方关于合同条款有两种解释，应当作出不利于上诉人江某房产公司的解释。

第四百九十九条　【悬赏广告】悬赏人以公开方式声明对完成特定行为的人支付报酬的，完成该行为的人可以请求其支付。

条文沿革

本条为新增条文。

裁判规则一

悬赏应当以公开方式作出，即以"广告形式"作出悬赏的意思表示，要求针对不特定人，若未针对不特定人，则不形成悬赏的契约关系。

——四川省宜宾市中级人民法院（2021）川 15 民终 2612 号民事判决书

▶案情概要

杨某与刘某签订协议，载明"不论是谁，不管用什么办法（必须合法，违法与杨某无关），只要帮杨某领取到社保机构应当支付的工伤保险待遇42000元，杨某即支付21000元的奖金"。经双方协商，杨某同意按照悬赏条件，由刘某或杨某雇请其他人的方式为杨某办理工伤保险待遇支付事项。杨某工伤保险待遇到账后，立即向刘某支付奖金，逾期不支付，杨某自愿按月息2%的标准支付利息。杨某已支付刘某5000元，后双方就协议履行提请诉讼。刘某诉求杨某支付剩余合同对价。

法院认为，本案的争议焦点为如何认定杨某与刘某之间的法律关系。《民法典》第499条规定："悬赏人以公开方式声明对完成特定行为的人支付报酬的，完成该行为的人可以请求其支付。"根据上述法律规定，悬赏应当以公开形式予以声明，即以"广告形式"作出悬赏的意思表示，以"广告形式"其意在要求悬赏应当以针对不特定人而声明。就本案而言，刘某、杨某均认可系双方之间达成合意后，形成的案涉悬赏协议，并未以"广告形式"针对不特定人作出声明，因此，不应认定刘某与杨某之间存在悬赏的契约关系。《民法典》第919条规定："委托合同是委托人和受托人约定，由受托人处理委托人事务的合同。"本案中，杨某与刘某约定，由刘某代杨某申领工伤保险待遇而达成名为悬赏协议的合同，符合委托合同的法律特征，应认定双方之间系委托合同关系。

裁判规则二

悬赏广告包括两方面的内容，即向不特定人公开发布真实的意思表示和相对人完成特定行为而请求支付报酬的权利，只要符合以上两个条件，就会形成悬赏的契约关系。

——广州互联网法院（2021）粤0192民初14112号民事判决书

▶案情概要

上海寻某公司经营的拼某推出砍价免费拿活动，郑某参与该活动。郑某认为拼某电子商务平台隐藏其砍价记录，导致其无法完成"砍价免费拿"而提起诉讼，诉求其与寻某公司形成信息网络买卖合同，判决寻某公司违约。寻某公司辩称其与郑某不成立信息网络买卖合同且郑某并未按要求完成砍价任务，其不应当承担责任。

法院认为，本案的争议焦点为郑某提起信息网络买卖合同纠纷向寻某公司主张赔偿 4099 元是否具有事实及法律依据。悬赏广告包括如下两个方面的内容：一是悬赏人向不特定人公开发布广告的真实意思表示；二是如相对人完成了广告规定的特定行为，则享有向悬赏人要求支付报酬的权利。至于"支付报酬"，应不限于金钱的给付，既包括物质利益如商品、现金券、优惠券等，也包括非物质利益如奖章、荣誉等。本案中，寻某公司通过拼某电子商务平台公开发布"砍价免费拿"活动，向不特定的用户发出参与邀请，对完成特定行为即在 24 小时内砍价至 0 元的用户，免费提供商品，符合悬赏广告的特征。因此，案涉"砍价免费拿"活动属于寻某公司发布悬赏广告的单方法律行为，一经作出即对寻某公司发生法律约束力，完成了特定行为之人即享有向寻某公司请求给付商品的请求权。故本案应为悬赏广告纠纷，并非信息网络买卖合同纠纷。

第五百条　【缔约过失责任】当事人在订立合同过程中有下列情形之一，造成对方损失的，应当承担赔偿责任：

（一）假借订立合同，恶意进行磋商；

（二）故意隐瞒与订立合同有关的重要事实或者提供虚假情况；

（三）有其他违背诚信原则的行为。

条文沿革

本条来自《合同法》第 42 条："当事人在订立合同过程中有下列情形之一，给对方造成损失的，应当承担损害赔偿责任：

（一）假借订立合同，恶意进行磋商；

（二）故意隐瞒与订立合同有关的重要事实或者提供虚假情况；

（三）有其他违背诚实信用原则的行为。"

关联司法解释

《最高人民法院关于适用〈中华人民共和国民法典〉合同编通则若干问题的解释》

第五条 第三人实施欺诈、胁迫行为，使当事人在违背真实意思的情况下订立合同，受到损失的当事人请求第三人承担赔偿责任的，人民法院依法予以支持；当事人亦有违背诚信原则的行为的，人民法院应当根据各自的过错确定相应的责任。但是，法律、司法解释对当事人与第三人的民事责任另有规定的，依照其规定。

裁判规则一

合同的成立或生效并不应消灭违反先合同义务行为人的法律责任。

——山东省高级人民法院（2022）鲁民申 1079 号民事裁决书

▶**案情概要**

文某公司与赵某签订《商品房买卖合同》，后签订《商品房买卖合同》补充协议。合同履行过程中发生争议，赵某主张文某公司在宣传房屋时有违反诚实信用原则的行为，应当承担缔约过失责任，故将文某公司诉至法院请求判令其退还房屋差价款 1 万元。文某公司辩称不存在适用缔约过失责任的前提。文某公司不服山东省济南市中级人民法院（2021）鲁 01 民终 5753 号民事判决，向本院申请再审。

山东省高级人民法院认为，根据《民法典》第 500 条之规定，行为人违反先合同义务，造成对方损失的，应当承担赔偿责任。因先合同义务只能在合同生效前存在，也只能在合同生效前违反。但合同的成立或生效，并不能当然避免对方当事人损失的发生。即违反先合同义务给对方造成的损失完全可能发生在合同成立或生效后，如果该损失仅因为合同的成立或生效而无法得到赔偿，显然有失公正。合同的成立或生效并不应消灭违反先合同义务行为人的法律责任。当事人承担违约责任还是缔约过失责任，并非根据合同是否成立和生效来判断，而是根据其违反的合同义务性质来判断。违反先合同义务的承担缔约过失责任，违反合同义务的承担违约责任。涉案房地产项目所作的宣传已被相关行政部门认定为虚假宣传；虽然涉案鉴定分析说明中对房价影响无明确金额，但鉴定意见中并未否定申请人的虚假宣传对商品房定价的影响。涉案宣传的内容虽未订入合同，但申请人的行为已构成缔约过失，原审认定申请人应当承担缔约过失责任，赔偿被申请人因此受到的损失，并无不当。

裁判规则二

当事人在订立合同过程中有违背诚实信用原则的行为，给对方造成损失的应当承担损害赔偿责任。

——山东省青岛市中级人民法院（2021）鲁02民终2738号民事判决书

▶案情概要

李某与安某公司（李某系安某公司的法定代表人）共同向车某出具委托书，全权委托其代为处理案外人彭某租赁安某公司鲁B×××××号泵车的相关事宜。后该车不知去向。李某向车某出具承诺书一份，该承诺书载明：鲁B×××××号泵车从彭某处追要回来以后，以低于市场的优惠价格租赁给车某使用（租赁期限暂定为1年）。如李某不能兑现承诺，愿意承担法律责任，并赔偿车某人民币20万元。该泵车追回后，李某进行了维修，但并没有按照承诺书的约定将该泵车租赁给车某。后涉案车辆被湖南省某法院扣押。车某将李某与安某公司诉至法院，请求判令李某、安某公司赔偿车某损失20万元。李某与安某公司辩称，双方基于找车的委托事项已经履行了付款义务。

二审法院认为，上诉人李某委托被上诉人追索涉案泵车过程中，始终未告知涉案泵车并非上诉人所有，涉案泵车追回后，上诉人李某并未及时租赁给被上诉人，后被法院扣押，导致被上诉人无法实现对涉案泵车的租赁，被上诉人基于对上诉人李某的信赖而由此产生了信赖利益损失。上诉人李某的行为违反了诚实信用原则，应承担缔约过失责任，对被上诉人造成的损失，应承担赔偿责任。一审法院酌定上诉人李某赔偿被上诉人损失15万元，原审裁判于法有据。

裁判规则三

劳动者因用人单位的入职承诺拒绝其他公司的入职邀请，后用人单位若未与劳动者签订劳动合同并办理入职手续，其行为违反诚实信用原则，应当承担缔约过失责任。

——北京市第三中级人民法院（2022）京 03 民终 16719 号民事判决书

▶ 案情概要

2022 年 1 月，孙某到国某公司处应聘，经过面试后，2022 年 1 月 29 日，国某公司通过邮箱向孙某发送《录用意向函》，同时，国某公司向孙某发送《入职须知》。孙某于收到《录用意向函》当日，分别在《录用意向函》以及《承诺书》上签字并反馈给国某公司。后孙某与国某公司负责招聘的工作人员通过微信沟通体检、背景调查等情况，但直至 2022 年 2 月 11 日，国某公司仍未启动背景调查工作。2022 年 2 月 14 日，国某公司表示因公司内部调整变动，不再录用孙某。孙某主张国某公司的行为致使其合理信赖利益受损，应当承担缔约过失责任，故将国某公司诉至法院，请求判令国某公司赔偿孙某经济损失 58334 元。国某公司辩称其未对孙某造成损失。国某公司不服一审判决提出上诉。

二审法院认为，在劳动合同的订立过程当中，因合同双方违反诚实信用原则导致合同未能签订的情形屡见不鲜。在司法实践中，多援引《民法典》中有关缔约过失责任的规定进行填补，本案中，国某公司以公司组织架构发生调整，当时设立的岗位取消为由没有录用孙某，但国某公司向孙某发送的录用意向函及附件已经载明职位信息、劳动关系、薪资福利、入职时间、入职所需材料等，孙某亦按照要求及时填写承诺书等文件，并按要求反馈至国某公司处。国某公司的工作人员与孙某一直通过微信沟通入职的相关事宜。国某公司已经就孙某入职作出承诺，但国某公司因自身原因，未能录用孙某，违反基本的诚实信用原则，应承担缔约过失责任。

第五百零一条 【合同缔结人的保密义务】当事人在订立合同过程中知悉的商业秘密或者其他应当保密的信息，无论合同是否成立，不得泄露或者不正当地使用；泄露、不正当地使用该商业秘密或者信息，造成对方损失的，应当承担赔偿责任。

条文沿革

本条来自《合同法》第43条："当事人在订立合同过程中知悉的商业秘密，无论合同是否成立，不得泄露或者不正当地使用。泄露或者不正当地使用该商业秘密给对方造成损失的，应当承担损害赔偿责任。"

裁判规则

客户的微信联系方式以及照片不具备秘密性，亦不必然给企业带来商业价值，难以作为商业秘密予以保护。

——上海市第二中级人民法院（2022）沪02民终5176号民事判决书

▶案情概要

瑞某公司为甲方，杨某为乙方签订模特经纪协议。后杨某向瑞某公司邮寄通知解约。瑞某公司尚有活动款项未支付给杨某。合同履行过程中发生争议，杨某主张瑞某公司违约，将其诉至上海市黄浦区人民法院，请求判令瑞某公司向杨某支付拖欠的模特活动报酬并支付违约金。瑞某公司辩称杨某违反合同保密义务构成违约。一审法院判决瑞某公司应于判决生效之日起10日内向杨某支付模特活动报酬306320元。瑞某公司不服一审判决提出上诉。

二审法院认为，本案的争议焦点在于杨某是否侵害瑞某公司的商业秘密。商业秘密是指不为公众所知悉、能为权利人带来经济利益、具有实用性并经权利人采取保密措施的技术信息和经营信息。瑞某公司作为指称他人侵害其商业秘密的一方，应当对其拥有的商业秘密符合法定条件、杨某采取不正当手段侵害其商业秘密等事实负举证责任。根据法律规定，商业秘密中的客户名单，一般是指客户的名称、地址、联系方式以及交易的习惯、意向、内容等构成的区别于相关公知信息的特殊客户信息。即商业秘密意义上的客户名单，是经过权利人不断努力和积累，耗费了人力、物力和财力后而形成的相对稳定的、有其客户自身交易习惯和特点、区别于相关公知信息的客户名单。因此，瑞某公司主张宋某联系方式属于商业秘密的前提，在于该信息至少满足不为公众所知悉、具有商业价值、权利人采取了合理的保密措施三个要件。然而在本案中，瑞某公司所主张的宋某微信号仅系其联系方式的一种，并未反映该客户的特别之处，也未反映客户的交易习惯、意向及区别于一般交易记录的其他深度信息。且该信息亦不属于需要投入大量人力、物力、财力进行开发、竞争对手难以取得的客户信息。故单纯的宋某个人微信号难以认定属于法律保护的商业秘密。且杨某是将新的经纪公司工作人员微信名片推送给宋某，能否获得利益还需要尊重客户的意愿，并不必然获得相应的商业利益或者带来潜在的商业价值。而对于瑞某公司主张的杨某擅自发布客户的成衣样式照片，杨某称该照片系从客户单位工作人员朋友圈获取，并不具备秘密性、保密性的要求，且瑞某公司或其客户单位亦未对该图片采取保密措施。综上，瑞某公司主张的客户微信联系方式以及照片并不具备秘密性，亦不必然给企业带来商业价值，难以作为商业秘密予以保护。瑞某公司主张杨某侵害其商业秘密并据此要求杨某承担违约责任，缺乏事实与法律依据。

第三章 合同的效力

第五百零二条 【合同生效时间及未办理批准手续的处理规则】依法成立的合同，自成立时生效，但是法律另有规定或者当事人另有约定的除外。

依照法律、行政法规的规定，合同应当办理批准等手续的，依照其规定。未办理批准等手续影响合同生效的，不影响合同中履行报批等义务条款以及相关条款的效力。应当办理申请批准等手续的当事人未履行义务的，对方可以请求其承担违反该义务的责任。

依照法律、行政法规的规定，合同的变更、转让、解除等情形应当办理批准等手续的，适用前款规定。

条文沿革

本条来自《合同法》第44条："依法成立的合同，自成立时生效。

法律、行政法规规定应当办理批准、登记等手续生效的，依照其规定。"

关联司法解释

《最高人民法院关于适用〈中华人民共和国民法典〉合同编通则若干问题的解释》

第十二条 合同依法成立后，负有报批义务的当事人不履行报批义务或者履行报批义务不符合合同的约定或者法律、行政法规的规定，对方请求其继续履行报批义务的，人民法院应予支持；对方主张解除合同并请求其承担违反报批义务的赔偿责任的，人民法院应予支持。

人民法院判决当事人一方履行报批义务后，其仍不履行，对方主张解除合同并参照违反合同的违约责任请求其承担赔偿责任的，人民法院应予支持。

合同获得批准前，当事人一方起诉请求对方履行合同约定的主要义务，经释明后拒绝变更诉讼请求的，人民法院应当判决驳回其诉讼请求，但是不影响其另行提起诉讼。

负有报批义务的当事人已经办理申请批准等手续或者已经履行生效判决确定的报批义务，批准机关决定不予批准，对方请求其承担赔偿责任的，人民法院不予支持。但是，因迟延履行报批义务等可归责于当事人的原因导致合同未获批准，对方请求赔偿因此受到的损失的，人民法院应当依据民法典第一百五十七条的规定处理。

裁判规则一

合同未审批前、合同在履行行为或意思表示作出前、约定的解除条件成就前或终止期限届至前，都处于合同成立未生效状态。此时，合同当事人有权单方解除该合同。（理由在于：一是中国现行法并未明文规定被解除的合同必须是已经生效的合同，没有禁止解除已经成立但未生效的合同。二是合同成立即对当事人具有拘束力。在合同因一方原因不能生效的情形下，如合同仍约束另一方，则将导致交易陷入僵局状态，既不符合市场效率原则，也有违诚实信用原则，应允许当事人解除该成立未生效合同。）

——最高人民法院（2020）最高法民终 137 号民事判决书

▶ 案情概要

忆某投资、上某投资、江某与中某医疗因股权转让发生纠纷。江某持有浙江康某 100% 股权，中某医疗拟与江某协商收购该股权，中某医疗将 5000 万元定金支付至江某指定的浙江康某账户。并签订《框架协议》，协议约定乙方（中某医疗）承诺本次为不可撤销收购，不得终止本协议，并须保证本次交易在本协议生效后 3 个月内完成（由乙方或乙方关联方中某集团完成本次收购）；如在约定期限内未完成，则本协议书解除，5000 万元定金归属甲方（江某）所有。并规定本收购框架协议经各方签署后即生效。后双方就具体事宜签订《资产协议》与《补充协议》，后因中某医疗终止收购浙江康某股权并要求忆某投资、上某投资和江某返还已付 5000 万元定金，双方为此发生纠纷而诉至法院。中某医疗诉称，《框架协议》《补充协议》未生效，其均属于中某医疗为实施重大资产重组而与交易对方签订的交易合同，依照《上市公司重大资产重组管理办法》第 21 条第 1 款、《中国证券监督管理委员会关于规范上市公司重大资产重组若干问题的规定》第 2 条第 1 款规定，均应由中某医疗董事会决议，并报股东大会批准后方能生效。且《框架协议》《补充协议》因违反《合同法》第 52 条第 4 项规定，损害社会公共利益，应认定为无效，且不符合解除事由，不能解除。忆某投资、上某投资、江某辩称案涉《资产协议》是成立未生效，可以依法解除。

法院认为，《上市公司重大资产重组管理办法》《中国证券监督管理委员会关于规范上市公司重大资产重组若干问题的规定》均不属于《民法典》第 502 条第 2 款所涉"法律、行政法规"范畴，其对资产重组需经公司权力机关批准的规定属于管理性规范，故中某医疗关于《框架协议》《补充协议》因未经中某医疗董事会决议并报股东大会批准而未生效的主张不能成立。关于案涉《资产协议》的解除问题。虽然《资产协议》因生效条件未成就而处于成立未生效状态，但并不意味着绝对不能解除。合同成立即对当事人具有拘束力。在合同因一方原因不能生效的情形下，如合同仍约束另一方，则将导致交易陷入僵局状态，既不符合市场效率原则，也有违诚实信用原则，应允许当事人解除该成立未生效合同。

裁判规则二

未办理批准手续不影响合同的效力。合同约定的"报批"通常是基于行政管理目的所提出的法律要求，或者只是合同履行阶段权利移转的条件，并不影响合同的效力。

——最高人民法院（2021）最高法民申 7071 号民事裁定书

▶ **案情概要**

人某公司、人信某公司因与中某公司、宏某公司合资、合作开发房地产产生合同纠纷，人某公司、人信某公司诉称，截至本案起诉时，案涉划拨用地仍未经有批准权的人民政府批准办理土地使用权出让手续，依据原《合同法》第 52 条第 5 项及《最高人民法院关于审理涉及国有土地使用权合同纠纷案件适用法律问题的解释》（法释〔2005〕5 号）第 11 条之规定，应当认定案涉《合作开发协议》无效。中某公司、宏某公司辩称，案涉纠纷不属于土地使用权转让合同纠纷，案涉《合作开发协议》有效。

法院认为，依据《最高人民法院关于审理涉及国有土地使用权合同纠纷案件适用法律问题的解释》（法释〔2005〕5 号）第 24 条 "合作开发房地产合同约定提供土地使用权的当事人不承担经营风险，只收取固定利益的，应当认定为土地使用权转让合同" 的规定，案涉《合作开发协议》应认定为土地使用权转让合同。《合作开发协议》第 4.1.1 条约定，在本协议签订后，人某公司或人某公司指定公司必须参加合作项目用地土地招拍挂流程。第 4.1.2 条约定，人某公司依法取得合作项目用地及连片开发相邻地块的国有土地使用权后，中某公司有义务协助将《国有土地使用权证》办理至人某公司或人某公司指定公司名下。上述协议内容表明，双方均知晓该宗土地性质为划拨用地，双方约定人某公司需参与招拍挂程序合法取得案涉土地使用权，并非由中某公司直接将案涉地块使用权转让给人某公司。《民法典》第 502 条第 2 款规定，依照法律、行政法规的规定，合同应当办理批准等手续的，依照其规定。未办理批准等手续影响合同生效的，不影响合同中履行报批等义务条款以及相关条款的效力。应当办理申请批准等手续的当事人未履行义务的，对方可以请求其承担违反该义务的责任。综合本案情况，《合作开发协议》系双方当事人真实意思表示，不存在无效情形。

裁判规则三

未办理法人登记的个人独资企业，能推定合同签订方是实控人具有高度盖然性的，该代理行为合法有效，无需追认。

——浙江省高级人民法院（2022）浙民终253号民事判决书

▶案情概要

翁某与新某学校签订《H智能英语授权经营二级合同书》，约定新某学校在龙湾区范围内享有特许经营权，并有权授权其他第三方经营、加盟，后新某学校与万某培训中心签订案涉合同，约定：新某学校授权万某艺术培训中心在指定区域内经营"H智能英语"项目，之后新某学校与万某培训中心解除协议，并约定合同解除后，万某培训中心未经新某学校许可使用"H智能英语"品牌进行宣传或推广，不得继续从事与新某学校及H项目相关的任何网络活动和实体活动，或使用"H智能英语"在龙湾区范围内进行教学，一经发现，万某培训中心要赔偿新某学校30万元。后唐某勇使用"龙湾-万某教育-唐某勇"的群名片，发布"寻找龙湾培训机构优质课程合作共赢"，内容涉及H智能英语。双方因此产生争议，唐某勇诉称涉案合同和解除协议均属于无效合同，系新某学校在无权代理的情况下与万某培训中心签订，且该无权代理行为不可能得到权利人的追认。新某学校辩称案涉合同合法有效，且唐某勇发布招生和推广信息的行为系侵权行为和违约行为的竞合，应承担违约责任，并停止其行为。

法院认为，《民法典》第502条第1款规定，依法成立的合同，自成立时生效，但是法律另有规定或者当事人另有约定的除外。本案中，唐某勇除了在涉案两份合同上签字，亦为在解除协议上盖章的温州市龙湾永中万某艺术培训中心的唯一出资人。结合万某培训中心和温州市龙湾永中万某艺术培训中心均包含"永中万某"字号，以及万某培训中心在向教育部门办理了《民办学校办学许可证》后，尚未办理法人登记的事实，唐某勇系万某培训中心实控人具有高度盖然性。新某学校与温州市龙湾永中万某艺术培训中心签订涉案合同系合同双方真实意思表示，是否向商务主管部门备案不影响该合同生效的法律后果。本案诉讼发生时，温州市龙湾永中万某艺术培训中心已被注销，根据《个人独资企业法》第 28 条的规定，个人独资企业解散后，原投资人对个人独资企业存续期间的债务仍应承担偿还责任，唐某勇作为温州市龙湾永中万某艺术培训中心的唯一出资人，相应的法律责任应由其承担。

第五百零三条 【被代理人以默示方式追认无权代理】 无权代理人以被代理人的名义订立合同，被代理人已经开始履行合同义务或者接受相对人履行的，视为对合同的追认。

条文沿革

被代理人在知道无权代理人所订立合同后，履行合同义务或者部分履行合同义务的行为可以认定为对无权代理人行为的追认。

裁判规则一

被代理人只要知道无权代理人所订立合同后，履行合同即可，部分履行合同义务或者履行的为非合同主要义务均可。

——山东省高级人民法院（2021）鲁民申 8950 号民事裁定书

▶**案情概要**

刘某的儿媳耿某与 N 村委会签订涉案房产的拆迁补偿安置协议，协议签订后，耿某领取拆迁补偿款，刘某自行将拆迁房屋的门窗拆除并配合进行了搬家，且获得 N 村委会奖励的现金 5000 元。后刘某诉称其对涉案房屋享有所有权，耿某对房屋并无处分权，属于无权代理，涉案房屋的门窗是村委会安排人员拆除的并非刘某自行拆除的，不能就此推定刘某对耿某签订协议表示认可，N 村委会辩称原审法院已认定刘某的上述行为系对耿某在上述安置协议上签字行为的追认、耿某的签字行为有效并无不当。

二审法院认为，据查明的事实，涉案房产的拆迁补偿安置协议是由刘某的儿媳耿某与 N 村委会签订，协议签订后，耿某领取拆迁补偿款，刘某自行将拆迁房屋的门窗拆除并配合进行了搬家，且获得 N 村委会奖励的现金 5000 元，法院据此认定刘某的上述行为系对耿某在上述安置协议上签字行为的追认、耿某的签字行为有效并无不当。刘某主张涉案房屋的门窗是由 N 村委会安排人员拆除以及耿某与 N 村委会存在共同欺诈行为，但未提交证据予以证实。法院依据《民法典》第 503 条规定，认定涉案拆迁补偿安置协议有效，适用法律正确。

裁判规则二

因追认为需受领的意思表示，因此，被代理人须知道或应当知道其所为之履行或接受之履行系对无权代理人所订合同的履行，否则，其履行不得被视为追认。

——福建省宁德市中级人民法院（2021）闽 09 民终 560 号民事判决书

▶案情概要

徐某、林某夫妇向华某公司购买某小区 5 幢 106 号、107 号房产并签订《商品房买卖合同》，后徐某又与华某公司签订 5 幢 109 号房产的《定购协议书》，后双方办理网签，并支付了 106 号、107 号、109 号房产的首付款，后由于贷款未成功，华某公司与徐某签订《协议书》，其内容涉及 106 号、107 号、109 号房产的后续处理，但林某未在协议书上签字。约定解除 109 号房产的网签合同，华某公司配合办理 106 号、107 号房产的不动产权证至徐某、林某名下。现华某公司诉求徐某、林某支付违约金，林某辩称不承担违约责任，《协议书》对其不具有约束力。

法院认为，华某公司与徐某签订的《协议书》对林某具有法律效力，因为林某虽没有通过书面、口头等积极行为的方式表现，但是通过行为的方式作出了意思表示，促成了《协议书》内容的履行，是一种默示的意思表示。但争议点在于其与华某公司间是否成立 109 号房产的买卖合同。首先《协议书》未经林某签认，网签也未成功，且林某在该房交付时才知道购房之事，系徐某以夫妻名义购买，但其属于大额交易，并未有证据证明其授权徐某，《协议书》的效力不必然及于林某，首付款的支付系由徐某办理，付款并受领房产的事实，乃是基于婚姻关系和夫妻财产制而出现的客观效果，而非基于共同购房人的合同地位而享受权利、承担义务的行为表现。换句话说，因徐某订立买卖合同的行为发生在其与林某的婚姻关系存续期间，徐某支付购房款客观上会导致夫妻共同财产的减少，徐某受领房产客观上会引起夫妻共同财产的增加，林某虽然没有"支付""受领"的行为，但徐某"支付""受领"的行为事实上影响了林某的财产状况。林某未能提供证实其个人意思直接介入并引导了徐某的"支付""受领"行为过程，仅在行为结果意义上，不能认定其具有履行合同义务的主动性及有"接受"华某公司履行的意愿，而只能认定其被动地"受到"了徐某及华某公司履约行为的影响，由此尚不足以构成对合同的追认。《协议书》成立后林某收到协助注销网签的通知，此时林某以拒绝配合的态度间接地对买卖合同进行了追认，并不能改变之前已经确定的合同效力及履行状态。

第五百零四条　【表见代表的效力】 法人的法定代表人或者非法人组织的负责人超越权限订立的合同，除相对人知道或者应当知道其超越权限外，该代表行为有效，订立的合同对法人或者非法人组织发生效力。

条文沿革

本条来自《合同法》第 50 条："法人或者其他组织的法定代表人、负责人超越权限订立的合同，除相对人知道或者应当知道其超越权限的以外，该代表行为有效。"

裁判规则一

法人的法定代表人未按照公司章程的规定以法人的名义进行担保，

其他股东不能提供证据证明相对人知道或应当知道法定代表人超越权限的，该担保有效。

——新疆维吾尔自治区高级人民法院（2021）新民终266号民事判决书

▶ **案情概要**

李某作为原告以民间借贷纠纷为由起诉被告张某某、张某，经一审法院依法审理判决张某某向李某返还借款本金及利息24392500元。该调解书发生法律效力后，申请执行人李某向一审法院申请执行，因被执行人张某某、张某不能履行生效法律文书确定的义务，蒙某公司自愿以公司全部资产为被执行人提供担保并出具《保证书》，内容载明"昌吉州中级人民法院关于李某申请执行张某某、张某个人借款一案，现我公司自愿以公司全部资产为申请人的这笔欠款提供担保。担保人蒙某公司"。《保证书》中加盖了蒙某公司公章，股东张某某、张某、侯某、杜某某、索某某签名认可。一审法院在执行中追加蒙某公司为被执行人。索某某、张某某、杜某某、王某、张某、侯某诉称，蒙某公司的担保行为无效，不应将该公司列为案涉执行案件的担保人执行该公司的财产。李某辩称，担保虽未经全体股东大会决议，但为有效担保，应将蒙某公司追加为被执行人。

二审法院认为，本案中，被执行人张某某作为蒙某公司的法定代表人，其在案涉保证书上签名并加盖有蒙某公司的公章，为被执行人张某某、张某的债务向申请执行人李某提供担保。现索某某、张某某、杜某某、王某、张某、侯某6人认为张某某作为蒙某公司的法定代表人，在未组织召开股东大会，未经全体股东大会决议的情形下，擅自在保证书上加盖公司公章承担担保责任的行为违反相关法律规定，应属无效。但是，索某某、张某某、杜某某、王某、张某、侯某不能提供证据证实申请执行人李某知道或应当知道被执行人张某某超越权限出具了保证书，且该公司的股东张某某、张某、侯某、杜某某、索某某在《保证书》上签名予以认可。故根据上述法律规定，索某某、张某某、杜某某、王某、张某、侯某的该项主张不能成立。

裁判规则二

构成表见代理，相对人在主观上必须是善意、无过失。所谓善意，是指相对人不知道或者不应当知道行为人实际上无权代理；所谓无过失，是指相对人的"不知道"不是因为其疏忽大意造成。法人的法定代表人实施超越权限的行为，相对人明显知情的，其行为无效。

——新疆维吾尔自治区高级人民法院（2021）新民终252号民事判决书

▶ 案情概要

中某新疆分公司（甲方）与吴某（乙方）签订《项目管理责任承包合同》，约定工程名称为某实业海棠小镇建设项目，承包形式为甲方总承包，乙方项目管理责任承包。甲方实行统一管理，全面监控。乙方实行自主经营、责任承包、包工包料，独立核算，自负盈亏。未经甲方同意乙方不得以甲方的名义对外发生任何经济往来，严禁私刻甲方任何印章。一旦查实按公司规定及法律处理。若确因工程资料需要由乙方申请，甲方按公司规定办理。印章仅作为资料使用不作任何经济往来。吴某于2017年10月28日因病去世。后张某主张，吴某以中某公司、中某新疆分公司分名义与自己签订了借款合同，并提交了盖有项目部印章的《协议书》《借条》《证明》等证据。张某诉称，请求中某公司、中某新疆分公司还款。中某公司、中某新疆分公司辩称，与张某之间不存在借贷关系。

法院认为，实际施工人对外借款不是对案涉项目建设工程施工合同的履行。项目部印章的使用范围限于工程报告、计量、变更及决算资料方面，不包括对外借款用途。因此，未经中某公司、中某新疆分公司追认的情况下，不能将《借条》上加盖项目部印章的行为，视为中某新疆分公司的意思表示。

即便项目部的印章与吴某、张某的签字真实，吴某在《借条》中加盖项目部印章的行为是否构成对中某新疆分公司的表见代理的问题。法院认为，构成表见代理，相对人在主观上必须是善意、无过失。所谓善意，是指相对人不知道或者不应当知道行为人实际上无权代理；所谓无过失，是指相对人的"不知道"不是因为其疏忽大意造成。本案中，按照中某新疆分公司与吴某的约定，吴某无权以公司的名义借款。张某未提交证据证明张某对《协议书》《借条》的主体是中某新疆分公司但盖有项目部印章提出异议，因此，张某并非善意无过失相信吴某有代理权。故吴某的行为不构成表见代理。

第五百零五条　【超越经营范围订立合同的效力】当事人超越经营范围订立的合同的效力，应当依照本法第一编第六章第三节和本编的有关规定确定，不得仅以超越经营范围确认合同无效。

条文沿革

本条来自《最高人民法院关于适用〈中华人民共和国合同法〉若干问题的解释（一）》第10条："当事人超越经营范围订立合同，人民法院不因此认定合同无效。但违反国家限制经营、特许经营以及法律、行政法规禁止经营规定的除外。"

裁判规则

当事人超越经营范围订立的合同的效力，不得仅以超越经营范围订立的合同确认合同无效。

——山东省高级人民法院（2021）鲁民终2289号民事判决书

▶ **案情概要**

晨某公司与皋某公司签订《国内商业保理合同》。合同约定，该保理业务为公开保理和间接回款保理，合同约定，无论何等原因，在该应收账款到期日或宽限届满日，晨某公司未足额收回保理首付款的，晨某公司有权向皋某公司发送《应收账款反转让通知书》，将未受偿的已受让应收账款再次转让给皋某公司。同日，某奕公司、某鹏公司分别与晨某公司签订《保证合同》，合同约定，某鹏公司、某奕公司为皋某公司的本次商业保理业务提供不可撤销的连带责任保证。某奕公司、某鹏公司出具股东会决议，同意提供上述担保。吴某、胡某、何某分别向晨某公司出具了《个人担保声明书》约定，何某、吴某、胡某为案涉保理业务提供不可撤销的连带责任保证担保。同日，潘某、丁某与晨某公司签订《股权质押合同》，约定，潘某、丁某以其各自持有的皋某公司的50%的股权为案涉保理业务提供股权质押担保，担保范围包括但不限于主债权 2000 万元及相应的利息、违约金、损害赔偿金、质押股权保管费用和实现质权的费用等一切权利。胡某、何某与晨某公司签订了《股权质押合同》，以其各自持有某鹏公司 50%的股权为股权质押担保，担保范围包括但不限于主债权 2000 万元及相应的利息、违约金、损害赔偿金、质押股权保管费用和实现质权的费用等一切权利。上述合同签订后，晨某公司向皋某公司支付保理款 1918.5 万元（扣除手续费 81.5 万元），在保理合同履行期间，皋某公司如期支付使用费用。保理合同到期后，因晨某公司未足额收回保理款，晨某公司多次要求皋某公司回购应收账款债权，皋某公司未进行回购。截至 2021 年 3 月 25 日，皋某公司尚欠晨某公司保理款本金 18457604.56 元及逾期使用费 5333948.04元。皋某公司、某鹏公司、某奕公司、潘某、丁某、何某、胡某、吴某诉称，请求判定晨某公司超越经营范围签订合同，保理合同为无效合同，保证合同及股权质押合同也是无效合同。晨某公司辩称，保理合同真实合法有效，皋某公司应按照保理合同的约定返还保理款，各担保人应按照合同约定承担担保责任。

法院认为，根据《民法典》第 505 条的规定，皋某公司主张因晨某公司超越经营范围签订合同导致无效的理由不能成立。晨某公司按照合同约定履行了支付保理款的义务，皋某公司未按合同约定履行回购义务，某奕公司、某鹏公司、潘某、丁某、何某、胡某、吴某未履行担保义务，均构成违约。晨某公司主张皋某公司返还保理款项并赔偿律师代理费及诉讼保全保险费，某鹏公司、潘某、丁某、何某、胡某、吴某承担担保责任，均符合合同约定及法律规定，法院予以支持。

第五百零六条　【免责条款无效情形】合同中的下列免责条款无效：

(一) 造成对方人身损害的；

(二) 因故意或者重大过失造成对方财产损失的。

条文沿革

本条来自《合同法》第 53 条："合同中的下列免责条款无效：

(一) 造成对方人身伤害的；

(二) 因故意或者重大过失造成对方财产损失的。"

裁判规则一

只有协议条款本身造成对方人身损害的，才能依据《民法典》第 506 条主张免责条款无效。

——云南省巧家县人民法院 (2022) 云 0622 民初 1618 号民事判决书

▶**案情概要**

施某 (乙方) 与王某 (甲方) 签订合同，约定王某将所有松树松包承包给施某采摘，并约定了采摘价格、范围等内容。其中，合同第 4 条载明："采摘过程中出现的一切安全事故由施某全权承担，与王某无关。"施某在采摘过程中受伤，入院治疗并造成九级伤残。施某遂向云南省巧家县人民法院起诉，请求王某赔偿其因受伤造成的损失；王某主张依其与施某之间的合同第 4 条而免责。

法院认为，对《民法典》第 506 条的理解应为协议条款本身造成对方人身损害，并不是所有因合同履行过程中导致对方人身损害的约束条款均无效，此协议中第 4 条并没有直接导致任何一方人身损害，所以原告关于协议第 4 条无效的主张不予以采纳。

裁判规则二

（快递服务合同中）未保价快件在运输环节发生灭失、破损、短少的原因应当排除承运人存在故意或者重大过失的情形，如果发生灭失、破损、短少系承运人故意为之或者存在重大过失，则承运人仍应按照托运物的实际价值赔偿寄件人全部损失。

——北京市昌平区人民法院（2022）京 0114 民初 7899 号民事判决书

▶ 案情概要

中某珍贝公司员工曹某使用微信小程序某速运给收件方高某寄送衣服。其中《电子运单契约条款》载明"未保价快件在运输环节发生灭失、破损、短少的，快递公司在 7 倍运费的限额内向您赔偿托寄物的实际损失，双方另有约定的除外"。然而快件派送过程中，因收件人所在小区因疫情原因处于封闭状态，快递员无法进入。经曹某同意，快递员将快件交给小区志愿者请其转交，但并未记录志愿者姓名或其他信息，后续也未核实是否安全转交及收件人是否收到货物，导致快件丢失。中某珍贝公司遂向北京市昌平区人民法院起诉，主张某速运承担快件丢失的损害赔偿责任，快递公司则主张依《电子运单契约条款》约定，仅在 7 倍运费限额内承担责任。

法院认为，《电子运单契约条款》第 4.3 条约定对于未保价快件在运输环节发生灭失、破损、短少的，被告在超出 7 倍运费以外的金额免责，根据《民法典》第 506 条规定："合同中的下列免责条款无效：（一）造成对方人身损害的；（二）因故意或者重大过失造成对方财产损失的。"即如果提供格式条款一方在履行合同过程中因故意或者重大过失造成对方财产损失的，则相应免责条款无效，结合《民法典》第 506 条的规定，法院认为对第 4.3 条的规则应当作限制理解，未保价快件在运输环节发生灭失、破损、短少的原因应当排除被告存在故意或者重大过失的情形，如果发生灭失、破损、短少系被告故意为之或者存在重大过失，则被告仍应按照托运物的实际价值赔偿寄件人全部损失。根据庭审中的陈述，案涉快件派送时因疫情原因快递员无法进入收件人所在小区，快递员在征求寄件人同意后交由门口志愿者代为转交，该方式确属变通之举，不应苛责，但并非意味着被告只要转交志愿者即尽到了全部义务，被告的快递员当时并未有任何问询该志愿者信息的举动，如名字或者电话等，以至于在快件不知所踪时无从查起，因此被告显然存在过失。从社会一般人的通常行为来看，若委托人通知受托人将物品转交给第三方，受托人至少在形式上应当核实第三方的基本信息，而非在完全没有核实基本信息的情况下即将物品交付给完全陌生的第三方，被告作为专业的物流运输企业，相较于寄件人和收件人，更应尽到更高注意义务，现其违反了一般人应当知晓的注意义务，该行为构成重大过失，此外，被告也并未举证证明其快递员当时确实将案涉快件交给了志愿者，故被告应当按照托运物的价值赔偿原告。

裁判规则三

《民法典》第 506 条规定的造成对方人身损害的免责条款无效特指事发前约定的造成对方人身损害的免责条款无效，而不是指事发后的约定无效。

——山东省青岛市中级人民法院（2022）鲁 02 民终 15567 号民事判决书

▶ 案情概要

王某系胶州某公寓综合整治项目工作人员，并雇用赵某为项目提供劳务。某日赵某依指示在项目工地清理电缆沟槽过程中，因王某操作挖掘机不当，致使赵某左腿被挖掘机挖斗撞伤，产生巨额医疗费。后王某（甲方）与赵某（乙方）签订《协议书》，约定基于甲方已垫付部分医疗费用，乙方不再向甲方主张后续赔偿（包括但不限于残疾赔偿金、误工费、护理费、营养费、被扶养人生活费、交通费等）。协议履行中又发生争议，赵某遂向法院提起诉讼，主张案涉《协议书》无效，请求王某承担损害赔偿责任。

法院认为，《协议书》对事发经过、损失数额、垫付款数额、欠款数额、意思表示是否真实以及违约责任进行了详细约定，能够认定该协议是赵某的真实意思表示。《民法典》第506条规定的造成对方人身损害的免责条款无效特指事发前约定的造成对方人身损害的免责条款无效，而不是指事发后的约定无效，赵某提出的案涉协议无效的主张无法支持。

第五百零七条 【争议解决条款的独立性】合同不生效、无效、被撤销或者终止的，不影响合同中有关解决争议方法的条款的效力。

条文沿革

本条来自《合同法》第57条："合同无效、被撤销或者终止的，不影响合同中独立存在的有关解决争议方法的条款的效力。"

裁判规则一

合同无效的，因违约条款不属于争议解决条款，亦不属于清算和结算条款，当然无效。

——湖北省丹江口市人民法院（2021）鄂0381民初2040号民事判决书

▶案情概要

习某1受习某2、习某3、习某4委托，作为危房持有人与邵某（开发人）签订《危房改造拆迁安置补偿协议书》及《房屋拆迁补充协议》，就危房拆迁及补偿事宜作出约定。合同履行过程中发生争议，习某1遂向法院起诉，主张邵某未及时支付补偿款、损毁习某1房屋的行为系违约，请求判令邵某承担违约责任。邵某则主张案涉拆迁工程尚未完成，具体损失无法计算。

法院认为，因邵某系自然人，不具备拆迁人的主体资质，加之习某1对其所处分的土地并不享有所有权，亦未办理相应的土地变更登记手续，故案涉两合同因违反法律强制性规定而无效。为此，违约条款不属于争议解决条款，也不属于清算和结算条款，所以违约条款当然无效。

裁判规则二

双方约定的违约责任不属于《民法典》第507条规定的"解决争议方法的条款"，不具有独立性，随合同无效而无效。

——重庆市荣昌区人民法院（2022）渝0153民初1546号民事判决书

▶ 案情概要

林某以银行借贷获得的资金向晏某等提供借款，后签订借条对款项进行确认，约定借款人为天某公司、沈某、潘某、刘某、晏某，约定了借款数额、偿还本金及利息等内容，并载明"因借款方违约造成的一切损失，包括但不限于银行因还款逾期造成的逾期利息、诉讼费、律师费、保全费、担保费、差旅费均由借款人承担"。后因四借款人逾期未还款，林某诉至法院请求四借款人偿还剩余借款并承担诉讼费、律师费、保全费等违约责任。

法院认为，原告通过银行贷款、出借信用卡的方式获取出借资金，违背了民间借贷的资金来源应为自有资金的规范要求，且为了他人使用资金需求而套取金融机构贷款，本身也是规避监管、扰乱金融秩序的行为，故对于套取金融机构贷款转贷的，应当认为民间借贷合同无效。因借款协议中明确约定"因借款方违约造成的一切损失，包括但不限于银行因还款逾期造成的逾期利息、诉讼费、律师费、保全费、担保费、差旅费均由借款人承担"，故律师费的承担实为双方约定的违约方应当承担的违约责任，依据《民法典》第507条的规定，合同不生效、无效、被撤销或者终止的，不影响合同中有关解决争议方法的条款的效力。也即只有争议解决条款的效力不因合同无效而无效，违约条款并不适用效力独立性的问题，故原告请求偿付其律师服务费于法无据，不予支持。

裁判规则三

因原合同无法履行，合同当事人后又签订合同就原合同事项作出安排的,后合同非原合同的从合同,具有独立性,其效力不受原合同的影响。

——北京市朝阳区人民法院(2022)京 0105 民初 14986 号民事判决书

▶ **案情概要**

刘某(甲方)与新某恒公司(乙方)签订《北京市购房咨询服务合同》,约定甲方希望通过乙方的协助,获得百某湾定向安置房项目 88.28 平方米南三居室朝向南北房屋所有权,并就合同价款、违约责任等进行约定。后新某恒公司因故无法履行《北京市购房咨询服务合同》,双方又签订《还款协议》,就前《北京市购房咨询服务合同》的后续解算问题作出约定。然期限届满时新某恒公司仍未履行《还款协议》,刘某遂向法院起诉,主张新某恒公司逾期未还款的行为构成违约,请求法院判令其偿还合同价款并承担违约责任。

法院认为,根据《民法典》第 507 条规定:"合同不生效、无效、被撤销或者终止的,不影响合同中有关解决争议方法的条款的效力。"本案中,《还款协议》系因新某恒公司无法履行《北京市购房咨询服务合同》各方签署的结算协议;《还款协议》并非《北京市购房咨询服务合同》从合同,其具有独立性,其效力与《北京市购房咨询服务合同》效力无关;因此,即便《北京市购房咨询服务合同》无效,《还款协议》亦有效。

第五百零八条 【合同效力适用指引】 本编对合同的效力没有规定的,适用本法第一编第六章的有关规定。

第四章　合同的履行

第五百零九条　【合同履行的原则】 当事人应当按照约定全面履行自己的义务。

当事人应当遵循诚信原则，根据合同的性质、目的和交易习惯履行通知、协助、保密等义务。

当事人在履行合同过程中，应当避免浪费资源、污染环境和破坏生态。

条文沿革

本条来自《合同法》第 60 条："当事人应当按照约定全面履行自己的义务。

当事人应当遵循诚实信用原则，根据合同的性质、目的和交易习惯履行通知、协助、保密等义务。"

裁判规则一

在一方已经履行完毕自己的义务时，合同相对方也应按约全面履行自己的义务。

——最高人民法院（2022）最高法知民终 481 号民事判决书

▶案情概要

易某公司（甲方）与众某公司（乙方）共同签署《CMLink 供应链金融项目服务合同》《大会员资金结算中心项目服务合同》《支付中心

微信直连功能项目服务合同》《开发项目服务合同》。后因合同履行发生纠纷，众某公司起诉至法院，请求易某公司支付剩余合同款项。易某公司辩称众某公司交付的软件并不符合验收标准，出现多起重大事故。

法院认为，本案的争议焦点问题是易某公司是否应该支付合同剩余款项。《民法典》第 509 条第 1 款规定，当事人应当按照约定全面履行自己的义务。本案中，双方签订了《CMLink 供应链金融项目服务合同》《大会员资金结算中心项目服务合同》《支付中心微信直连功能项目服务合同》《开发项目服务合同》，其中双方确认《大会员资金结算中心项目服务合同》《支付中心微信直连功能项目服务合同》项下的开发项目已经验收上线、"CMLink 供应链" 项目因易某公司原因未上线。易某公司认为《大会员资金结算中心项目服务合同》《支付中心微信直连功能项目服务合同》下的开发项目虽已上线，但没有经过其正式验收，"CMLink 供应链" 项目仅开发了 20% 的功能，故不能证明涉案合同涉及的开发项目已经按照合同标准开发完成，其不应支付剩余的合同款项。

首先，《大会员资金结算中心项目服务合同》《支付中心微信直连功能项目服务合同》下的开发项目已经正式上线，易某公司未提供证据证明其在项目上线后提出软件质量问题；易某公司原审提交了 2021 年 9 月至 10 月期间该两个开发项目的截图以证明不符合验收标准，但该两个开发项目已于 2020 年 12 月底完成交接工作，易某公司已收回源代码、服务器访问权限，易某公司原审提交的该份证据无法证明众某公司交付时该两个开发项目存在质量问题，故应认定该两个开发项目已按照合同标准开发完成。

其次，关于 "CMLink 供应链" 项目，双方确认于 2020 年 12 月底完成了交接，此后在众某公司与易某公司的沟通中，时任易某公司 CTO 张某认可该项目已经验收，易某公司行政人员、商务总监也与众某公司确认了双方涉及项目及剩余未付款金额，后续沟通中易某公司亦未对 "CMLink 供应链" 项目的质量问题提出异议。直至二审，易某公司亦未提交证据证明该软件存在问题，故应认定 "CMLink 供应链" 项目已按照合同标准开发完成。

最后，在众某公司已按照合同要求完成涉案《CMLink 供应链金融项目服务合同》《大会员资金结算中心项目服务合同》《支付中心微信直连功能项目服务合同》《开发项目服务合同》开发项目后，易某公司未依约履行付款义务，已构成违约行为。原审判令易某公司支付相应合同款项及利息，于法有据，应予支持。

裁判规则二

当事人应当遵循诚信原则，在民事合同履行期间或者解除后，合同双方应当履行协助义务、减损义务、尽善义务，防止给合同任何一方造成不必要的损失。

——最高人民法院（2022）最高法知民终 1297 号民事判决书

▶**案情概要**

耀某公司（甲方）与朗某公司（乙方）签订《信息工程合同书》。后因合同履行发生纠纷诉至法院，耀某公司诉求：1. 改判朗某公司继续履行耀某公司与朗某公司签订的《信息工程合同书》（以下简称涉案合同）及附件；2. 朗某公司赔偿经济损失 12 万元；3. 本案一审、二审诉讼费由朗某公司承担。朗某公司辩称：耀某公司停止涉案软件开发，未支付开发费用，导致部署在云平台的涉案软件因过维护期丢失、无法恢复，朗某公司事实上无法继续履行涉案合同约定的安装、调试、培训等义务。

法院认为，本案的争议焦点问题是：1. 涉案合同是否应当继续履行；2. 若涉案合同不能履行，后续应当如何处理。针对争议焦点二，法院认为《民法典》第 509 条第 1 款、第 2 款规定："当事人应当按照约定全面履行自己的义务。当事人应当遵循诚信原则，根据合同的性质、目的和交易习惯履行通知、协助、保密等义务。"第 558 条规定："债权债务终止后，当事人应当遵循诚信等原则，根据交易习惯履行通知、协助、保密、旧物回收等义务。"第 566 条第 1 款规定："合同解除后，尚未履行的，终止履行；已经履行的，根据履行情况和合同性质，当事人可以请求恢复原状或者采取其他补救措施，并有权请求赔偿损失。"第

577条规定："当事人一方不履行合同义务或者履行合同义务不符合约定的，应当承担继续履行、采取补救措施或者赔偿损失等违约责任。"在民事合同履行期间或者解除后，合同双方应当履行协助义务、减损义务、尽善义务，防止给合同任何一方造成不必要的损失。计算机软件开发合同履行期间或合同解除后，受委托的软件开发方应当对正在开发或已经开发完成的计算机软件尽到减损义务和尽善义务，即对该计算机软件予以妥善保管的义务，在该软件存在灭失、损坏可能性的情况下，应当及时采取预防或补救措施。在委托方已经支付完相对应的开发费用的情况下，如果合同约定开发完成的计算机软件著作权归委托方或委托方有权使用，软件开发方应当将该软件转交给委托方或允许委托方采用符合合同要求的方式进行使用。

本案中，朗某公司认为由于耀某公司终止涉案软件开发，未支付开发费用，导致部署在云平台的涉案软件因过维护期丢失，无法恢复，导致朗某公司事实上无法继续履行涉案合同约定的安装、调试、培训等义务，其主要过错应由耀某公司承担，耀某公司对于涉案合同不能继续履行负有主要责任，朗某公司负有较小的责任，原审法院酌定朗某公司向耀某公司返还1万元符合法律规定。

对此，法院认为，首先，朗某公司在前案中起诉要求耀某公司履行合同义务，支付合同款项，朗某公司主观上具有继续履行合同的意愿，在此情况下，其应对履行合同所必需的涉案软件予以妥善保管，以利于后续合同的履行。其次，涉案软件虽然系朗某公司为耀某公司开发，但在完全移交耀某公司之前，朗某公司应遵循诚实信用原则，尽到妥善保管义务。并且在合同解约后，如耀某公司已经支付相关费用的情况下将涉案软件移交耀某公司。最后，涉案软件所存储的云平台系朗某公司租赁并与云平台签署租赁协议，其明知云平台的租赁期限和停止租赁会导致涉案软件灭失的后果，却放任该后果的发生，即使朗某公司认为系由耀某公司未支付合同价款导致云平台租赁到期，但朗某公司亦应当采取将涉案软件下载保存等相关补救措施，且上述补救措施对于朗某公司并不存在难度，亦不存在其他难以补救的原因。综上，由于涉案软件灭失导致后续合同难以继续履行，朗某公司对于合同不能继续履行应当承担主要责任，原审法院酌定朗某公司向耀某公司返还 1 万元不妥，本院予以纠正。对于耀某公司已经支付的 12 万元合同款项，朗某公司应当予以返还。

第五百一十条　【合同没有约定或约定不明的补救措施】

合同生效后，当事人就质量、价款或者报酬、履行地点等内容没有约定或者约定不明确的，可以协议补充；不能达成补充协议的，按照合同相关条款或者交易习惯确定。

条文沿革

本条来自《合同法》第 61 条："合同生效后，当事人就质量、价款或者报酬、履行地点等内容没有约定或者约定不明确的，可以协议补充；不能达成补充协议的，按照合同有关条款或者交易习惯确定。"

裁判规则一

合同生效后，当事人就质量、价款或者报酬、履行地点等内容没有约定或约定不明确的，不能达成补充协议的，按照合同相关条款或者交易习惯确定。按照合同相关条款或者交易习惯依旧不能确定的，应当适用《民法典》第 511 条确定合同内容

——新疆维吾尔自治区高级人民法院（2021）新民申 2838 号民事裁定书

▶案情概要

吉祥某公司与王某签订的《商品房买卖合同》，王某与第三人新都某公司签订《委托经营管理合同》。因合同履行发生纠纷，诉至法院。吉祥某公司认为王某恶意不支付房款，导致吉祥某公司遭受损失。

法院认为，关于认定王某未及时支付案涉购房款导致吉祥某公司利益受损的问题。首先，双方签订的《商品房买卖合同》第 9 条约定王某

未在约定时间付款的，逾期在 30 日之内，王某按日计算向吉祥某公司支付应付款项万分之一的违约金，而对于王某未支付购房款超过 30 日，未作约定。在《商品房买卖合同》未明确约定购房款支付的期限及逾期支付超过 30 日应承担的具体违约责任的情形下，根据《民法典》第510 条"合同生效后，当事人就质量、价款或者报酬、履行地点等内容没有约定或者约定不明确的，可以协议补充；不能达成补充协议的，按照合同相关条款或者交易习惯确定"之规定及第 511 条"当事人就有关合同内容约定不明确，依据前条规定仍不能确定的，适用下列规定……（四）履行期限不明确的，债务人可以随时履行，债权人也可以随时请求履行，但是应当给对方必要的准备时间……"之规定，吉祥某公司可以随时请求王某支付购房款。吉祥某公司虽提出其一直向王某主张支付购房款的权利，但吉祥某公司原审中仅提交于 2018 年 4 月 14 日向王某发送短信，要求王某支付购房款的证据，故原审法院认定吉祥某公司于2018 年 4 月 14 日向王某催收剩余购房款，按照《最高人民法院关于审理商品房买卖合同纠纷案件适用法律若干问题的解释》第 13 条第 1 款"商品房买卖合同没有约定违约金数额或者损失赔偿额计算方法，违约金数额或者损失赔偿额可以参照以下标准确定：逾期付款的，按照未付购房款总额，参照中国人民银行规定的金融机构计收逾期贷款利息的标准计算"之规定，以王某未支付购房款构成违约，应当自 2018 年 4 月14 日起计算吉祥某公司的损失至 2020 年 1 月 31 日止，判决王某向吉祥某公司支付逾期付款期间的利息损失 33264.2 元。

裁判规则二

只有在合同约定不明确且无法达成补充协议的前提下才适用交易习惯。

——上海市奉贤区人民法院（2022）沪 0120 民初 6003 号民事判决书

▶案情概要

锐某合伙企业与尤你某公司、第三人骁某公司产生买卖合同纠纷。

2020 年 4 月 20 日，第三人骁某公司（甲方）与尤你某公司（乙方）签订《产品销售合同》，2021 年 8 月 2 日，第三人骁某公司将对尤你某公司享有的全部剩余债权转让给锐某合伙企业，锐某合伙企业随即通知尤你某公司债权转让的事实。锐某合伙企业诉求尤你某公司支付本金及利息。尤你某公司辩称第三人骁某公司本身不享有对该公司的债权，因此锐某合伙企业经受让享有的债权也不存在。

法院认为，原告提出被告应当超额支付 400 万元作为下次货物的定金系被告与第三人间交易习惯，该说法不成立。首先，该说法与被告、第三人双方间签订的合同约定不符合。合同只约定了 2020 年 4 月 21 日被告应支付货款 12000000 元，合同并不存在被告应当超额支付 400 万元作为下次货物的定金的相关表述和约定。其次，该说法不符合法律规定。根据《民法典》，合同生效后，当事人就质量、价款或者报酬、履行地点等内容没有约定或者约定不明确的，可以协议补充；不能达成补充协议的，按照合同相关条款或者交易习惯确定。换言之，只有在合同约定不明确且无法达成补充协议的前提下才适用交易习惯，但本案中合同无论是对于第三人交付口罩的数量和时间，还是对于被告给付口罩款的具体时间及金额均有明确规定。再有，根据"习惯"一词的词义理解，指的是多次交易而产生的形成固定程式的做法。被告在庭审中对于原告关于被告应当超额支付 400 万元作为下次货物的定金系双方交易习惯的陈述未予认可。从被告与第三人签订销售合同及被告给付货款和第三人交付口罩的实际履行情况来看，亦不能反映出原告所说的超额支付 400 万元的"交易习惯"。

第五百一十一条　【合同补充性解释】当事人就有关合同内容约定不明确，依据前条规定仍不能确定的，适用下列规定：

（一）质量要求不明确的，按照强制性国家标准履行；没有强制性国家标准的，按照推荐性国家标准履行；没有推荐性国家标准的，按照行业标准履行；没有国家标准、行业标准的，按照通常标准或者符合合同目的的特定标准履行。

（二）价款或者报酬不明确的，按照订立合同时履行地的市场价格履行；依法应当执行政府定价或者政府指导价的，依照规定履行。

（三）履行地点不明确，给付货币的，在接受货币一方所在地履行；交付不动产的，在不动产所在地履行；其他标的，在履行义务一方所在地履行。

（四）履行期限不明确的，债务人可以随时履行，债权人也可以随时请求履行，但是应当给对方必要的准备时间。

（五）履行方式不明确的，按照有利于实现合同目的的方式履行。

（六）履行费用的负担不明确的，由履行义务一方负担；因债权人原因增加的履行费用，由债权人负担。

条文沿革

本条来自《合同法》第62条："当事人就有关合同内容约定不明确，依照本法第六十一条的规定仍不能确定的，适用下列规定：

（一）质量要求不明确的，按照国家标准、行业标准履行；没有国家标准、行业标准的，按照通常标准或者符合合同目的的特定标准履行。

（二）价款或者报酬不明确的，按照订立合同时履行地的市场价格履行；依法应当执行政府定价或者政府指导价的，按照规定履行。

（三）履行地点不明确，给付货币的，在接受货币一方所在地履行；交付不动产的，在不动产所在地履行；其他标的，在履行义务一方所在地履行。

（四）履行期限不明确的，债务人可以随时履行，债权人也可以随时要求履行，但应当给对方必要的准备时间。

（五）履行方式不明确的，按照有利于实现合同目的的方式履行。

（六）履行费用的负担不明确的，由履行义务一方负担。"

裁判规则一

未约定履行期限的合同，可以确定履行期限的，诉讼时效期间从履行期限届满之日起计算；不能确定履行期限的，诉讼时效期间从债权人要求债务人履行义务的宽限期届满之日起计算，但债务人在债权人第一次向其主张权利之时明确表示不履行义务的，诉讼时效期间从债务人明确表示不履行义务之日起计算。

——北京市第三中级人民法院（2023）京 03 民终 4454 号民事判决书

▶案情概要

天某公司向恒信某某公司供应某品牌手机，截至 2012 年 12 月 31 日对账时，恒信某某公司欠付天某公司 250000 元货款，双方协商该 250000 元转为该期间交易的所有货物的质量质保金，保证恒信某某公司签收货物 1 年内产品质量符合标准。天某公司与恒信某某公司并未约定质保金退还时间。后双方就质保金退还问题发生争议，天某公司遂诉至法院，请求判令恒信某某公司返还案涉质保金并支付利息，恒信某某公司主张天某公司请求权已过诉讼时效。

法院认为，未约定履行期限的合同，依照《民法典》第 510 条、第 511 条的规定，可以确定履行期限的，诉讼时效期间从履行期限届满之日起计算；不能确定履行期限的，诉讼时效期间从债权人要求债务人履行义务的宽限期届满之日起计算，但债务人在债权人第一次向其主张权利之时明确表示不履行义务的，诉讼时效期间从债务人明确表示不履行义务之日起计算。在案证据不足以证明天某公司与恒信某某公司曾约定了质保金的退还时间，现恒信某某公司不认可天某公司曾经主张过质保金退还，即截至天某公司起诉，诉讼时效尚未起算，恒信某某公司以诉讼时效提出抗辩，法院不予采纳。

裁判规则二

履行费用是指履行债务所必要的开支，如包装费、运送费、汇费、登记费、通知费等。物业费是根据物业服务合同而承担的费用，而非履行租赁合同交付租赁物或者其他标的物所产生的费用。

——江西省吉安市中级人民法院（2023）赣 08 民终 574 号民事判决书

▶ 案情概要

潘某坚从案外人邓某蓉处租赁仓库后转租给李某兵，并在租赁合同中就租赁标的物、租赁期限、租赁价款等作出约定。合同签订后，李某兵按合同约定履行了向潘某坚支付租金的义务，同时占有、使用租赁物到合同期满，合同期满后李某兵付清了租金也交还了租赁物。后双方因仓库物业费发生争议，潘某坚遂向法院起诉，请求判令李某坚承担案涉仓库物业费，李某坚则主张租赁合同就物业费未予约定，其不承担支付物业费的责任。

法院认为，从潘某坚与业主的《租赁合同》之约定可以确认潘某坚当时明知租赁物在其租赁期间会产生物业费，却在转租租赁物并与被告签订《租赁合同》时没有约定物业费由李某兵承担，仅在《租赁合同》第 4 条第 1 项中约定"库房的电费、水费等由乙方承担"。其中的"等"字应当理解为在签订合同时双方尚未预见的，而在租赁期间又实际发生了的费用，不包括在签订合同时当事人明知会产生的物业费。李某兵关于当时双方约定的租金包含物业费，更符合当时的情况，因此李某兵的抗辩理由成立。此外，物业费是根据物业服务合同而承担的费用，而非履行租赁合同交付租赁物或者其他标的物所产生的费用。所谓履行费用是指履行债务所必要的开支，如包装费、运送费、汇费、登记费、通知费等。所以案涉物业费不是履行费用，不适用《民法典》第 511 条第 6 项关于履行费用的负担约定不明确的，由履行义务一方负担的规定。综上所述，潘某坚提供的证据不足以证明其与李某兵签订的《租赁合同》约定了租赁期间的物业费由李某兵承担。

第五百一十二条　【电子合同交付时间的认定】通过互联网等信息网络订立的电子合同的标的为交付商品并采用快递物流方式交付的，收货人的签收时间为交付时间。电子合同的标的为提供服务的，生成的电子凭证或者实物凭证中载明的时间为提供服务时间；前述凭证没有载明时间或者载明时间与实际提供服务时间不一致的，以实际提供服务的时间为准。

电子合同的标的物为采用在线传输方式交付的，合同标的物进入对方当事人指定的特定系统且能够检索识别的时间为交付时间。

电子合同当事人对交付商品或者提供服务的方式、时间另有约定的，按照其约定。

条文沿革

本条为新增条文。

裁判规则一

收货人在签收后退货的，在退货交付完成前，标的物损毁灭失的风险不转移。

——北京互联网法院（2021）京0491民初37489号民事判决书

▶**案情概要**

张某从云某公司淘宝店铺处购买服装，签收后以"尺码拍错/效果差/不喜欢"为由退货。云某公司收到案涉服装后以白色上衣外套衣领处有一处破损，影响商品二次销售为由拒收并拒绝退款。张某遂诉至法院，请求判令云某公司退货退款。云某公司则主张张某寄回的衣服在领口位置有明显破洞，影响了产品的二次销售。

法院认为，依照《民法典》第512条第1款规定，本案中原告在2021年6月1日签收商品时被告已经就该涉案商品完成了交付，且原告在签收后的试穿过程中也未向商家反映涉案商品存在破损的情况，因此交付完成后标的物毁损、灭失的风险转移至原告。虽然原告以"无理由退货"将货品退回，但在退货交付完成前，风险并未转移，故涉案商品发生破损的责任应由原告负担，因涉案商品目前的情况已经影响了商品的完好及二次销售，故对于原告要求被告履行7天无理由退货退款义务的主张，法院不予支持。

裁判规则二

卖方提供的货物不符合通常标准，买方签收货物后承担货物损毁灭失风险的，不影响其主张卖方承担违约责任。

——重庆市江津区人民法院（2022）渝 0116 民初 835 号民事判决书

▶案情概要

蒋某通过微信在尚某处购买种猪 4 头，并就付款方式及种猪质量作出约定。双方达成合意后，尚某安排货车将 4 头种猪运至蒋某处，蒋某收货后按约将货款支付给货车司机。种猪到后于次日死亡 2 头，其余 2 头几天后也相继死亡，但死因不明。蒋某遂诉至法院，请求判令尚某返还货款，承担违约责任。

法院认为，民事主体从事民事活动，应当遵循诚信原则，秉持诚实，恪守承诺。当事人应当按照约定全面履行自己的义务。当事人一方不履行合同义务或者履行合同义务不符合约定的，应当承担继续履行、采取补救措施或者赔偿损失等违约责任。通过互联网等信息网络订立的电子合同的标的为交付商品并采用快递物流方式交付的，收货人的签收时间为交付时间。标的物毁损、灭失的风险，在标的物交付之后由买受人承担。本案中，种猪在交付给原告后死亡，该风险依法由买受人即原告承担。原被告双方通过信息网络订立种猪买卖合同时，被告承诺保证种猪质量但未明确约定质量标准。被告将种猪交付原告后，种猪在数天之内相继死亡，不符合通常标准。故种猪死亡风险虽然由买受人即原告承担，但不影响原告请求被告承担违约责任的权利。

第五百一十三条　【执行政府定价或指导价的合同价格确定】执行政府定价或者政府指导价的，在合同约定的交付期限内政府价格调整时，按照交付时的价格计价。逾期交付标的物的，遇价格上涨时，按照原价格执行；价格下降时，按照新价格执行。逾期提取标的物或者逾期付款的，遇价格上涨时，按照新价格执行；价格下降时，按照原价格执行。

条文沿革

本条来自《合同法》第 63 条："执行政府定价或者政府指导价的，在合同约定的交付期限内政府价格调整时，按照交付时的价格计价。逾期交付标的物的，遇价格上涨时，按照原价格执行；价格下降时，按照新价格执行。逾期提取标的物或者逾期付款的，遇价格上涨时，按照新价格执行；价格下降时，按照原价格执行。"

裁判规则一

在不当得利关系中，当事人主张要求按照起诉时政府指导价格返还不当得利价款的，法院予以支持。

——辽宁省大连市中级人民法院（2022）辽 02 民终 3711 号民事判决书

▶案情概要

大连建某建筑工程有限公司通过徐某介绍，与案外人中某运储（大连）石油化工有限公司（以下简称中某运储公司）签订销售合同，该合同载明"第一条：产品名称成品油……数量 171 吨，4900 元/吨，金额 837900 元……"大连建某建筑工程有限公司向中某运储公司通过银行转账 840000 元，用途"货款、成品油 0 某柴油"。后大连建某建筑工程有限公司因故欲解除合同，得知徐某私下多次向中某运储公司拉走柴油 11.89 吨、11.33 吨、8.21 吨、10.16 吨、33.15 吨、31.01 吨，共计

105.75 吨。大连建某建筑工程有限公司诉称，请求徐某按照起诉时国家发改委公布的政府指导价格返还。徐某未答辩。

法院认为，本案中，大连建某建筑工程有限公司与中某运储公司签订销售合同，并向中某运储公司支付了货款。徐某在未征得其同意的情况下私自从中某运储公司处拉走柴油 105.75 吨，造成了大连建某建筑工程有限公司的财产损失，徐某应承担返还的民事责任。因为柴油价格执行政府的指导价，价格会不断调整。按照《民法典》第 513 条的规定，执行政府定价或者政府指导价的，在合同约定的交付期限内政府价格调整时，按照交付时的价格计价。逾期交付标的物的，遇价格上涨时，按照原价格执行；价格下降时，按照新价格执行。逾期提取标的物或者逾期付款的，遇价格上涨时，按照新价格执行；价格下降时，按照原价格执行。本案徐某私自拉走柴油，已失信在先，返还柴油已不可能，因此应返还大连建某建筑工程有限公司柴油款。在柴油价格不断上涨的情况下，徐某应承担价格上涨的风险责任，大连建某建筑工程有限公司主张徐某按照起诉时国家发改委公布的政府指导价格返还，应予支持。

裁判规则二

当事人逾期支付租金的，遇价格上涨时，应按照新价格执行。

——江西省抚州地区（市）中级人民法院（2021）赣 10 民终 2153 号民事判决书

▶ 案情概要

上付某组与大某山旅游公司签订租赁协议，协议约定：大某山旅游公司租用上付某组水库淹没的 20 亩水田，租金按照每亩 450 斤水稻国家收购价支付，在每年 4 月底付清当年的租金等其他约定项目。自 2019 年开始大某山旅游公司未向上付某组按期支付租金。上付某组自 2019 年至起诉前从未向大某山旅游公司主张过租金。2019 年国家对于水稻收购价为早籼稻 1.2 元/斤、中晚籼稻 1.26 元/斤、粳米 1.3 元/斤，2020 年国家对于水稻收购价为早籼稻 1.21 元/斤、中晚籼稻 1.27 元/斤、粳米 1.3 元/斤，2021 年国家对于水稻收购价为早籼稻 1.22 元/斤、中晚籼稻 1.28 元/斤、粳米 1.3 元/斤。上付某组诉称，依法解除上付某组、大某山旅游公司签订的租赁协议，判令大某山旅游公司支付未给付的租金 57240 元。大某山旅游公司辩称，上付某组解除合同的理由不能成立，其曲解法律规定，缺乏事实依据。

法院认为，根据《民法典》第 513 条规定："执行政府定价或者政府指导价的……逾期提取标的物或者逾期付款的，遇价格上涨时，按照新价格执行……"因大某山旅游公司逾期支付租金，应按照 2021 年国家对于水稻收购价粳米 1.3 元/斤计算即 1.3 元/斤×450 斤/亩×20 亩×3 年＝35100 元，支付租金。

第五百一十四条　【金钱之债给付货币的确定规则】 以支付金钱为内容的债，除法律另有规定或者当事人另有约定外，债权人可以请求债务人以实际履行地的法定货币履行。

条文沿革

本条为新增条文。

裁判规则一

买卖合同中双方约定以房抵货款，后双方无法就合同内容达成一致，一方当事人请求全部以货款支付的，法院予以支持。

——山东省威海市中级人民法院（2023）鲁 10 民终 569 号民事判决书

▶案情概要

顺某公司和鑫某公司签订《预拌混凝土购销合同》，约定顺某公司向鑫某公司位于荣成市上庄镇的某冷藏工程供应混凝土，合同约定了混凝土的质量要求及价格等，关于付款方式，合同约定：甲方（鑫某公司）按施工进度每月定期向乙方（顺某公司）拨付所购混凝土合同价款的80%，余款于2016年底前付清。后顺某公司和鑫某公司签订了《补充协议》，约定顺某公司向鑫某公司提供混凝土合计5142135元，已付款3134430元，尚欠2010855元。经双方协商，总货款70%为现金结算，30%顶楼，顶楼金额为1542640.5元，现款结算尚欠金额为468214.5元。此后，顺某公司和鑫某公司又签订《预拌混凝土购销合同》，约定顺某公司向鑫某公司位于荣成市石岛开发区某工地及其他工程供应混凝土，合同约定了混凝土的质量要求及价格等，关于付款方式，合同约定：甲方（鑫某公司）按施工进度每月定期向乙方（顺某公司）拨付所购混凝土合同价款的80%，总价款75%为现金结算，剩余25%顶楼。合同签订后，顺某公司向鑫某公司工程提供混凝土。顺某公司诉称，鑫某公司剩余1828860元至今未付，请求判令鑫某公司剩余全部货款及违约金以货币支付。鑫某公司辩称，合同约定以房抵货款，顺某公司请求全部货款以货币支付，于法无据。

法院认为，《补充协议》和《预拌混凝土购销合同》中虽然有用楼房抵顶货款的约定，但对楼房的坐落位置、面积、价格等关于楼房的具体情况均未作出明确约定，抵房约定需顺某公司和鑫某公司协商完善后才具备可履行的条件，但双方之后未进行明确协商，致使合同已无法实际履行。在此情况下，顺某公司要求鑫某公司以现款支付所欠货款合理正当，应予支持。由于双方对延期付款的违约责任进行了约定，鑫某公司未按约定按期付款，理应承担延期付款的违约责任，顺某公司主张的违约金数额没有超出法律规定，依法予以支持。

裁判规则二

双方当事人就征收款项金钱给付问题产生纠纷，一方当事人金钱支付有误，可以以不当得利请求返还。

——辽宁省阜新市中级人民法院（2021）辽09民终1141号民事判决书

▶案情概要

甲方（征收人）某区城乡建设服务中心（征收办）与乙方（被征

收人）李某、张某签订房屋征收安置协议书，协议内容为：根据《房屋征收安置协议书》，经充分协商，甲乙双方就住房安置达成如下协议：按照某区第九届政府第34次常务会议议定的回迁难安置方案，对回迁安置门市房依照原安置面积的一半给予安置补偿（按照二比一的原则）。经双方充分协商，达成一致意见，李某（张某）同意回迁安置在棚改四期某二期C区的门市房，安置面积按照原补偿协议回迁安置住宅面积的一半给予安置。李某所选三户门市房总面积为比双方协商的回迁安置面积多出26.49平方米。需交购房款：26.49平方米×2940元/平方米＝77880.6元。现今区政府尚欠李某租房费55个月，总计：55000元。搬家费用：765.345平方米×30元/平方米＝22960.35元。两项总计：55000元+22960.35元＝77960.35元。区政府尚需给付李某房屋折算差价款：79.75元（77960.35元－77880.6元＝79.75元）。人民币大写：柒拾玖元柒角伍分。2020年11月13日，阜新市某区住房和城乡建设局汇入李某账户人民币1257930.4元。阜新市某区住房和城乡建设局诉称，要求按协议内容执行，要求李某、张某返还人民币1257930.4元。李某、张某反诉称，请求判令反诉被告支付搬家费用22960.35元。

法院认为，本案中双方当事人认可阜新市某区住房和城乡建设局方汇入李某名下账户的1257930.4元。因此，判断李某、张某是否构成不当得利，应否返还该笔款项，关键在于其取得诉争款项是否具有合法依据。本案中，某区城乡建设服务中心与李某、张某曾于2020年6月24日签订了《房屋征收安置协议书》，协议明确约定了安置房屋地址及面积、安置房屋核算方法等内容，该协议系双方真实意思表示，因此双方均应按该协议履行各自义务，现阜新市某区住房和城乡建设局通过中国工商银行股份有限公司阜新某支行向李某账户转款1257930.4元，并无证据证明双方之间对转入该笔款项有过约定。李某、张某主张该笔款项是用于支付其安置补偿费用，应当对其主张的事实承担举证责任，因双方之前并无明确约定以现金方式作为补偿，也无证据证明曾改变原协议内容，也未能提供其他证据证明占有这笔款项的合法依据，应由其承担举证不能的法律后果。李某、张某反诉请求不能得到支持，应返还不当得利。

第五百一十五条 【选择之债中债务人的选择权】 标的有多项而债务人只需履行其中一项的，债务人享有选择权；但是，法律另有规定、当事人另有约定或者另有交易习惯的除外。

享有选择权的当事人在约定期限内或者履行期限届满未作选择，经催告后在合理期限内仍未选择的，选择权转移至对方。

条文沿革

本条为新增条文。

裁判规则一

当事人在股权性融资协议当中约定了不同层次"对赌"形式的，构成选择之债。有选择权一方当事人所作选择有瑕疵的，应当本着维护当事人合法权益、促进交易的原则，从选择主体、通知方式、行为期间等方面综合考察，确定符合当事人真实意思表示的选择。"对赌"形式一经选定，未经对方同意不得变更。

——上海市第二中级人民法院（2021）沪 02 民终 1475 号民事判决书

▶案情概要

2017 年，珠海中某合伙企业（甲方、投资人）、升登某公司（乙方、目标公司）、林某（丙方）、升登某公司其他股东杨某、李某、嘉某合伙企业、石约某合伙企业（前述四方共同为丁方）签署增资协议，并约定资本与股权事宜，后各方签署补充协议。补充协议包含的"对赌"条约，协议第 5.1 条载明若公司未完成协议具体规定的销售额目标，投资人有权要求公司实际控制人或/和公司对其进行股权补偿或现金补偿，并约定了具体补偿的计算方式。

2018 年 12 月 29 日，珠海中某合伙企业员工杜某通过会谈群向林某、李某发送《告知函》，函件载明的发送对象为升登某公司、林某、李某，函件重申补充协议第 5.1 条的规定，并载明：根据第 5.1.1 条，协议各方约定在经投资人认可的审计机构审计 2018 年度审计报告出具后的 2 个月内进行业绩调整。根据上述约定，珠海中某合伙企业将对升登某公司 2018 年业绩进行考核（考核标准为：升登某公司 2018 年销售收入不低于 2000 万元）。由于升登某公司 2018 年经营即将结束，珠海中某合伙企业提出如下工作安排：1. 2019 年 1 月 1 日起，珠海中某合伙企业接管升登某公司财务工作，并全面参与公司经营；2. 2019 年 1 月 31 日前，审计事务所完成对升登某公司 2018 年度财务审计工作并出具审计报告，在 2019 年 2 月 28 日前完成估值调整及工商变更；3. 2019 年 1 月 1 日起，升登某公司各类业务事项、员工变动及薪酬调整、资产购买等需报珠海中某合伙企业同意后方可执行。后长达一年多时间双方以微信群聊方式对有关赔偿进行协商，后 2020 年 1 月 3 日，珠海中某合伙企业向升登某公司、林某发送《通知函》，要求后者对其进行现金补偿，金额 8440777 元。次日，林某签收该函件。

双方就"对赌"协议中补偿的选择产生争议，珠海中某合伙企业诉称其于 2020 年 1 月 3 日向林某、升登某公司寄送《通知函》，明确表达了选择现金补偿作为业绩调整方式的意思表示。而 2018 年 12 月 29 日在微信聊天中所附的《告知函》，一方面，不符合约定的有效通知的要求；另一方面，其内容也无法推断出珠海中某合伙企业作出了股权补偿的选择。林某、升登某公司共同辩称珠海中某合伙企业经其委派代表于 2018 年 12 月 29 日发出的《告知函》，以及之后近一年双方始终围绕股权补偿进行协商、并最终达成股权重组协议的事实，足以认定珠海中某合伙企业已经做出了股权补偿的意思表示。

法院认为，"对赌"协议是指投资方与融资方在达成股权性融资协议时，为解决交易双方对目标公司未来发展的不确定性、信息不对称以及代理成本而设计的对未来目标公司的估值进行调整的协议。本案中，当事人约定了两个不同层次的"对赌"形式，补充协议第 5.1 条业绩承诺对应业绩调整，可选择股权补偿或现金补偿；本案的争议焦点为业绩调整项下"对赌"形式的选择。第一，协议约定行权期间始于审计报告出具后，旨在通过审计报告确定业绩是否达标，以此判断"对赌"条件是否成就，而非对当事人的权利作限定。在审计报告出具前，若投资方对目标公司经营情况有相当的了解，能够判断目标公司可能无法达到约定的业绩目标时，应当认可投资方在报告出具前行使权利意思表示的有效性。本案中，珠海中某合伙企业作为升登某公司的股东参与了公司的经营，结合《告知函》发送时间为2018年底，及《告知函》就业绩补偿问题的表述以及接管升登某公司财务工作、完成估值调整及工商变更等的工作安排，可以认定珠海中某合伙企业对升登某公司的财务状况有所了解，其在2018年度审计报告出来前先行向林某及升登某公司表达业绩调整方式选择的意向，有其合理性。第二，关于通知形式及《告知函》内容是否明确，本案中《告知函》系通过微信方式发送，在形式上确与协议约定不符。但在协议约定的行权期间内，珠海中某合伙企业并未作出其他符合协议约定形式的通知，而且各方后续在长达半年多的时间就股权重组方案的沟通也需与《告知函》内容相衔接，后续各方的持续性协商、珠海中某合伙企业对升登某公司财务的接管等行为意味着各方对《告知函》的认可，前述通知方式的瑕疵以实际履行行为得以补正。

综上，协议约定选择权归属于珠海中某合伙企业，其已经作出意思表示选定以股权补偿方式进行业绩调整，各方当事人之间的权利义务确定，各方受此拘束，未经负有义务一方同意，其后续发送通知函表达选择现金补偿方式进行业绩调整，不产生变更的法律效果。在选择之债规则项下，选择会产生"一经选择未经同意不得变更"的法律效果，由此，如何判定已行使"对赌"选择权，成为此类案件处理的关键。

裁判规则二

如果当事人约定选择权归属的，从其约定。两份相关联的协议其中一份约定了履行方式或债权人享有选择权，债务人不能依据另一份主张选择权归属于债务人。

——北京市第三中级人民法院（2022）京03民终14625号民事判决书

▶ **案情概要**

三智位某中心的合伙人为宁波秉某中心，持股99%，三智启某公司，持股1%。2020年6月1日，亿文某公司与三智启某公司签署《重组安排》，约定：三智资本指三智启某公司及其关联方，路某指亿文某公司及其关联方。其中，第C条约定：（1）三智资本负责在2020年11月30日前，以3076万元出售或回购路某或母基金持有的三智位某中心的所有份额，并在此期间不收取任何管理费；（2）如三智资本未能于2020年11月30日前完成上述第1条的出售或回购承诺，则路某有权选择承接三智位某中心与中铁信托的协议，或要求三智资本承担福州项目的所有权利义务，三智资本以3076万元现金及/或其在武汉项目的同等资金份额置换路某或母基金已投资于三智位某中心的份额。在2020年8月25日，三智启某公司作为甲方与宁波秉某中心作为乙方、王某作为丙方、三智位某中心作为丁方签署《三智位某协议》，三智启某公司、王某及其关联方合称三智资本。条款约定：三智资本应当在2020年11月30日前，向宁波秉某中心支付全部对价款，如三智资本未能按照本协议约定，于2020年11月30日前足额支付对价款，补足的方式包括于2020年12月20日前以现金补足或以如下抵销方式完成补足。后因相关公司债权确权与破产重整，截止到2020年12月7日，宁波秉某中心委托律师向三智启某公司、三智柚苹、王某发送律师函，载明截至律师函作出之日，三智启某公司、王某仍未按约定支付全部对价款。后双方就支付对价的方式发生争议，三智启某公司、王某诉称《三智位某协议》的约定及双方实际履行情况，双方已经选择了以宁波三智瀚某股权投资合伙企业（有限合伙）（以下简称三智瀚某）份额置换方式完成对价支付，而在此方案下，三智启某公司、王某目前并不负有以现金支付对价款余款的义务，另《重组安排》第C条的约定与本案无直接关系，本案中，就选择之债的选择权应当适用《民法典》第515条的规定，即三智启某公司、王某享有选择权。宁波秉某中心辩称《重组安排》及《三智位某协议》均合法有效,二者构成了宁波秉某中心退出三智位某中心的整体安排。

法院认为,亿文某公司与三智启某公司签订的《重组安排》、宁波秉某中心与三智启某公司、王某、三智位某中心签订的《三智位某协议》,均系本案各方当事人的真实意思表示,且内容不违反法律、行政法规的强制性规定,各方当事人均应严格按照合同约定履行各自义务。根据上述约定,三智启某公司、王某应于 2020 年 11 月 30 日前向宁波秉某中心支付全部对价款,现三智启某公司、王某尚有 21488201.23 元对价款未支付,宁波秉某中心要求三智启某公司、王某履行支付剩余对价款的义务,具有合同依据。三智启某公司、王某虽主张双方已选择以三智瀚某份额置换方式完成对价支付,宁波秉某中心要求三智启某公司、王某支付剩余对价款的条件尚未成就,但《三智位某协议》约定的抵销方式均是在三智启某公司、王某未能依约足额支付对价款的情况下的补足方式,即使宁波秉某中心选择了部分对价款予以抵销,亦不能当然认为宁波秉某中心不再享有要求三智启某公司、王某支付现金的权利。认定三智启某公司、王某应给付宁波秉某中心剩余转让价款 21488201.23 元,具有合同及法律依据。三智启某公司、王某上诉称其作为债务人应对债务的履行方式享有选择权,缺乏依据,法院不予采信。

裁判规则三

在没有法律相反规定、当事人相反约定以及不同交易习惯的情况下,履行债务的选择权归属于债务人。

——广西壮族自治区高级人民法院 (2019) 桂民申 2168 号民事裁定书

▶案情概要

佳某公司的股东登记为:黎某占 45% 股权,中某公司占 35% 股权,李某占 20% 股权。后佳某公司召开全体股东大会一致形成并通过了两份决议,其中《股东会决议》内容为:在黎某提出分立公司或退股后,公司的股权变更为李某占 49%、中某公司占 51%;若黎某以退权形式退出佳某公司，则由李某、中某公司按相应的股份支付权益价款给黎某；在签订股权转让合同后，黎某辞去佳某公司董事长职务，公司章程作相应的修改。李某、中某公司和黎某签订《股权转让合同》，约定黎某将其持有佳某公司的 45% 股权，以 8842233.82 元的价格转让 16% 给中某公司、以 16026548.83 元的价格转让 29% 股权给李某；李某、中某公司在合同签订当日以现金形式一次性支付黎某所转让的股权价款。之后，佳某公司办理了工商登记变更手续，李某占有佳某公司 49% 股份、中某公司占有佳某公司 51% 股份。后根据审计报告，黎某退股后结余权益 31383422.24 元，其中，中某公司享有 19971268.70 元（折合 63.64%），李某享有 11412153.54 元（折合 36.36%）。同日黎某作为甲方，中某公司作为乙方，李某作为丙方，三方共同签订了《清算决议书》。该《清算决议书》记载："……五、……佳某公司……由乙、丙共同享有，其中中某公司享有 19971268.70 元（折合 63.64%），李某享有 11412153.54 元（折合 36.36%）……乙、丙方根据各方享有的股东权益也可以考虑与公司的往来款项，另行商定对价，确定受让股份后 51% 和 49% 所占股东权益份额，或重新确定股权比例。"后双方对于股东权益份额发生争议，中某公司诉求占有公司股权由原来的 51% 变更为 63.64%，李某辩称其股份是通过购买方式取得，与中某公司无关，《清算决议书》不能作为认定事实的依据。

法院认为，《清算决议书》是黎某、中某公司、李某基于真实意思表示签订；该决议书内容未违反相关法律、行政法规规定，应认定为合法有效，对双方均有法律约束力。根据文义解释及条文的内部逻辑分析，上述《清算决议书》内容实际为双方约定债务履行方式包括：其一，在维持当前登记的股份比例不变的情况下，双方协商对价，由李某向中某公司支付相应价款。其二，以股东权益折合的股份比例为计算基础，李某返还差额比例股份，双方可以选择其中一种方式予以解决。据此，李某与中某公司双方形成广义上的债之关系，债务人李某对中某公司负有给付义务；双方因约定两种选择性给付方式，实际上为选择之债。因双方未约定选择权归属，基于债务人为作出给付行为一方，选择权利益应属于债务人。但根据原审查明事实，在双方发生本案纠纷前及诉讼期间，李某一直未作出选择，故因怠于行使该权利，其已经丧失选择权利益。基于尊重双方意思自治及诚实信用原则，该选择权应转移至债权人。现债权人中某公司请求确认李某所持有佳某公司49%股权中的12.64%股权归中某公司所有，中某公司股权由51%变更为63.64%，李某的股权由49%变更为36.36%；实际是行使选择权请求确认债务人李某的给付内容，即给付以股东权益折合比例为基础计算的差额股份比例12.64%。中某公司的请求于法、于理有据，予以维持。

第五百一十六条　【选择权的行使】

当事人行使选择权应当及时通知对方，通知到达对方时，标的确定。标的确定后不得变更，但是经对方同意的除外。

可选择的标的发生不能履行情形的，享有选择权的当事人不得选择不能履行的标的，但是该不能履行的情形是由对方造成的除外。

条文沿革

本条为新增条文。

裁判规则

当事人行使选择权通知到达对方后标的确定，因对方造成履行不能的情形，对方应当承担违约责任。

——河南省信阳市中级人民法院（2022）豫15民终4809号民事判决书

▶案情概要

潢川县博某建材有限公司（原告）与筑某智造建设科技集团有限公司（被告）某府项目部负责人朱某签订《某府项目商砼采购协议》，规定了价款衡量方式和质量保证金，后双方又补签了《南部区域某府项目商品混凝土采购合同》就不同强度商品混凝土标号、单价、数量、金额、交货时间进行了规定，并约定了质量标准和违约责任。合同签订后，原告按照合同约定，根据被告通知供应混凝土。原、被告就已供应货款结算后，被告拖欠货款分文未付，并且未通知原告中止供货，将商品混凝土采购合同转让他人，致使原、被告合同履行不能。筑某智造建设科技集团有限公司诉称双方签订的《南部区域某府项目商品混凝土采购合同》并未约定逾期付款的违约责任和违约金计算方式，潢川县博某建材有限公司辩称双方两份合同相互吻合均真实有效。

法院认为，原告与被告公司授权委托人签订了《某府项目商砼采购协议》，后原、被告又签订了《南部区域某府项目商品混凝土采购合同》，两份合同相互吻合，合同真实明确，双方购销合同真实有效，原告已按合同指定交付商品质量保证金，并按先后合同约定，实际供应货物，双方买卖合同关系依法成立。原告按合同约定要求通知标号和质量要求，多次供应混凝土，被告没有按照要求分批次给付货款，已经构成违约。被告现又擅自中止合同，致使采购合同继续履行不能，原告现要求被告退还质量保证金、给付货款并赔偿损失的请求符合法律规定。

第五百一十七条　【按份债权与按份债务】债权人为二人以上，标的可分，按照份额各自享有债权的，为按份债权；债务人为二人以上，标的可分，按照份额各自负担债务的，为按份债务。

按份债权人或者按份债务人的份额难以确定的，视为份额相同。

条文沿革

本条为新增条文。

裁判规则

合伙人对外、对内承担责任的形式有别，对于合伙对外所负债务，各合伙人应承担无限清偿责任，即应以自己的全部财产对合伙债务对外承担清偿责任；而本案是合伙人内部相互之间的责任划分，故不同于合伙人对外承担债务形式，各合伙人应按照自己的出资份额，对于应向杨某支付的金额承担按份责任。

——天津市第三中级人民法院（2022）津 03 民终 5909 号民事判决书

▶案情概要

杨某及申某、张某三方口头达成合伙协议，约定各方按照三分之一比例平均出资，以远某公司名义与承某公司订立合同，并向涿州某创业园二期工程供应钢筋材料。但三人未就收益分配作出约定。合伙协议履行过程中，申某、张某各出资 3170000 元，杨某出资 3563958.04 元，合伙事务由申某执行。后因合伙协议履行中产生纠纷，杨某诉至法院，请求判令申某、张某共同返还其出资多于两人的部分并分配远某公司收益。

法院认为，合伙系合伙人按照约定的出资方式、数额和缴付期限，履行出资义务。本案中，杨某与申某、张某三人系合伙关系，三人对此并无争议。在不解散合伙的前提下，如果利润及出资金额能够确定，即使尚存未追回的对外债权，不影响分配利润及退还多出资金额，对于对外债权待追索后可继续分配，如存有对外负债，则合伙人仍需承担无限清偿责任。关于申某和张某承担责任的形式，合伙人对外、对内承担责任的形式有别：对于合伙对外所负债务，各合伙人应承担无限清偿责任，即应以自己的全部财产对合伙债务对外承担清偿责任；而本案是合伙人内部相互之间的责任划分，故不同于合伙人对外承担债务形式，申某、张某应按照自己的出资份额，对于应向杨某支付的金额承担按份责任。根据《民法典》第 517 条第 1 款规定，申某、张某应该各自承担债务的 50%。

第五百一十八条 **【连带债权与连带债务】** 债权人为二人以上，部分或者全部债权人均可以请求债务人履行债务的，为连带债权；债务人为二人以上，债权人可以请求部分或者全部债务人履行全部债务的，为连带债务。

连带债权或者连带债务，由法律规定或者当事人约定。

条文沿革

本条为新增条文。

裁判规则

在登记经营者与实际经营者不符时，若相对人为善意，其既可以根据合同相对性原则，要求登记经营者担责；又可以以权利与义务相一致的立法本意，要求实际经营者担责；还可以主张登记经营者与实际经营者共同担责。据此，因善意相对人的上述权利主张符合连带债务的定义和构成要件，故登记经营者与实际经营者债务承担的形式应为连带之债。

——广东省佛山市中级人民法院（2022）粤 06 民终 14630 号民事判决书

▶案情概要

尚某来百货店系个体工商户，因与锦某公司买卖合同履行中产生争议，锦某公司遂将实际经营者陈某、登记经营者尹某兰诉至法院，主张陈某二人就所欠货款承担连带责任，并请求判令二人承担违约责任。尹某兰主张其仅系登记经营者，并非案涉买卖合同当事人，不承担违约责任。

法院认为，《个体工商户条例》第 8 条第 2 款规定："个体工商户登记事项包括经营者姓名和住所、组成形式、经营范围、经营场所。"个体工商户在登记机关所登记的上述信息具备公信效力。所谓的公信效力是指凡经登记的内容，应当推定其具有相应的法律效力，善意第三人根据登记内容所为的行为应当有效，这也是商事外观主义原则的应有之义。《民法典》第518条规定："债权人为二人以上，部分或者全部债权人均可以请求债务人履行债务的，为连带债权；债务人为二人以上，债权人可以请求部分或者全部债务人履行全部债务的，为连带债务。连带债权或者连带债务，由法律规定或者当事人约定。"如前所述，在登记经营者与实际经营者不符时，若相对人为善意，其既可以根据合同相对性原则，要求登记经营者担责；又可以以权利与义务相一致的立法本意，要求实际经营者担责；还可以主张登记经营者与实际经营者共同担责。据此，因善意相对人的上述权利主张符合连带债务的定义和构成要件，故登记经营者与实际经营者债务承担的形式应为连带之债。

第五百一十九条　【连带债务份额的确定和追偿】 连带债务人之间的份额难以确定的，视为份额相同。

实际承担债务超过自己份额的连带债务人，有权就超出部分在其他连带债务人未履行的份额范围内向其追偿，并相应地享有债权人的权利，但是不得损害债权人的利益。其他连带债务人对债权人的抗辩，可以向该债务人主张。

被追偿的连带债务人不能履行其应分担份额的，其他连带债务人应当在相应范围内按比例分担。

条文沿革

本条为新增条文。

裁判规则一

债务人为二人以上，债权人可以请求部分或者全部债务人履行全部债务的，为连带债务；连带债务人之间的份额难以确定的，视为份额相同。

——浙江省宁波市中级人民法院（2021）浙 02 民终 5154 号民事判决书

▶案情概要

褚某、叶某、李某、王某某共同向吴某借款 200000 元，并出具欠条一份，载明"今借到吴某人民币贰拾万元整，年息伍万元整，借款周期壹年，于 2019 年 3 月 23 日偿还本息"，吴某当天把款项汇入褚某妻子吴某某账户。褚某、叶某、李某、王某某未能按约还款，吴某向宁波市鄞州区人民法院起诉，该院于 2019 年 7 月 9 日作出（2019）浙 0212 民初 8663 号民事判决，判决褚某、叶某、李某、王某某归还吴某借款本金 200000 元，并支付自 2018 年 3 月 24 日起至判决生效履行日止按年利率 24% 计算的利息（已付 10000 元利息从中扣除）。后吴某向该院申请执行，案号为（2019）浙 0212 执 6855 号，执行过程中，褚某与吴某达成和解，由褚某分八期共偿还吴某 256153.42 元，该院于 2019 年 10 月 16 日作出执行裁定书予以确认。另查明，吴某与褚某、叶某、李某、王某某之间的民间借贷纠纷，经当事人协商，确认借款本息为 256153.42 元，褚某已归还吴某 200000 元，叶某归还 20000 元，尚欠 36153.42 元。褚某诉称，请求叶某、李某、王某某立即支付褚某 192115 元。叶某辩称，涉案借款是褚某个人借款及应当按照宁波某自控设备有限公司持股比例分担债务。李某、王某某未答辩。

二审法院认为，债务人为二人以上，债权人可以请求部分或者全部债务人履行全部债务的，为连带债务；连带债务人之间的份额难以确定的，视为份额相同。本案中，褚某与叶某、李某、王某某在欠条上均作为借款人签字，褚某、叶某、李某、王某某 4 人对吴某均负全部给付的义务，系连带债务人，应当平等分担涉案借款。现褚某、叶某、李某、王某某与吴某之间的借款本息经确认为 256153.42 元，褚某、叶某、李某、王某某应各自负担 64038.35 元，褚某已归还 200000 元，超出其应负担份额 135961.65 元（200000 元-64038.35 元），对其多承担部分有权向叶某、李某、王某某追偿；叶某已归还 20000 元，距离其应承担份额还差 44038.35 元（64038.35 元-20000 元），褚某可向叶某追偿 44038.35

元；褚某可向李某、王某某分别追偿 45961.65 元 [（135961.65 元 −
44038.35 元）÷2]。褚某、叶某、李某、王某某尚欠吴某的 36153.42
元，若再发生付款事实，当事人可另外主张。叶某抗辩涉案借款是褚某
个人借款及应当按照宁波某自控设备有限公司持股比例分担债务的意
见，缺乏依据，不予采纳。

裁判规则二

第三人向债权人提供的承诺文件，具有加入债务或者与债务人共同承
担债务等意思表示的，视为债务加入，承担连带债务。连带债务人之间的
份额难以确定的，视为份额相同。实际承担债务超过自己份额的连带债务
人，有权就超出部分在其他连带债务人未履行的份额范围内向其追偿。

——浙江省宁波市中级人民法院（2022）浙 02 民终 5704 号民事判
决书

▶**案情概要**

百富某公司与富某公司系富某集团公司的子公司，百富某公司的股
东为富某集团公司、詹某，富某公司的股东为富某集团公司、詹某、曹
某、卢某。富某集团公司内部原有营销中心，主要业务人员为曹某、卢
某，负责对接客户，由营销中心业务人员向百富某公司下订单，签订合
同，百富某公司直接将货物手套发给客户，客户收货后付款至营销中心
人员处，营销中心人员再向百富某公司付款。后营销中心分出，于 2018
年 12 月成立富某公司，富某公司于 2019 年 1 月 4 日召开第一次股东会
并形成书面协议，约定原营销中心的应收应付款项全部转入富某公司。
2019 年 2 月 28 日，曹某向百富某公司领用了富某公司业务专用章，并
使用该业务专用章与百富某公司签订了购销合同。交易流程与原营销中
心相同。2019 年 6 月 28 日，富某公司在百富某公司打印的《对账单兼
承诺书》上盖章确认：自 2018 年 7 月 1 日起，由富某公司或富某公司
法定代表人曹某及业务经理卢某多次向百富某公司购买手套，货物均已
收到；截至 2019 年 6 月 28 日，富某公司尚欠百富某公司货款
710913.76 元，富某公司承诺于 2019 年 7 月 31 日前支付或退货，若逾

期未支付，对尚未支付的货款仍须支付，且富某公司自愿按中国人民银行同期贷款基准利率的4倍支付利息。对账单同页下方卢某以共同还款人身份签字承诺对富某公司欠百富某公司货款710913.76元中的559205.82元自愿承担共同还款义务，并知悉相应的法律后果。百富某公司向一审法院起诉要求富某公司偿还拖欠货款并要求卢某承担相应的共同还款义务。一审法院作出（2019）浙0203民初9568号民事判决，判决富某公司向百富某公司支付货款536134.80元及利息，卢某对上述货款中的384426.86元承担共同还款责任。因富某公司与卢某均未按时足额履行判决载明的付款义务，百富某公司向一审法院申请强制执行。后百富某公司与卢某达成《执行和解协议》，确认卢某需支付百富某公司货款300000元，一审法院执行局出具《执行案件结案证明》，载明"经本院执行，被执行人卢某已履行全部给付义务，本案已执行完毕"。卢某诉称，请求富某公司立即偿还卢某代付款300000元以及相关利息，一审、二审等相关费用。富某公司辩称，卢某实际控制货物或应收款，系交易实际受益人。应当支付300000元。

浙江省宁波市中级人民法院认为，第三人向债权人提供的承诺文件，具有加入债务或者与债务人共同承担债务等意思表示的，人民法院应当认定为债务加入。本案卢某在《对账单兼承诺书》中确认其对富某公司欠百富某公司的货款710913.76元中的559205.82元自愿承担共同还款义务，并在共同还款人处签字确认的行为，应认定为债务加入。《民法典》第552条将债务加入人承担的债务视为连带债务，另根据第519条规定，连带债务人之间的份额难以确定的，视为份额相同。实际承担债务超过自己份额的连带债务人，有权就超出部分在其他连带债务人未履行的份额范围内向其追偿。本案中，卢某与富某公司未就内部份额作出约定，视为份额相同，卢某在承担了共同还款责任后，有权就超出部分在富某公司未履行范围内向其追偿。因此，卢某有权就已履行的300000元连带债务的50%即150000元向富某公司追偿。结合其他相关费用，卢某可向富某公司追偿代偿款合计154433.20元。

第五百二十条 【连带债务的涉他效力事项】 部分连带债务人履行、抵销债务或者提存标的物的，其他债务人对债权人的债务在相应范围内消灭；该债务人可以依据前条规定向其他债务人追偿。

部分连带债务人的债务被债权人免除的，在该连带债务人应当承担的份额范围内，其他债务人对债权人的债务消灭。

部分连带债务人的债务与债权人的债权同归于一人的，在扣除该债务人应当承担的份额后，债权人对其他债务人的债权继续存在。

债权人对部分连带债务人的给付受领迟延的，对其他连带债务人发生效力。

条文沿革

本条为新增条文。

裁判规则一

部分连带债务人的债务被债权人免除的，在该连带债务人应当承担的份额范围内，其他债务人对债权人的债务消灭。

——广东省清远市中级人民法院（2022）粤 18 民终 2011 号民事判决书

▶案情概要

郭某从事挖掘机等建筑器械设备的租赁。欧某与孔某因为合伙开挖位于湖南省道县某村的瓷土矿，而向郭某租借挖掘机。2014 年 7 月 12 日，郭某撤出大洞田村的瓷土场时，因农民工和村民的阻挠而无法将挖掘机运出瓷土矿。为顺利撤场，郭某向孔某出借借款 60000 元，让孔某处理与瓷土矿村民及农民工的经济纠纷。郭某与孔某签订《借据》一份，借据载明：为解决欧某、孔某欠下的工程款、房租款、工人工资等，欧某、孔某向郭某借款 60000 元。付清欠款后，应确保郭某的挖掘机能顺利撤场，否则赔偿郭某误工费每天 1200 元。孔某在《借据》的借款人项下签名捺印。《借据》签订后，郭某通过现金方式向孔某交付借款 60000 元。2015 年 2 月，郭某与孔某找到欧某，让欧某在《借据》上进行补签其名字。郭某多次向欧某催收无果，遂诉称，请求欧某向其归还借款本金 60000 元及利息，并放弃对被告孔某的诉求，放弃其在本案中的还款责任。欧某辩称，既然郭某明确表示放弃对孔某的还款责任，那么欧某对郭某的债务也一同消灭，即郭某无权要求欧某承担还款责任。

法院认为，本案为民间借贷纠纷。合法的借贷关系受法律保护。两被告因合伙经营而向原告借款，双方自愿签订《借据》一份。《借据》已对借款原因、借款人姓名、借款金额、违约责任进行了清晰明确的约定，故一审法院认定原告与两被告之间的借贷关系成立。两被告应共同对原告承担还款责任。但在本案的审理过程中，经一审法院多次询问，原告郭某坚持放弃对被告孔某的诉求，并放弃其在本案中的还款责任。根据《民法典》第 520 条第 2 款之规定："部分连带债务人的债务被债权人免除的，在该连带债务人应当承担的份额范围内，其他债务人对债权人的债务消灭。"由于原告放弃对被告孔某的还款责任，故被告欧某对原告的债务亦一同被消灭。

裁判规则二

按份债务中，债权人免除部分债务人的债务，不影响其他债务人承担相应的责任。

——山东省聊城市中级人民法院（2022）鲁 15 民终 1695 号民事判决书

▶案情概要

吴某向王某转账 20 万元，高某向王某转账 20 万元。王某收到上述两笔转账 40 万元后，向霍某转账 31 万元。后王某、霍某共同向原告出具借据一张，主要内容："今借高某、吴某现金叁拾壹万元整（310000 元）期限 10 天。到期保证按时归还。日期由 2021 年 7 月 2 日至 2021 年 7 月 12

日。"被告王某、霍某在借款人处签名。对于涉案 31 万元借款,被告王某、霍某、赵某均未偿还过原告。另查明:被告霍某与被告赵某曾系夫妻关系,二人于 2020 年 11 月 27 日办理离婚登记手续。吴某、高某诉称,请求判令霍某、赵某偿还原告借款本金 31 万元及利息。霍某辩称,案涉 31 万元债务应为连带债务,吴某、高某免除了王某的还款责任,作为共同债务人的霍某,应当在王某应当承担的债务份额范围内免除还款责任。

法院认为,民间借贷是指自然人、法人和非法人组织之间进行资金融通的行为。自然人之间的借款合同,自贷款人提供借款时生效。即借款合同成立的构成要件为借款合意、款项交付。本案中,被告王某、霍某为原告出具了借条,原告高某、吴某转账给付被告王某借款 40 万元,王某转账给付霍某 31 万元,已经具备借款合同成立并生效的上述两个构成要件,应认定借款合同成立并生效。虽然被告霍某辩称王某向其转账 31 万元系偿还其借款,但未提交任何证据予以佐证,其辩称理由不予采信。借款后被告王某、霍某均未偿还涉案借款,已经构成违约,依法应当承担偿本付息的法律义务。但审理中原告变更诉求不再要求被告王某承担还款义务,据此被告霍某辩称依据《民法典》第 520 条的规定,亦应当免除霍某的还款义务。对此一审法院分析认定如下:《民法典》第 517 条第 1 款规定:"债权人为二人以上,标的可分,按照份额各自享有债权的,为按份债权;债务人为二人以上,标的可分,按照份额各自负担债务的,为按份债务。"本案中,虽然王某、霍某共同出具了借据,但结合原告提交的转账凭证可以证实被告霍某实际使用借款 31 万元,王某实际使用借款 9 万元,依法应当认定为按份债务。故原告放弃对王某的主张并不违反法律规定,被告霍某的辩称理由不成立,依法不予采信。霍某依法应当向高某、吴某偿还本金并支付利息。

第五百二十一条 【连带债权内外部关系】连带债权人之间的份额难以确定的,视为份额相同。

实际受领债权的连带债权人，应当按比例向其他连带债权人返还。

连带债权参照适用本章连带债务的有关规定。

条文沿革

本条为新增条文。

裁判规则一

连带债权人之间内部有份额约定而不对外披露，则不发生对外效力。

——厦门海事法院（2021）闽72民初340号民事判决书

▶案情概要

2014年，当事人订立码头建造合同。该合同的主体信息部分载明：合同甲方为，柯某（亿某公司）；合同乙方为，俞某（福建省顺某航道疏浚工程有限公司）。该合同的签章部分，于甲方位置签章的有亿某公司、柯某、陈某，于乙方位置签章的有原告福建省顺某航道疏浚工程有限公司、俞某。该合同约定，甲方将金井码头工程的一部分（即"码头基槽和引堤基础开挖的测量定位，挖泥、运泥、卸泥、验收"）分包给乙方施工；工程固定综合价格为13元/立方米（不含税价）；乙方指定收款账户为郑某的农行平潭东大分理处账户，此外合同还约定了双方在履行过程中的其他义务、责任等。福建省顺某航道疏浚工程有限公司诉求判令被告亿某公司、柯某、柯某某、陈某向原告连带支付尚欠的工程款538801.80元，并支付自2016年1月1日起至上述工程款付清之日止的利息。亿某公司、柯某、柯某某辩称本案系俞某借用原告的资质与亿某公司、柯某、柯某某签订案涉合同，俞某才是案涉合同真实的承包人。原告主体不适格，应当驳回原告的起诉。

法院认为，俞某单独免除被告债务的行为（即单独允许被告扣减工程款37.5万元的行为），在俞某的债权份额范围之内是有效的，超出其债权份额范围的部分则对原告没有约束力，债务人仍应继续清偿剩余债务。参照《民法典》第521条第1款"连带债权人之间的份额难以确定的，视为份额相同"之规定，并考虑到案涉合同乙方两主体不对外披露他们内部之间债权份额比例，而他们不对外披露的不利后果不应当由债务人承受，否则对债务人不公平，故本案中应视为原告、俞某之间对案涉债权的份额相同。

裁判规则二

连带债权参照适用本章关于连带债务的有关规定，这意味着部分连带债权人在请求、受领迟延等方面发生总括效力，及于全体连带债权人；在免除事项上发生有限制的总括效力，仅在自身份额范围内对其他连带债权人发生效力。

——林西县人民法院（2021）内0424民初2558号民事判决书

▶**案情概要**

2020年5月20日，原告吕某、张某（乙方）与被告张某某（甲方）签订了《浇筑砼梁施工合同》，约定：被告将林西县某乡2020年设施农业棚体梁建设项目承包给原告。完工后，被告已付工程款30万元，现原告就剩余未付工程款提起诉讼，要求被告给付工程款290954.1元。被告辩称原告张某未偿还被告为其担保的借款，故根据双方签订的协议，原告张某应先偿还信用社贷款后被告给付剩余工程款，且实际欠付工程款与原告诉讼不一致，原告应该向被告支付购买蔬菜暖棚的价款及地租款196257.2元。

法院认为，《民法典》第520条第1款规定，部分连带债务人履行、抵销债务或者提存标的物的，其他债务人对债权人的债务在相应范围内消灭。第521条第3款规定，连带债权参照适用本章连带债务的有关规定。上述法律规定的意义在于部分连带债权人在请求、受领迟延等方面发生总括效力，及于全体连带债权人；在免除事项上发生有限制的总括效力，仅在自身份额范围内对其他连带债权人发生效力。本案二原告系享有连带债权的债权人，债权人之一张某对债务人张某某的承诺及吕某对债务人张某某的抵销均系免除事项，发生有限制的总括效力，不能及于全体连带债权人。被告张某某仍应承担给付二原告工程款并支付利息的责任。

第五百二十二条　【向第三人履行】当事人约定由债务人向第三人履行债务，债务人未向第三人履行债务或者履行债务不符合约定的，应当向债权人承担违约责任。

法律规定或者当事人约定第三人可以直接请求债务人向其履行债务，第三人未在合理期限内明确拒绝，债务人未向第三人履行债务或者履行债务不符合约定的，第三人可以请求债务人承担违约责任；债务人对债权人的抗辩，可以向第三人主张。

条文沿革

本条来自《合同法》第64条："当事人约定由债务人向第三人履行债务的，债务人未向第三人履行或者履行债务不符合约定，应当向债权人承担违约责任。"

关联司法解释

《最高人民法院关于适用〈中华人民共和国民法典〉合同编通则若干问题的解释》

第二十九条　民法典第五百二十二条第二款规定的第三人请求债务人向自己履行债务的，人民法院应予支持；请求行使撤销权、解除权等民事权利的，人民法院不予支持，但是法律另有规定的除外。

合同依法被撤销或者被解除，债务人请求债权人返还财产的，人民法院应予支持。

债务人按照约定向第三人履行债务，第三人拒绝受领，债权人请求债务人向自己履行债务的，人民法院应予支持，但是债务人已经采取提存等方式消灭债务的除外。第三人拒绝受领或者受领迟延，债务人请求债权人赔偿因此造成的损失的，人民法院依法予以支持。

裁判规则

第三人无需作出接受约定的意思表示，只需要在合理期限内没有明确拒绝，就可以在债务人未履行债务或履行债务不符合约定的情况下请求债务人承担违约责任。

——广东省高级人民法院（2021）粤民终 318 号民事判决书

▶ **案情概要**

中国人民财产保险股份有限公司中某市分公司与中国太平洋财产保险股份有限公司东某分公司、第三人东莞深某湾港务有限公司（以下简称东某港务公司）、第三人东莞深某湾码头有限公司（以下简称东某码头公司）产生重复保险分摊纠纷。2017 年 1 月 11 日，第三人东某港务公司和东某码头公司与中某公司签署一份《散装/袋装化肥港口代理协议》（以下简称港口代理协议），约定中某公司委托东某港务公司和东某码头公司代理到港货物的接卸、储存保管等事宜。后因台风导致损失。2018 年 3 月 19 日，中国人民财产保险股份有限公司中某市分公司承保了中某公司向其申请投保的财产一切险及相关附加险。2018 年 5 月中国太平洋财产保险股份有限公司东某分公司中标了东某港务公司和东某码头公司 2018—2019 年度的一揽子保险项目，包括港口财产一切险条款及相关附加险。中国人民财产保险股份有限公司中某市分公司诉求中国太平洋财产保险股份有限公司东某分公司向其支付 2160 万元重复保险分摊款及其利息。中国太平洋财产保险股份有限公司东某分公司辩称：本案不构成重复保险，即使本案构成重复保险，也因东某港务公司和东某码头公司未履行法定通知义务导致被告与其签订的保险合同中的涉及存货部分的条款无效，且中国人民财产保险股份有限公司中某市分公司关于其应按 50% 比例承担和赔偿总额 4320 万元也不能成立。一审判定被告向原告支付重复保险分摊款 1728 万元及其利息。中国太平洋财产保险股份有限公司东某分公司不服判决，提起上诉。

法院认为，本案为财产保险合同中的重复保险分摊纠纷。根据《民法典》第 522 条第 2 款的规定，中某公司无须作出接受约定的意思表示，只要未在合理期限内明确拒绝，即为 23M 保险合同的被保险人。太保东某分公司以中某公司未向其索赔为由，主张中某公司自认不是被保险人。但本案查明事实显示，中某公司在保险事故发生后向人保中某分公司索赔，人保中某分公司在赔付前曾致函太保东某分公司，告知案涉保险事故，并要求其分摊重复保险下的赔偿责任，或者在其拟直接向中某公司赔付后告知人保中某分公司。太保东某分公司既未作答复，也未向中某公司赔付。此后，中某公司取得人保中某分公司赔付，不再向太保东某分公司索赔，与其出具的权益转让书内容相符，也符合保险损害补偿原则。太保东某分公司以中某公司未向其索赔为由认为中某公司自认不是被保险人，理由不成立，其举证不足以证明存在中某公司在合理期限内明确拒绝作为被保险人的情形，故中某公司为 23M 保险合同的被保险人。据此，中某公司在案涉两份保险合同中均为被保险人，两份保险符合"同一被保险人"要件。

第五百二十三条　【第三人履行】当事人约定由第三人向债权人履行债务，第三人不履行债务或者履行债务不符合约定的，债务人应当向债权人承担违约责任。

条文沿革

本条来自《合同法》第 65 条："当事人约定由第三人向债权人履行债务的，第三人不履行债务或者履行债务不符合约定，债务人应当向债权人承担违约责任。"

裁判规则一

债务加入与第三人代为履行债务不同。

——山东省济南市中级人民法院（2022）鲁01民终3222号民事判决书

▶ **案情概要**

兴某公司与深某公司签署《北京市朝阳区北苑家园×号楼装修工程施工合同》（以下简称工程合同），约定兴某公司将×号楼装修工程发包给深某公司。合同签订后，深某公司将涉案工程分包给浩某公司，浩某公司于2019年4月进场施工。后深某公司（发包人）与浩某公司（承包人）签署分包合同，就分包事宜进行约定。浩某公司进场施工后，深某公司（甲方）、兴某公司（乙方）与浩某公司（丙方）签署代付协议，约定因甲方银行账号被法院冻结，为保证工程如期竣工，缩短简化付款流程，三方同意乙方代甲方向丙方支付机电分包工程款。三方确认，根据分包合同，甲方应向丙方支付机电工程款暂估1926805.25元，乙方代甲方向丙方支付到期应付工程款，不改变甲方与丙方在分包合同下的其他权利义务关系。甲方同意在乙方与甲方签订的工程合同价款中扣除机电工程暂估价款1926805.25元。乙方代甲方向丙方支付到期应付机电安装工程款，视为乙方向甲方履行了工程合同中机电安装暂估价相关条款。

2021年1月20日，深某公司与城建某装饰（北京）有限公司签署《债权转让协议》，将对兴某公司的到期债权2403319元转让给该公司；同日，深某公司又与北京某基建物资有限公司签署《债权转让协议》，将对兴某公司的到期债权2621061元转让给该公司。后两公司分别起诉兴某公司，要求兴某公司按债权转让协议支付相应款项。兴某公司认为，因其与深某公司尚未结算完毕，在上述债权转让的情况下，不能确定对深某公司是否还有应付未付款项。对此，深某公司表示与兴某公司在初步预结算的基础上进行了债权转让，故兴某公司无需再向浩某公司承担付款责任，且工程竣工后委托付款关系已经终止，承担义务的仍应为深某公司。浩某公司则认为代付协议是三方的真实意思表示，不因深某公司债权转让而改变，深某公司、兴某公司应当按照协议履行付款义务。

法院认为，根据《民法典》第552条的规定，债务加入的成立必须具备如下条件：原债权债务关系必须有效成立；原债务具有可转让性；第三人与债务人约定，第三人加入债务，与债务人共同承担债务；第三人或债务人向债权人表示第三人愿意加入债务，与债务人共同承担债务；债权人同意或者在合理期限内未明确表示拒绝。本案中，从文义表述看，代付协议明确约定，兴某公司代深某公司向浩某公司支付到期应付工程款，并不改变分包合同中深某公司与浩某公司的其他权利义务关系，即兴某公司仅同意代债务人深某公司向债权人浩某公司履行债务，并未明确表示同意承担或加入债务人深某公司在分包合同项下的债务。此外，从各方签订代付协议的目的看，各方系为在施工过程中保证工程如期竣工而约定兴某公司代为付款。据此，兴某公司并不构成债务加入，兴某公司仅系因深某公司账户被查封而接受委托，依据代付协议代为向浩某公司付款，而非据此成为浩某公司的债务人。

根据《民法典》第523条，当事人约定由第三人向债权人履行债务，第三人不履行债务或者履行债务不符合约定的，债务人应当向债权人承担违约责任。据此，在兴某公司未履行或未全面履行付款义务的情形下，债权人浩某公司仅能依据分包合同约定向债务人深某公司主张权利，现其依据代付协议要求兴某公司支付工程款及利息，依据不足。

裁判规则二

债务转移与第三人代为履行债务不同。

——湖南省邵阳市中级人民法院（2021）湘05民终2418号民事判决书

▶案情概要

广某公司与某县工业园加气砖厂签订了《加气砖混泥土砌块销售合同》。2021年1月21日，经双方对账，截止到2021年1月13日，广某公司累计欠款为723841.34元。2021年4月15日双方达成协议，用佳某名都×栋×房的房款抵扣货款581380元，但双方的协议没有征得佳某公司的同意，佳某公司也没有给加气砖厂办理房屋过户手续。加气砖厂将广某公司诉至法院，请求判令广某公司支付货款 723841.34 元及违约金 86860.96 元。一审法院判决由广某公司支付加气砖厂货款 723841.34 元及违约金。广某公司上诉主张其已用佳某名都的房屋抵扣 581380 元货款，该部分债务已经转移给佳某公司，请求判令撤销原判，依法驳回被上诉人的诉讼请求。

法院认为，债务转移是指债务人经债权人同意将自己的合同义务转移给第三人承担，债务人退出与债权人之间的关系。从该概念可以看出，债务转移不仅需要由原债务人与新债务人达成协议，而且必须经原债权人同意。在本案中广某公司没有提供充分有效的证据证明其就涉案货款债务转移给佳某公司与佳某公司达成协议。同时根据《民法典》第 523 条"当事人约定由第三人向债权人履行债务，第三人不履行债务或者履行债务不符合约定的，债务人应当向债权人承担违约责任"的规定，本案佳某公司没有将约定抵扣的房屋交付给加气砖厂，加气砖厂请求广某公司支付货款符合法律规定，故对广某公司认为涉案的部分货款已经转移给佳某公司，其不需要承担责任的上诉理由，无事实与法律依据。

裁判规则三

当事人约定由第三人向债权人履行债务，第三人不履行债务或者履行债务不符合约定的，债务人应当向债权人承担违约责任。

——山东省菏泽市中级人民法院（2021）鲁 17 民终 4987 号民事判决书

▶案情概要

2019 年 7 月 2 日，中某物业公司与某城物业办签署物业服务合同，甲方为某城物业办，负责人为牛某；乙方为中某物业公司，负责人为苏某。甲乙双方及某城办事处均在合同上加盖印章。合同签订后，中某物业公司于 2019 年 7 月 15 日进入华某嘉苑小区提供物业服务。中某物业公司提供一张中国建设银行的电子回单及 20 张山东增值税普通发票，证明某城办事处于 2019 年 1 月 20 日向中某物业公司银行账户内转款物业费共计 20 万元。由于某城办事处、某城物业办未能按照合同约定的期限支付物业费，造成中某物业公司无法保障物业服务工作的正常运转。经中某物业公司与某城办事处对华某嘉苑小区第一年物业费进行结算，共欠物业费 1164263.76 元。中某物业公司与某城办事处均在两张表格上加盖印章。扣除某城办事处已支付的 20 万元，尚欠 964263 元未付。中某物业公司提供 2020 年 7 月 26 日向 A 区、B 区政府物业办、B 区建设局、某城办事处及其物业办、华某嘉苑社区关于华某嘉苑物业无力解决相关问题的工作汇报函及 2020 年 8 月 31 日在小区内张贴函告后撤离小区，并提供 2020 年 6 月 11 日、12 日 B 区建设局、某城办事处向 B 区管委会申请拨付华某嘉苑物业费 100 万元的请示和报告，证明某城办事处、某城物业办多次反映华某嘉苑小区的情况并要求支付物业费。中某物业公司将 B 区管委会、某城办事处、某城物业办诉至法院，请求判令解除中某物业公司与某城办事处、某城物业办签订的物业服务合同，判令某城办事处、某城物业办支付中某物业公司一年物业管理服务费 964263 元与利息。某城办事处辩称案涉物业服务合同系某城物业办受华西社区委托签订，某城办事处是监督人，不应支付案涉物业服务费。

法院认为，第一，从物业服务合同的抬头来看，甲方为某城物业办，某城物业办及某城办事处均予盖章确认，并未载明某城物业办及某城办事处系受华西社区委托签订该合同。故某城物业办、某城办事处应为该合同的甲方即合同相对方。第二，从物业服务合同的内容来看，第 12 条约定，第一年 B 区政府支付小区物业费，乙方服务满一季度后，于 5 个工作日内由华西社区按季度支付给乙方。而如一审判决所述，根据《民法典》第 523 条"当事人约定由第三人向债权人履行债务，第三人不履行债务或者履行债务不符合约定的，债务人应当向债权人承担违约责任"之规定，某城物业办、某城办事处应当承担支付案涉物业服务费及利息的违约责任。又因某城物业办系某城办事处的分支机构，不具备独立的法人资格，故某城办事处应为支付案涉物业服务费的义务主体。

裁判规则四

第三人代为履行合同中的第三人并非主合同当事人的付款义务，第三人未履行付款义务时，债务人仍应当向债权人承担相应的合同责任。

——广州铁路运输中级法院（2021）粤71民终174号民事判决书

▶案情概要

弘某公司（承包方、乙方）与恒某园林公司（发包方、甲方）签订《全国各楼盘2020—2021年度绿化工程汽车运输承包合同》，就乙方为甲方提供苗木、材料运输事宜达成协议，案涉合同签订后，弘某公司依约提供运输服务，并就运费支付及开具发票事宜与恒某园林公司的工作人员通过微信进行沟通联系。2021年7月8日，弘某公司的财务人员发出《催款函》，通知恒某园林公司在2021年7月12日前向弘某公司支付运输费等费用共计84000元。弘某公司主张截至起诉之日，恒某园林公司仍未向其支付上述款项，遂提起诉讼。恒某园林公司抗辩称弘某公司直接向汇某公司提供了苗木运输服务并接受了汇某公司的付款，故债权债务转移成立，案涉运费不属于恒某园林公司债务。一审法院判决恒某园林公司在判决生效之日起10日内向弘某公司支付运输费用84000元及逾期付款利息并驳回弘某公司的其他诉讼请求。恒某园林公司不服一审判决提出上诉。

法院认为，案涉合同约定汇某公司有权以自己的名义代为履行恒某园林公司的各项权利和义务，即汇某公司系作为第三人代位履行合同，非案涉合同的相对人。因此，汇某公司未履行付款义务时，恒某园林公司仍应当向弘某公司承担相应的合同责任。

裁判规则五

约定第三人向债权人支付款项，但未明确免除债务人作为合同相对人的付款义务时，构成第三人代为履行。第三人不履行债务或者履行债务不符合约定的，债务人应当向债权人承担违约责任。

——山东省日照市中级人民法院（2023）鲁11民终83号民事判决书

▶案情概要

润某建筑工程公司经王某联系，自2019年至2021年多次从孙某处赊购粉煤灰，后经结算，赊欠货款数额为 78715 元。润某建筑工程公司会计鲍某秀于 2021 年 7 月 11 日给孙某出具生产进料明细表 1 份，证实润某建筑工程公司自 2019 年至 2021 年 6 月 5 日共欠孙某货款 78715 元，该表在日期 2021 年 6 月 12 日处还载明"割小王商混款，付款 78715 元，结余 0 元"，孙某在该表右下方签字。润某建筑工程公司经质证对该表真实性无异议，但称欠款应由王某支付。王某称润某建筑工程公司把涉案欠款割账给王某，王某并不知情，也没有同意。王某后曾通过微信向孙某支付涉案货款 17000 元，孙某现认可尚欠货款 61715 元。孙某将润某建筑工程公司、王某诉至法院，请求判令润某建筑工程公司、王某立即支付货款 78715 元。一审法院判决润某建筑工程公司于判决生效后 10 日内支付孙某货款 61715 元及利息并驳回孙某对王某的诉讼请求。润某建筑工程公司不服一审判决提出上诉。

二审法院认为，根据孙某一审提供的生产进料明细表及各方当事人陈述，生产进料明细表载明的"割小王商混款，付款 78715 元，结余 0 元"，虽约定由王某向孙某支付案涉货款，但未明确免除润某建筑工程公司作为买卖合同相对人的付款义务，构成第三人代为履行。在买卖合同第三人王某不履行债务时，仍应由买卖合同相对人润某建筑工程公司向孙某承担继续履行付款义务的违约责任。

裁判规则六

当事人约定由第三人向债权人履行债务，第三人不履行债务的，债务人应当向债权人承担违约责任。

——湖北省荆州市中级人民法院（2022）鄂 10 民终 2523 号民事判决书

▶案情概要

长某公司（甲方）与韩某、孙某（乙方）签订《承包经营合同书》，就工程船承包事宜进行约定。后韩某（甲方）、向某（乙方）、刘某（丙方）三方签订《投资入股协议书》，约定共同投资承包长某公司长兴 0068 工程船。次日，原告刘某向长某公司法定代表人潘某某转账支付 60 万元承包款。2021 年 11 月 5 日，韩某、刘某签订《委托书》，约定鉴于刘某拥有韩某承包的船舶"长兴 0068"20% 股份。现经双方友好协商，刘某自愿退出，经商议，返还股本金 60 万元整。双方经与船舶公司（长某公司）协商，韩某将"长兴 0068"移动到奉节指定可采区后，此款由该船舶公司扣减韩某在承包期间生产所得的劳务费，直接支付给刘某。潘某（潘某某之子，长某公司副总经理）在《委托书》下方见证人处签字。后长某公司于 2021 年 12 月 14 日向刘某转账支付 29 万元。刘某将长某公司诉至法院，请求判决长某公司返还股本金 31 万元及资金占用利息。一审法院判决驳回原告刘某的全部诉讼请求。刘某不服一审判决提出上诉。

二审法院认为，上诉人据以主张权利的《委托书》，系韩某与刘某双方签订，潘某（长某公司副总经理）系在见证人栏签章，因此长某公司不是该《委托书》的合同相对人而是第三人，且该《委托书》无明确的有关长某公司应承担韩某债务的表述，因此该《委托书》不属于债务承担协议，而属于韩某与刘某约定由长某公司履行债务的协议，按照前述法律规定，长某公司不履行债务时，债权人刘某应向韩某主张权利。

裁判规则七

第三人与债务人之间的内部关系，不是免除债务人向债权人还款的法定事由。

——湖南省常德市中级人民法院（2021）湘 07 民终 1776 号民事判决书

▶案情概要

罗某与唐某是朋友关系，刘某与唐某系亲戚关系。2014 年 10 月间，唐某欲与刘某等合伙承接建设工程，先期需交纳 100 万元保证金。2014 年 10 月 15 日，罗某按唐某提供的账户向刘某转款 50 万元。2014 年 10 月 16 日，雷某在收到刘某转来的 90 万元后，以湖北天某建设集团有限公司的名义向荆州中某国际投资有限公司交付工程保证金 100 万元。后因垫款期限太长，承接工程未果，雷某分别陆续退还唐某 13 万元、刘某 77 万元。2015 年至 2016 年间，刘某先后退还给唐某 10 万元。2016 年 7 月 12 日与次年 1 月 26 日，刘某按唐某的要求分别给罗某转款 17 万元、10 万元，合计 27 万元。2017 年 1 月 15 日，在罗某催讨下，唐某给罗某出具借条一份。2019 年 1 月 15 日，经双方结算换据，唐某重新向罗某出具借条一份。2020 年至今，唐某陆续向罗某支付共计 60000 元。罗某将唐某、刘某诉至法院。

法院认为，合同具有相对性。本案民间借贷关系发生在罗某与唐某之间，刘某并非合同当事人，并无向罗某偿还借款的义务。本案中，刘某向罗某转款 27 万元，系受债务人唐某的指示由第三人向债权人罗某履行还款义务的行为。刘某未能还清全部借款，唐某作为债务人应当承担继续还款并支付利息的违约责任。唐某向罗某先后两次出具借条，并就利息进行结算的行为，亦充分表达了唐某愿意承担还款付息的违约责任的意思表示。至于刘某是否与唐某存在经济往来，是否按照约定向唐某转款，是刘某与唐某之间的内部关系，不是免除唐某向罗某还款的法定事由。故唐某认为刘某没有向其转款 10 万元，应当由刘某直接向罗某承担 10 万元还款责任的上诉理由没有事实和法律依据。唐某就其与刘某之间的经济纠纷可以另行主张权利。

第五百二十四条 【第三人代为履行】 债务人不履行债务，第三人对履行该债务具有合法利益的，第三人有权向债权人代为履行；但是，根据债务性质、按照当事人约定或者依照法律规定只能由债务人履行的除外。

债权人接受第三人履行后，其对债务人的债权转让给第三人，但是债务人和第三人另有约定的除外。

条文沿革

本条为新增条文。

关联司法解释

《最高人民法院关于适用〈中华人民共和国民法典〉合同编通则若干问题的解释》

第三十条 下列民事主体，人民法院可以认定为民法典第五百二十四条第一款规定的对履行债务具有合法利益的第三人：

（一）保证人或者提供物的担保的第三人；

（二）担保财产的受让人、用益物权人、合法占有人；

（三）担保财产上的后顺位担保权人；

（四）对债务人的财产享有合法权益且该权益将因财产被强制执行而丧失的第三人；

（五）债务人为法人或者非法人组织的，其出资人或者设立人；

（六）债务人为自然人的，其近亲属；

（七）其他对履行债务具有合法利益的第三人。

第三人在其已经代为履行的范围内取得对债务人的债权，但是不得损害债权人的利益。

担保人代为履行债务取得债权后，向其他担保人主张担保权利的，依据《最高人民法院关于适用〈中华人民共和国民法典〉有关担保制度的解释》第十三条、第十四条、第十八条第二款等规定处理。

裁判规则一

第三人代为履行的情况下，第三人不因代履行行为成为合同当事人，原合同当事人的地位亦不因此改变。

——山东省济南市中级人民法院（2022）鲁01民终3222号民事判决书

▶ **案情概要**

郭某以济南江某工程有限公司的名义（乙方）与黄某建安处（甲方）签订《物资材料采购合同》，约定由乙方向甲方供应预制砼连锁块。由于济南江某工程有限公司未成立，当事人均确认上述《物资材料采购合同》的买卖双方为谭某、黄某建安处。谭某向黄某建安处工程所在地交付了预制砼连锁块。后谭某与"山东黄某工程集团有限公司黄某东平湖蓄滞洪区防洪工程第二标段项目经理部"房栓社共同出具《黄某东平湖蓄滞洪区防洪工程第二标段结算单》。双方又共同出具《黄某东平湖蓄滞洪区防洪工程第二标段待定项结算单》。合同履行过程中发生争议,谭某主张山东黄某工程集团有限公司(以下简称黄某集团)是合同的相对方,其与黄某建安处均应承担付款责任,故将黄某集团、黄某建安处诉至法院,请求判令黄某建安处、黄某集团支付混凝土费用与设备款。一审法院判决黄某建安处、黄某集团于判决生效之日起 10 日内支付谭某混凝土款项与利息并驳回谭某的其他诉讼请求。黄某集团不服一审判决提出上诉。

法院认为,根据《民法典》第 524 条的规定,第三人代为履行的情况下,第三人不因代履行行为成为合同当事人,原合同当事人的地位亦不因此改变。本案中,涉案《物资材料采购合同》明确载明购货单位(需方)为黄某建安处,尾部加盖黄某建安处的公章,当事人在一审中也均认可《物资材料采购合同》买卖双方为谭某、黄某建安处。黄某集团既不是合同的签订方,也未与谭某、黄某建安处约定其继受黄某建安处的合同权利义务,山东黄某工程集团有限公司黄某东平湖蓄滞洪区防洪工程第二标段项目经理部向谭某支付了部分材料款、为谭某出具结算单的行为应属第三人代为履行行为。黄某建安处作为涉案采购合同的购买方,其没有按照合同的约定支付相应的材料款,构成违约,应由黄某建安处承担支付谭某材料款及相应利息的责任。一审法院以"黄某工程处与黄某集团在涉案买卖合同的签订、结算及付款等方面存在交叉、混同",判决黄某集团与黄某建安处共同承担付款义务错误,本院予以纠正。

裁判规则二

第三人代为履行后,原债权人对债务人的债权转让给第三人,第三人因此具备诉讼主体资格,无须将原债务人再牵连到诉讼中。

——辽宁省朝阳市中级人民法院(2021)辽 13 民终 3342 号民事判决书

▶ **案情概要**

龙某房地产公司开发建设凌源市 C 大厦,并将包括案涉房屋在内的部分房屋抵顶包某工程款。包某将案涉房屋出售给郭某，郭某于当日交付房款 150000 元，包某向其出具了收据。同日，龙某房地产公司向郭某出具了收款收据。龙某房地产公司（甲方）与包某（乙方）补签了《水电安装人工费抵账协议》。后郭某（甲方、出售人）与王某（乙方、买受人）签订了《房屋买卖合同》，合同约定甲方以 430000 元的价格将案涉房屋出售给乙方，合同另约定了其他事项，双方在合同上签名并捺印。合同签订后，案外人王某向郭某交付部分房款 130000 元。同日，龙某房地产公司向案外人王某出具了收款收据。因案涉房屋已经被法院查封，且已拍卖给案外人凌源市驰某建筑工程有限公司，龙某房地产公司已无法向案外人王某交付案涉房屋。郭某将收取的 130000 元房款返还给案外人王某，案外人王某向原告郭某出具了收据。郭某将龙某房地产公司、包某诉至法院，请求判令被告立即退还其购房款及利息，并判令被告承担连带偿还责任。一审法院判决被告包某、被告龙某房地产公司于本判决生效后 10 日内共同向原告郭某返还购房款并支付利息。包某不服一审判决提出上诉，认为郭某作为本案一审原告起诉主体不适格。

二审法院认为，依据《民法典》第 524 条规定，债务人不履行债务，第三人对履行该债务具有合法利益的，第三人有权向债权人代为履行；但是根据债务性质，按照当事人约定或者依照法律规定只能由债务人履行的除外。债权人接受第三人履行后，其对债务人的债权转让给第三人，但是债务人和第三人另有约定的除外。被上诉人郭某已经代为履行将 130000 元房款返还给债权人王某，债权人王某接受郭某履行后，其对债务人龙某房地产公司的债权转让给了郭某。郭某具有诉讼主体资格，无须将案外人王某再牵连到本诉之中形成诉累，一审法院的处理并无不当。

裁判规则三

债务人不履行债务，第三人对履行该债务具有合法利益的，第三人有权向债权人代为履行，债权人接受第三人履行后，其对债务人的债权转让给第三人。

　　——山东省德州市中级人民法院（2021）鲁14民终2657号民事判决书

　　▶案情概要

　　德某银行以数据电文的形式与方某签订《德某银行个人保险保证借款合同》一份，就贷款事宜进行约定。后方某在人保上海分公司处提出投保申请，人保上海分公司向方某发放"个人贷款保证保险（多年期）保险单"一份，以德某银行为被保险人，为方某的贷款提供保险保证担保。合同签订后德某银行向方某发放贷款，方某偿还了11期贷款后再未偿还贷款本息。2021年3月3日，德某银行向人保上海分公司发起个人贷款保证保险（多年期）索赔申请书，索赔金额为315323.63元，同日人保上海分公司将315323.63元赔偿款以汇款形式支付给德某银行。德某银行向人保上海分公司出具机动车辆消费贷款保证保险权益转让书，确认已收到该赔偿款并将保险标的一切权益转让给人保上海分公司。人保上海分公司将方某诉至法院，请求判令方某立即偿还垫付款本金315323.63元及利息。一审法院判决被告方某于本判决生效后15日内一次性偿还原告人保上海分公司垫付款315323.63元及利息损失。方某不服一审判决提出上诉。

　　二审法院认为，本案的争议焦点为案涉债权是否转让给了人保上海分公司。方某作为投保人不履行对德某银行的到期债务，人保上海分公司作为保险公司收取了保险费，代方某向德某银行履行债务，德某银行将方某的其他债权转让给人保上海分公司，属于当事人的约定，亦符合法律规定。

裁判规则四

　　《民法典》第524条规定的债权转让是法定的，第三人在代履行后即自然取得该债权，通知债务人非此种债权转让生效的法定条件。

　　——湖北省荆州市中级人民法院（2021）鄂10民终2430号民事判决书

　　▶案情概要

　　孔某与肖某通过微信联系，由孔某到江西某饲料有限公司购买饲料共计 246 件。孔某购买了上述饲料后，通过微信通知了肖某购买的数量。2020 年 3 月 24 日，江西某饲料有限公司对上述饲料的数量和价格给肖某出具欠据，客户肖某购饲料共计 246 包价款为 34615 元。孔某收货后，肖某通过微信向孔某催收饲料款，孔某表示等把猪卖后再付，但其至今未付款。同时肖某系江西某饲料有限公司的业务员。江西某饲料有限公司分别于 2021 年 7 月 31 日和同年 8 月 1 日证明，肖某经手的上述饲料款，已由其爱人聂某向公司结清。肖某将孔某诉至法院，请求判令其偿还原告饲料款 34615 元。一审法院判决由被告孔某于本判决生效后 10 日内偿还原告肖某货款 34615 元。孔某不服一审判决，认为肖某不是适格诉讼主体，故提出上诉。

二审法院认为，上诉人孔某对其与江西某饲料有限公司之间存在饲料买卖合同关系没有异议，因案涉饲料是身为江西某饲料有限公司的业务员肖某销售给孔某，江西某饲料有限公司将肖某作为此债务的业务责任人，并于 2020 年 3 月 24 日立下了"欠据"。2021 年 8 月 1 日江西某饲料有限公司出具《证明》载明："以上货款已由肖某的爱人聂某与江西某饲料有限公司结清。"《民法典》第 524 条规定的债权转让是法定的，第三人在代履行后即自然取得该债权，通知债务人非此种债权转让生效的法定条件。因此，孔某上诉所称本案债权转让应通知债务人，被上诉人不是适格诉讼主体，以及一审法律关系不明确、事实不清楚等上诉理由均不能成立。

裁判规则五

适用《民法典》第 524 条的规定时，债务人对于第三人代为履行行为具有提出异议和拒绝的权利，第三人不得违反债务人的意思强行代为履行，否则不发生债权转让的效力。

——陕西省渭南市中级人民法院（2022）陕 05 民终 373 号民事判决书

▶ **案情概要**

乔某原在合阳县农村信用合作联社某庄某社担任客户经理一职，于 2017 年 6 月 26 日负责办理案涉借款业务。2019 年 7 月，合阳县农村信用合作联社组织开展了信贷专项检查，检查发现案涉该笔贷款存在违规问题，遂让乔某处理此事。乔某调查后发现，该笔贷款实际由王某乙挪用了。乔某对魏某讲，只要魏某承认这笔贷款，他负责把信用社的事情处理到头，但是魏某不认账。乔某建议某庄某社起诉魏某，信用社不起诉，要求乔某自己处理。2020年7月8日，乔某在没有告知、征求魏某意见的情况下，清偿了魏某名下的贷款本金及利息50280.93元。后乔某提起诉讼，请求判令魏某偿还其代偿款项。一审法院判决驳回原告乔某要求被告魏某返还借款50280.93元及利息的诉讼请求。乔某不服一审判决提出上诉。

二审法院认为，本案可以适用《民法典》第524条关于第三人自愿代为履行的规定。适用该项规定时，债务人对于第三人代为履行行为具有提出异议和拒绝的权利，第三人不得反于债务人的意思强行代为履行，否则不发生债权转让的效力。本案中，上诉人乔某知道魏某不认可该笔债务，也不会同意上诉人代自己偿还贷款，而上诉人在未告知魏某的情况下强行代为履行债务，故不发生债权转让的效力。

裁判规则六

债务人不履行债务，第三人对履行该债务具有合法利益的，第三人有权向债权人代为履行。只要第三人履行该债务的目的合法或不违反法律法规和规章的禁止性规定，即可认定为第三人对履行该债务具有合法利益。

——甘肃省天水市中级人民法院（2022）甘05民终1272号民事判决书

▶案情概要

王某与刘某（刘某1弟弟）以夫妻名义在张某信合申请农户小额信用贷款，该笔贷款到期后进行了转贷。2021年3月11日刘某酒后上吊自杀，同年3月24日刘某1将王某与刘某在张某信合的贷款进行了清偿，合计21507.32元。后刘某1将王某起诉至法院，请求判令王某返还其代为清偿的贷款本息21507.32元。王某辩称刘某1对案涉债务不具有《民法典》第 524 条规定的合法利益。一审法院判决王某于一审判决生效之日起 15 日内偿还刘某 1 代为偿还的借款本息合计 21507.32 元。王某不服一审判决提出上诉。

二审法院认为，只要第三人履行该债务的目的合法或不违反法律法规和规章的禁止性规定，即可认定为第三人对履行该债务具有合法利益。本案中，刘某 1 基于其与刘某、王某之间的特殊亲属关系，为了避免王某子女因该债务受到不良影响，在刘某离世后代王某向张某信合偿还了借款本息，符合《民法典》第 524 条关于第三人单方自愿代为履行的规定，依据该规定，在张某信合接受刘某 1 履行后，其对王某的债权转让给刘某 1，刘某 1 作为新的债权人要求王某向其支付案涉借款合同所涉借款本息 21507.32 元于法有据，应予支持。

第五百二十五条 【同时履行抗辩权】 当事人互负债务，没有先后履行顺序的，应当同时履行。一方在对方履行之前有权拒绝其履行请求。一方在对方履行债务不符合约定时，有权拒绝其相应的履行请求。

条文沿革

本条来自《合同法》第 66 条："当事人互负债务，没有先后履行顺序的，应当同时履行。一方在对方履行之前有权拒绝其履行要求。一方在对方履行债务不符合约定时，有权拒绝其相应的履行要求。"

关联司法解释

《最高人民法院关于适用〈中华人民共和国民法典〉合同编通则若干问题的解释》

第三十一条 当事人互负债务，一方以对方没有履行非主要债务为由拒绝履行自己的主要债务的，人民法院不予支持。但是，对方不履行非主要债务致使不能实现合同目的或者当事人另有约定的除外。

当事人一方起诉请求对方履行债务，被告依据民法典第五百二十五条的规定主张双方同时履行的抗辩且抗辩成立，被告未提起反诉的，人民法院应当判决被告在原告履行债务的同时履行自己的债务，并在判项中明确原告申请强制执行的，人民法院应当在原告履行自己的债务后对被告采取执行行为；被告提起反诉的，人民法院应当判决双方同时履行自己的债务，并在判项中明确任何一方申请强制执行的，人民法院应当在该当事人履行自己的债务后对对方采取执行行为。

当事人一方起诉请求对方履行债务，被告依据民法典第五百二十六条的规定主张原告应先履行的抗辩且抗辩成立的，人民法院应当驳回原告的诉讼请求，但是不影响原告履行债务后另行提起诉讼。

裁判规则

当事人互付债务，没有先后履行顺序，因一方原因导致合同无法履行，即便另一方未履行给付义务，也可要求对方承担违约责任。

——青海省高级人民法院（2022）青民申513号民事裁定书

▶ 案情概要

甲方徐某1与乙方徐某2、丙方富某公司第六分公司签订《房屋买卖居间服务合同》约定：甲、乙、丙三方确认经丙方独家提供居间服务，甲乙双方就房屋买卖进行协商并签订了《房屋买卖合同》，并约定乙向甲支付定金30000元，丙方提供居间服务至《房屋买卖合同》成立时结束。同日甲方徐某1与乙方徐某2、丙方富某公司第六分公司签订《房屋交易后期服务合同》，后甲乙签订《补充协议》约定合同更名流程，即房屋由甲方更名至乙方名下，后徐某2与徐某1在办理更名时发生矛盾导致《房屋买卖合同》无法履行。徐某2诉称徐某1违反合同约定，构成根本违约，应当承担违约责任，双倍返还定金。徐某1辩称，在没有收到上述款项时，拒绝进行房屋过户没有违约，当然也不应该承担违约责任。

法院认为，本案争议的焦点是徐某1应否承担违约责任。双方签订的《补充协议》中约定："2021 年 1 月 30 日撤案当日徐某 2 先支付部分房款 870000 元，2021 年 3 月 1 日之前交房给徐某 2。"根据《民法典》第 525 条之规定："当事人互负债务，没有先后履行顺序的，应当同时履行。"因徐某 1 一方未能在 2021 年 1 月 30 日完成撤案，故徐某 2 未及时支付 870000 元房款尚不构成违约。后富某公司第六分公司完成撤案手续，通知双方办理更名手续时，因涉案房屋合同登记在张某娜名下而非徐某 1 名下，且张某娜与徐某 1 并非夫妻关系，徐某 1 仅以自己的名义与徐某 2 签订合同而出售张某娜名下的房屋，后徐某 1 与张某娜因价款问题发生争执，最终未能达成一致意见导致合同不能继续履行，故徐某 1 应承担合同不能履行的违约责任。一方违约导致合同解除的，另一方有权按照定金罚则向违约方主张违约责任，故徐某 1 应承担双倍返还定金责任，徐某 1 除应承担返还 30000 元定金外，还应承担 30000 元的违约金。

第五百二十六条 【先履行抗辩权】 当事人互负债务，有先后履行顺序，应当先履行债务一方未履行的，后履行一方有权拒绝其履行请求。先履行一方履行债务不符合约定的，后履行一方有权拒绝其相应的履行请求。

条文沿革

本条来自《合同法》第 67 条："当事人互负债务，有先后履行顺序，先履行一方未履行的，后履行一方有权拒绝其履行要求。先履行一方履行债务不符合约定的，后履行一方有权拒绝其相应的履行要求。"

裁判规则一

先履行抗辩权须经主张才发生拒绝履行的效力。在应当先履行一方履行不符合约定时，若其履行根本不能实现后履行一方订立的合同目的，则后履行一方可以拒绝其全部的履行请求；否则，后履行一方仅得在相应范围内拒绝履行自己的债务。

——西藏自治区拉萨市中级人民法院（2021）藏01民终1402号民事判决书

▶ **案情概要**

2019年2月25日，雷某公司与达某签订一份《分期付款买卖协议》，约定达某从雷某公司处购买一台挖掘机，其中合同第4款规定："如乙方有任何一期未按第一条规定的还款时间足额支付，则视同所有欠款均已全部到期，乙方应立即全额支付给甲方，每延期一天，应按欠款金额的日万分之四向甲方支付违约金，直至款项付清止，并按照《经销商协议》承担相应违约责任。"合同还约定了其他相关事项。2019年3月4日，雷某公司向达某出具一份承诺书，内容包括标的物、付款方式以及约定甲方为乙方提供租赁义务，后雷某公司按照约定为达某介绍租赁业务。后2020年10月27日，雷某公司与达某签订《承诺书》，约定达某将剩余款项付清，后案涉挖掘机交付于达某，但处于锁机状态。后就达某能否雷某公司于2019年3月4日出具的《承诺书》行使先履行抗辩权产生争议。雷某公司诉称《承诺书》中约定是介绍租赁义务仅系其提供的售后服务，上述合同签订的目的是达某取得案涉机械的使用权与收益权，雷某公司取得案涉机械价款。雷某公司已按期履行机械完整交付义务，故达某因无法获利就不予支付租金的理由不能成立。达某辩称订立买卖合同时，雷某公司承诺在3年期间每年向达某介绍6个月的挖掘机租赁业务，保证能以赚取的挖掘机租金支付购机款。达某基于该承诺才从雷某公司处购买了案涉挖掘机。但是雷某公司仅第一年履行了该承诺，第二年起就没有履行承诺，且将挖掘机进行锁机，因挖掘机没有业务，达某也就无力支付购机款。雷某公司应该先履行其承诺，达某才能支付购机款。

法院认为，雷某公司与达某存在多次约定付款方式，且达某未按合同约定方式履行付款义务的情形。雷某公司出具的《承诺书》内容和达某关于"达某并未去雷某公司购买挖掘机，而是雷某公司的销售员来村里推销宣传，称雷某公司保证每年 6 个月的挖掘机租赁业务，所以达某才购买"的陈述相吻合，该《承诺书》应视为合同的补充协议。雷某公司辩称其提供租赁信息服务仅是挖掘机的售后服务或居间服务的理由不能成立。关于达某能否行使先履行抗辩权，依据《承诺书》所载内容，双方系互相承担义务和享有权利的合同，且约定有先后履行顺序，即雷某公司为达某提供工程租赁工作为先合同义务，达某赚取租金后再向雷某公司支付挖掘机价款为后合同义务。雷某公司的理由不能成立。根据《民法典》第 526 条规定："当事人互负债务，有先后履行顺序，应当先履行债务一方未履行的，后履行一方有权拒绝其履行请求。先履行一方履行债务不符合约定的，后履行一方有权拒绝其相应的履行请求。"认定达某的抗辩成立，驳回雷某公司的诉讼请求，有事实和法律依据，本院予以支持。

裁判规则二

先履行一方有多项履行标的，未履行其中一项或履行有瑕疵，存在部分违约，但不足以影响合同的实现或者双方对于该部分有违约约定时，后履行一方不能因此认为对方根本违约而免除自身的违约责任。

——最高人民法院（2021）最高法民终 748 号民事判决书

▶案情概要

2014 年 9 月 15 日，甘肃电某生物公司与甘肃瑞和某公司签署《资产转让协议》，约定：甘肃电投生物公司向甘肃瑞和某公司转让由甘肃电某生物公司所有的经甘肃中某资产评估公司作出的中某（甘）评报字〔2013〕第 003 号资产评估报告评估的相关资产中除甘肃电某生物公司向甘肃瑞和某公司出资外的部分资产。具体包括：甘肃电某生物公司名下位于张掖市公里处的 154937 平方米的国有土地使用权、甘肃电某生物公司院内 25202.87 平方米的房屋所有权及现存于甘肃电某生物公司内的部分机器设备、设施等资产。转让资产的交付方式为：甘肃电某生物公司在协议签订之日起 12 个月内将土地、房屋建筑物部分的权证手续办理到甘肃瑞和某公司名下视为交付；设备、构筑物、办公设施等实物资产在双方约定的时间内办理交接手续，列明清单和资产实际状况，双方核实后盖章视为交付。转让款的支付方式和进度：在甘肃瑞和某公司成立之日起两年内为宽限期。两年宽限期内甘肃瑞和某公司暂不向甘肃电某生物公司偿还转让款本金，在两年宽限期内转让款本金的利率按同期中国人民银行公布的 5 年期贷款基准利率下浮 50% 计息；从第 3 年开始，按同期中国人民银行公布的 5 年期贷款基准利率下浮 10% 计息。土地、房屋建筑物、机器设备、电子设备、车辆等实物资产自协议签订之日起计算利息。并约定具体交付日期及交付金额。并约定违约责任：土地、房屋建筑物如甘肃电某生物公司不能按约定在 12 个月内完成资产过户到甘肃瑞和某公司名下的手续办理，则对该部分资产在完成过户手续前按本协议约定由甘肃瑞和某公司应付甘肃电某生物公司的债务利息不再支付；如因甘肃电某生物公司原因未按上述约定时限办理交接手续和过户手续的，则甘肃电某生物公司应按未到位资产价值日万分之五计算承担违约责任；甘肃瑞和某公司应保证在约定期限内按时足额支付协议所约定的款项，如未能支付，则甘肃瑞和某公司应按支付款项日万分之五计算承担违约责任。后甘肃电某生物公司于 2014 年 12 月 16 日将设备、办公设施等实物资产交付给甘肃瑞和某公司，2017 年 8 月 30 日向甘肃瑞和某公司催收转让价款与利息。2018 年办理完成了甘区国用（2010）第 15 号土地及地上建筑物的过户手续。但协议约定的甘区国用（2010）第 16 号土地及地上建筑物的过户手续，甘肃电某生物公司一直未办理完成。后双方就是否应当承担违约责任产生争议。甘肃电某生物公司诉称甘肃电某生物公司已于 2014 年 12 月将《资产转让协议》所涉全部资产交付甘肃瑞和某公司，双方办理了交接手续，且对方一直在使用过户和未过户的土地，未办理过户的土地未给对方带来任何损失，而甘肃瑞和某公司未依约支付资产转让款及利息，已构成违约。甘肃电某生物公司系依据《合同法》第 67 条以及《民法典》第 526 条的规定行使先履行抗辩权，无须承担未过户资产日万分之五的违约金责任。甘肃瑞和某公司辩称：甘肃电某生物公司在签订《资产转让协议》时隐瞒了转让资产中土地被法院查封、房屋建设手续不全等重大事实，造成上述资产无法办理过户登记手续，无法发挥资产融资作用，应当承担相应违约责任。

法院认为，甘肃瑞和某公司与甘肃电某生物公司之间的《资产转让协议》有效，双方当事人均应依约履行各自的合同义务，否则即应当承担相应的违约责任。甘肃瑞和某公司已接收约定资产并投入使用，但未依约支付资产转让价款本金及利息，已构成违约，应承担相应的违约责任。甘肃瑞和某公司主张甘肃电某生物公司在签订《资产转让协议》时保证所有转让资产无查封、无抵押、无争议，但实际隐瞒了转让资产中的土地被法院查封、房屋建设手续不全等重大事实，且甘肃电某生物公司未依约办理案涉土地及地上建筑物的过户登记手续，已构成根本违约，无权要求甘肃瑞和某公司支付资产转让价款本金、利息及违约金。该主张不能成立，具体理由是：首先，《资产转让协议》已经明确约定甘肃瑞和某公司受让资产为《资产评估报告》所涉资产，《资产评估报告》记载内容可以作为反映受让时资产状况的依据。其次，《资产转让协议》第4条约定，如因转让资产产权出现问题，致使甘肃瑞和某公司无法正常使用的，其有权追究甘肃电某生物公司的违约责任，给甘肃瑞和某公司造成损失的，由甘肃电某生物公司承担赔偿责任。因此，即使甘肃电某生物公司违背所作保证，转让已被人民法院查封的土地及地上建筑物等资产，且甘肃瑞和某公司对此并不知情，甘肃瑞和某公司可依据协议约定要求甘肃电某生物公司承担相应的违约责任，但并不能因此免除自身的违约责任。

第五百二十七条 【不安抗辩权】 应当先履行债务的当事人，有确切证据证明对方有下列情形之一的，可以中止履行：

（一）经营状况严重恶化；

（二）转移财产、抽逃资金，以逃避债务；

（三）丧失商业信誉；

（四）有丧失或者可能丧失履行债务能力的其他情形。

当事人没有确切证据中止履行的，应当承担违约责任。

条文沿革

本条来自《合同法》第 68 条："应当先履行债务的当事人，有确切证据证明对方有下列情形之一的，可以中止履行：

（一）经营状况严重恶化；

（二）转移财产、抽逃资金，以逃避债务；

（三）丧失商业信誉；

（四）有丧失或者可能丧失履行债务能力的其他情形。

当事人没有确切证据中止履行的，应当承担违约责任。"

裁判规则一

承担在后履行义务的一方不能行使不安抗辩权。

——安徽省高级人民法院（2022）皖民终 38 号民事判决书

▶案情概要

玖仁某公司与作为技术团队代表的侯某、许某、姜某在整体人事关系迁移之前签订过渡协议进行合作开发。双方就协议履行提起诉讼。侯某团队诉请法院判令玖仁某公司立即支付开发费用并负担本案诉讼费用、保全费用。玖仁某公司辩称案涉协议为劳动合同。

安徽省高级人民法院认为，本案二审的争议焦点为：1. 玖仁某公司主张的不安抗辩权是否成立；2. 一审法院认定涉案过渡协议终止日期为 2021 年 4 月 1 日是否适当。关于争议焦点一，《民法典》第 527 条规定："应当先履行债务的当事人，有确切证据证明对方有下列情形之一的，可以中止履行：（一）经营状况严重恶化；（二）转移财产、抽逃资金，以逃避债务；（三）丧失商业信誉；（四）有丧失或者可能丧失履行债务能力的其他情形。当事人没有确切证据中止履行的，应当承担违约责任。"本案中，案涉过渡协议约定双方结算方式为"过渡协议签订之日起 3 个工作日内，甲方需将本协议预算费用（2 个月费用）一次性打入指定账户（共管账户），工资支付按月结算"，即侯某团队按照时间进度进行开发工作，玖仁某公司按月予以结算，玖仁某公司所承担的系在后履行的结算义务，并非先履行义务。玖仁某公司一审所提交的发起人会议纪要、专题会议纪要均无参会人员签字，且纪要内容显示"为控制成本投入，会议同意分阶段推进实施'商学院派'运营平台项目""各合伙人一致认为平台项目在没有融资到位情况下，暂缓平台项目工作"，即平台项目系因成本、融资问题调整、暂停，玖仁某公司没有证据证明该平台项目因侯某团队违约而导致暂停。故玖仁某公司关于其系行使不安抗辩的主张不符合《民法典》第527条所列情形，法院不予支持。

裁判规则二

不安抗辩权设立的目的在于公平合理地保护先履行方的合法权益，并通过赋予先履行方中止履行的自我救济手段，促进另一方当事人的履行。合同当事人行使不安抗辩权需符合的条件之一为须基于同一双务合同且具有对价关系的互负债务。没有对价关系的互负债务，不发生不安抗辩权。

——北京市第三中级人民法院（2023）京03民终686号民事判决书

▶案情概要

飞某公司（甲方）与光某公司（乙方）签订了海口项目《回购协议》，后因合同履行发生纠纷提起诉讼。光某公司上诉请求：1. 撤销一审判决；2. 改判支持光某公司一审诉讼请求；3. 驳回飞某公司的反诉请求；4. 诉讼费由飞某公司负担。飞某公司辩称，民事诉讼应遵循诚实信用原则，光某公司隐瞒了其与案外人泰禾某公司的相关诉讼，光某公司对泰禾某公司提起诉讼，现涉案产品已经不在泰禾某公司的占有和实际控制下。光某公司提出的赔偿金额是泰禾某公司拖欠的租金，不是飞某公司拖欠的，光某公司的上诉请求没有法律依据。

二审法院认为，本案的焦点问题为：1. 飞某公司向光某公司主张的不安抗辩权是否成立；2. 飞某公司是否承担违约责任及承担责任的范围；3. 光某公司是否应履行协助义务。关于争议焦点一，《民法典》第527条规定："应当先履行债务的当事人，有确切证据证明对方有下列情形之一的，可以中止履行：（一）经营状况严重恶化；（二）转移财产、抽逃资金，以逃避债务；（三）丧失商业信誉；（四）有丧失或者可能丧失履行债务能力的其他情形。当事人没有确切证据中止履行的，应当承担违约责任。"上述法律规定的不安抗辩权，又称为保证履行抗辩权，是指双务合同成立后，根据合同约定应当先履行合同义务的当事人在有证据证明对方不能履行合同义务，或者有不能履行合同义务之虞时，在对方没有对待履行或者提供担保之前，暂时中止履行合同义务的权利。它在性质上属于一时抗辩权或延迟抗辩权。不安抗辩权设立的目的在于公平合理地保护先履行方的合法权益，并通过赋予先履行方中止履行的自我救济手段，促进另一方当事人的履行。合同当事人行使不安抗辩权需符合的条件之一为须基于同一双务合同且具有对价关系的互负债务。没有对价关系的互负债务，不发生不安抗辩权。

首先，根据涉案《回购协议》"鉴于"部分的约定及附件，飞某公司对于涉案产品的用途及安装地点，以及光某公司与某金融公司、泰禾某公司之间融资租赁交易模式及法律关系应属明知，且对于该融资租赁交易模式及《回购协议》项下的相关义务及法律后果亦属明知。

其次，涉案《回购协议》约定，若某金融公司依据《回购协议》相关约定要求光某公司承担回购义务，涉及飞某公司产品部分的回购义务和回购价款，应由飞某公司全部承担和支付；飞某公司向光某公司全额支付了本协议确定之回购价款后，《采购合同》项下的飞某公司产品所有权从光某公司转移至飞某公司名下；飞某公司自行负责对飞某公司产品进行回收（包括拆卸、包装、运输等）或转卖等；就飞某公司产品性能、外观，或其他方面的瑕疵、磨损或折旧，光某公司不承担责任，由飞某公司自行负责。

根据涉案《回购协议》的上述约定，在涉案《回购协议》项下，飞某公司对光某公司负有支付回购价款的义务，光某公司对飞某公司并不负有交付涉案产品的对等义务，而是在涉案产品权利移转至飞某公司后，由飞某公司自行回收涉案产品，光某公司并不承担因回收涉案产品而产生的相应责任。由此可见，在涉案《回购协议》项下，对于光某公司和飞某公司双方，并不具有对价关系的互负债务，故飞某公司所主张的不安抗辩权不能成立。飞某公司以其有权行使不安抗辩权为由拒绝向飞某公司支付回购价款，缺乏事实和法律依据，法院不予支持。

第五百二十八条 【不安抗辩权的行使】 当事人依据前条规定中止履行的，应当及时通知对方。对方提供适当担保的，应当恢复履行。中止履行后，对方在合理期限内未恢复履行能力且未提供适当担保的，视为以自己的行为表明不履行主要债务，中止履行的一方可以解除合同并可以请求对方承担违约责任。

条文沿革

本条来自《合同法》第 69 条："当事人依照本法第六十八条的规定中止履行的，应当及时通知对方。对方提供适当担保时，应当恢复履行。中止履行后，对方在合理期限内未恢复履行能力并且未提供适当担保的，中止履行的一方可以解除合同。"

裁判规则一

当事人中止履行未及时通知的，属于不正当行使不安抗辩权的行为，构成违约。

——内蒙古自治区呼和浩特市中级人民法院（2023）内 01 民终 159 号民事判决书

▶案情概要

白某（甲方、出租方）与东某公司（乙方、承租方）签订《呼和浩特市某小区一层商铺租赁合同》，将与呼和浩特市某实业有限公司租赁的商铺转租给东某公司。后因合同履行发生纠纷提起诉讼。东某公司称在白某与呼和浩特市某实业有限公司签订的《呼和浩特市某小区一层商铺租赁合同》中约定，案涉房屋不得转租，东某公司在知晓不得转租的条款后，基于不安抗辩权中止合同义务。

内蒙古自治区呼和浩特市中级人民法院认为，白某与东某公司签订的《呼和浩特市某小区一层商铺租赁合同》系双方当事人真实意思表示，合同内容不违反法律、行政法规的强制性规定，合法有效，双方均应按照合同约定履行相应的义务。对于白某是否交付案涉房屋的问题，根据白某与东某公司工作人员的微信聊天记录，白某催促对方拿钥匙，东某公司工作人员也明确表示"明天上午过去"，同时通过白某之后催款的行为，可以认定房屋已经交付，东某公司未按照双方约定支付租金构成违约，一审法院据此判决东某公司支付相应租金及违约金并无不当，本院予以支持。对于东某公司称其未交租金系行使不安抗辩权的主张，对此，《民法典》第528条规定："当事人依据前条规定中止履行的，应当及时通知对方。对方提供适当担保的，应当恢复履行。中止履行后，对方在合理期限内未恢复履行能力且未提供适当担保的，视为以自己的行为表明不履行主要债务，中止履行的一方可以解除合同并可以请求对方承担违约责任。"据此，东某公司若认为继续履行合同存在风险，应当及时通知白某，并可要求白某提供担保等。但东某公司未提供证据证明其已经及时通知白某，故东某公司的行为不属于正当行使不安抗辩权的行为。

裁判规则二

当事人中止履行必须具备法律规定的情形，对方在合理期限内恢复履行能力的，应当恢复履行。

——辽宁省锦州市中级人民法院（2022）辽07民终1690号民事判决书

▶案情概要

锦州康某润滑油添加剂有限公司作为甲方（出租方）与陈某签订了《租赁合同》。后因合同履行发生纠纷提起诉讼。锦州康某润滑油添加剂有限公司诉称陈某未按约定期限支付房屋租金，已构成违约，诉求解除合同。陈某辩称自己并不构成违约，即使违约，违约行为也比较轻微。

二审法院认为，关于上诉人锦州康某润滑油添加剂有限公司提出被上诉人陈某对外发生多起诉讼，欠负债务，已经无力支付租金，而要求解除合同的问题，上诉人行使的是不安抗辩权。《民法典》第527条第1款规定："应当先履行债务的当事人，有确切证据证明对方有下列情形之一的，可以中止履行：（一）经营状况严重恶化；（二）转移财产、抽逃资金，以逃避债务；（三）丧失商业信誉；（四）有丧失或者可能丧失履行债务能力的其他情形。"第528条规定："当事人依据前条规定中止履行的，应当及时通知对方。对方提供适当担保的，应当恢复履行。中止履行后，对方在合理期限内未恢复履行能力且未提供适当担保的，视为以自己的行为表明不履行主要债务，中止履行的一方可以解除合同并可以请求对方承担违约责任。"本案中上诉人与被上诉人经协商确定2022年2月底之前交齐欠款25万元。但在约定期限未到期的情况下，上诉人于2022年2月23日给被告送达《租赁合同解除通知》显然不当。且在诉讼中被上诉人已经明确表示能够立即给付房租并愿意承担违约责任的情况下，上诉人仍坚持解除合同显然于法无据，于理不合。在被上诉人已经能够实际履行的情况下，且在上诉人提供的证据与本案无关联关系的情况下，认定被上诉人已经无支付能力而行使不安抗辩权要求解除合同，无事实依据。且行使不安抗辩权时法律规定亦非是直接解除合同，而应当将对方的担保及是否能够及时给付作为衡量解除合同的标准。故对上诉人提出被上诉人无力继续支付所欠租金而解除合同的请求，一审法院未予以支持并无不当，本院亦不予支持。

裁判规则三

中止履行后，对方在合理期限内未恢复履行能力且未提供适当担保的，视为以自己的行为表明不履行主要债务，中止履行的一方可以解除合同并请求对方提供违约责任。

——安徽省蚌埠市中级人民法院（2022）皖03民终2433号民事判决书

▶ 案情概要

佳某公司与杭某建工签订《木材购销合同》，且杭某建工安徽分公司与佳某公司签署付款承诺书。后因合同纠纷提起诉讼。杭某建工诉求解除合同，佳某公司辩称杭某建工构成根本违约。

安徽省蚌埠市中级人民法院认为，根据诉辩双方的意见，本案二审争议焦点：杭某建工是否应支付全部货款。《民法典》第527条规定："应当先履行债务的当事人，有确切证据证明对方有下列情形之一的，可以中止履行：（一）经营状况严重恶化；（二）转移财产、抽逃资金，以逃避债务；（三）丧失商业信誉；（四）有丧失或者可能丧失履行债务能力的其他情形。当事人没有确切证据中止履行的，应当承担违约责任。"第528条规定："当事人依据前条规定中止履行的，应当及时通知对方。对方提供适当担保的，应当恢复履行。中止履行后，对方在合理期限内未恢复履行能力且未提供适当担保的，视为以自己的行为表明不履行主要债务，中止履行的一方可以解除合同并可以请求对方承担违约责任。"本案中，杭某建工安徽分公司出具的承诺书，产生的法律后果应由杭某建工承担。由于杭某建工安徽分公司、杭某建工均未按承诺还款，丧失商业信誉，佳某公司中止履行供货义务有法律依据。佳某公司终止履行后，向杭某建工发送了催告函，要求杭某建工付款，并告知了相应的法律后果，但杭某建工并没有积极履行付款义务。杭某建工消极不作为的行为表明其不履行主要债务，佳某公司可以要求解除合同并支付其全部货款。

第五百二十九条　【因债权人原因致债务履行困难的处理】
债权人分立、合并或者变更住所没有通知债务人，致使履行债务发生困难的，债务人可以中止履行或者将标的物提存。

条文沿革

本条来自《合同法》第70条："债权人分立、合并或者变更住所没有通知债务人，致使履行债务发生困难的，债务人可以中止履行或者将标的物提存。"

裁判规则

房屋转租关系中，次承租人不向承租人支付租金构成根本违约，并主张违约是由债权人的原因导致的，可以提存，但应符合提存的相关规定。

——河南省信阳市浉河区人民法院（2021）豫 1502 民初 3859 号民事判决书

▶案情概要

红房某公司承租第三人方某位于信阳市浉河区（104、204、304）房屋，红房某公司与李某签订《房屋租赁合同》，合同约定红房某公司将承租第三人方某的房屋中的 2—3 层（包含一楼门面东小单间在内）租给李某使用，租期为 5 年，在合同签订之日起 5 日内，李某向红房某公司缴纳全年租赁费 75000 元，第一年至第三年租金不变，第四年至第五年以上一年租金为基数 3% 递增，在合同签订当时进行转账付款或现金支付，下一年度在房屋到期前一个月进行转账付款。同时，红房某公司与李某在《房屋租赁合同》还约定，合同一经签订，即具有法律效力，双方必须严格遵守，否则视为违约，违约方应当就所造成的一切损失向另一方赔偿，并支付违约金（比例为被租赁房屋年租金的 30%）。红房某公司将上述房屋交付给李某使用后，应于 2020 年 7 月 16 日前一个月向红房某公司交付第四年的房屋租金 77250 元（75000 元＋75000 元×3%＝77250 元），然李某至今未付第四年度房屋租金。因李某拖欠第四年度房屋租金，2020 年 12 月 4 日，红房某公司向被告李某邮寄《催款及解除租赁合同通知》，2020 年 12 月 7 日，李某向红房某公司发出《继续履行合同通知书》，并在该通知书中认可已收到红房某公司寄出的《催款及解除租赁合同通知》。红房某公司诉称，与李某解除《房屋租赁合同》，判令其立即给付欠付的租金 77250 元及利息（按同期 LPR 计算）、违约金 23175 元（77250 元×30%），并承担因其拒不搬离房屋所造成的损失 267800 元。李某辩称，不同意与红房某公司解除房屋租赁合同，要求红房某公司继续履行合同约定义务。红房某公司与房东方某产生租房纠纷，答辩人多次要求将租金支付给红房某公司，红房某公司总是推托或者要求答辩人与房东方某沟通租金的问题。根据《民法典》第529条规定："债权人分立、合并或者变更住所没有通知债务人，致使履行债务发生困难的，债务人可以中止履行或者将标的物提存。"因此答辩人没有违约，也不存在违约责任与违约金。

法院认为，当事人应当按照合同约定全面履行自己的义务。原、被告双方之间签订的《房屋租赁合同》系双方的真实意思表示，且不违反法律法规的强制性规定，合法有效，本院予以认定。原告按照合同约定向被告交付了房屋，被告承担按期支付房屋租金的义务，根据合同约定，被告应向原告交付第四年度的房屋租金，然被告至今未向原告交付第四年度的房屋租金，其行为已经构成根本违约，故对于原告要求解除与被告之间的《房屋租赁合同》并支付房屋租金77250元的诉讼请求，本院予以支持，合同自原告发出的解除通知到达被告时解除（即2020年12月7日）。原、被告双方在《房屋租赁合同》第12条明确约定了违约金，现被告已经构成根本违约，故对于原告要求被告支付违约金23175元（77250元×30%）的诉讼请求，本院予以支持。关于原告请求被告赔偿损失267800元的诉讼请求，法院认为，损害赔偿额应当相当于因违约所造成的损失，包括合同履行后可以获得的利益，即被告在合同解除后继续使用案涉房屋的房屋占有使用费，房屋占有使用费应参照原、被告双方签订的《房屋租赁合同》约定的房屋租金计算至被告实际返还房屋之日止，而该267800元远超出被告履行合同后原告可以获得的利益，故赔偿损失的数额应为被告李某继续使用房屋期间的房屋占有使用费。被告虽向原告邮寄了《继续履行合同通知书》，然根据法律规定，任何一方当事人对解除合同有异议的，应当向人民法院或者仲裁机构请求确认解除行为的效力，故被告向原告邮寄《继续履行合同通知书》的行为不足以使原告解除行为失效。被告辩称其已经将房屋租金提存至中国农业银行相关账户，法院认为，提存是指债务人于债务已届履行期时，将无法给付的标的物提交给提存部门，以消灭债务的债的消灭方式，被告李某的银行账户内余额虽然超出本案案涉房屋租金，然其并未将房屋租金提交给提存部门，其资金仍在自己的账户内，并不符合相关法律关于提存的规定，故对于被告的该辩解意见，本院不予采信。因原告红房某公司与第三人方某之间有尚未审结的租金合同纠纷在人民法院诉讼，被告认为其接受的租赁物是有争议的、不完整的，原告存在预期违约的可能，法院认为，原告与被告之间的租赁合同是 2017 年 9 月 21 日签订的，第三人方某对此表示同意，故该转租行为有效，在被告没有违约的情况下，即使第三人方某与原告解除了租赁合同，原告与被告之间的租赁合同亦应当继续履行，不存在被告认为的预期违约，故在原告已经履行了合同义务后，被告就应当按期支付房屋租金，其不能以原告与第三人之间存在纠纷为由拖欠房屋租金。

第五百三十条 【债务人提前履行债务】 债权人可以拒绝债务人提前履行债务，但是提前履行不损害债权人利益的除外。

债务人提前履行债务给债权人增加的费用，由债务人负担。

条文沿革

本条来自《合同法》第 71 条："债权人可以拒绝债务人提前履行债务，但是提前履行不损害债权人利益的除外。

债务人提前履行债务给债权人增加的费用，由债务人负担。"

裁判规则一

合同到期前，债务人提前履行义务损害债权人财产性利益的，债权人可以拒绝，法院予以支持。

——北京市第一中级人民法院（2021）京 01 民终 9575 号民事判决书

▶**案情概要**

方某与袁某原系夫妻关系，方某取得了昌平区某路某号院某号楼某层某单元某号房屋的房屋所有权证，载明房屋建筑面积为 98.03 平方米。2017 年 6 月 30 日，方某（抵押人）与袁某（抵押权人）签订《主债权及房屋抵押合同》，约定主债权金额为 30 万元，债务履行期限为 2017 年 6 月 30 日至 2029 年 9 月 1 日，抵押房屋坐落于昌平区某路某号院某号楼某层某单元，被担保主债权金额为 30 万元，担保范围为本金，债务人为方某，备注债权期间无利息。同日，方某、袁某就上述抵押向不动产登记部门办理了抵押登记，载明债务履行期限为 2017 年 6 月 30 日至 2029 年 9 月 1 日。后北京市海淀区人民法院受理了方某诉袁某离婚纠纷一案，双方自愿达成如下协议：1. 方某与袁某离婚；2. 婚生子方某 2 由方某抚养，抚育费自行负担；3. 位于北京市昌平区某路某号院某号楼某层某单元某号房屋归方某所有，该房屋由袁某居住至其再婚时止；4. 自 2018 年至 2029 年期间，方某于每年 3 月底前给付袁某 2.5 万元。后因方某未履行上述第 4 条约定的付款义务，袁某向北京市海淀区人民法院申请强制执行，2019 年 8 月 21 日，方某向法院交纳强制执行款 50650 元。袁某与方某离婚后，尚未再婚。方某诉称，请求判令袁某腾出位于北京市昌平区某路某号院某号楼某层某单元某号房屋，方某支付袁某租房补偿金 50 万元；判令解除《主债权及房屋抵押合同》，方某将剩余尾款 25 万元给付给袁某，袁某配合方某办理北京市昌平区某路某号院某号楼某层某单元某号房屋解押手续，袁某返还该房屋的不动产权证书。袁某辩称，不同意提前还款及解除合同。

法院认为，《民法典》第 530 条第 1 款规定："债权人可以拒绝债务人提前履行债务，但是提前履行不损害债权人利益的除外。"关于方某要求解除与袁某签订的《主债权及房屋抵押合同》，方某将剩余尾款 25 万元给付袁某，袁某配合方某办理涉案房屋的解押手续，一方面，双方于 2017 年 6 月 30 日签订的《主债权及房屋抵押合同》系双方真实意思表示，该合同合法有效，且根据该合同办理了抵押登记手续；另一方面，袁某作为抵押权人，该债务履行期限尚未届满，袁某明确表示不同意接受方某的提前还款并配合解除抵押合同、抵押手续。根据法院生效民事调解书内容，袁某目前对涉案房屋具有居住使用权，且也实际居住在该房屋内，因涉案房屋登记在方某名下，方某提前履行债务会损害袁某作为债权人的利益，故方某该项请求，于法无据，法院不予支持。

裁判规则二

在没有约定银行贷款利息的情况下，此部分利息由合同双方共同承担较为公平合理。债务人多承担的部分抵扣债务，不属于提前履行债务。

——河南省信阳市中级人民法院（2022）豫 15 民终 1463 号民事判决书

▶案情概要

原告岳某与被告阮某签订《房屋买卖合同》，约定被告以 60 万元的价格购买原告位于信阳市羊山新区××号楼××号房屋等。同日，原、被告双方又签订《补充协议》，约定"1. 第一笔房款人民币 5 万元整在 2018 年 9 月 13 日之前由被告以银行转账支付给原告指定的银行账户内；2. 第二笔房款人民币 21.42 万元在 2018 年 9 月 15 日之前由被告以银行转账支付给原告指定的银行账户内；3. 第三笔房款为银行贷款余额人民币 31.58 万元，由被告按月 15 号之前支付到工商银行平桥支行，账号 6212×××待该房屋办证前由被告全部还清；4. 具体过户日期以房管局通知办证出证之后的 10 个工作日；5. 如被告在未过户之前另行转让他人，原告无条件配合，本协议同时有效；6. 剩余房款 2 万元于该房屋过户当日支付（并另行签订配合被告银行贷款协议）"等。合同签订后，被告阮某于 2018 年 9 月 13 日支付原告岳某房款 5 万元，2018 年 9 月 13 日支付 214000 元，2021 年 3 月 1 日支付 291000 元，2018 年至 2021 年共支付 30 笔钱，每笔 2065 元，共计 61950 元，以上被告共支付原告 616950 元。2021 年 5 月 19 日，原、被告双方就涉案房屋办理了过户手续。岳某诉称，请求依法判决被告支付剩余款项 2 万元，并支付违约金。阮某辩称，未按合同约定进行还款，不再支付剩余 20000 元。

法院认为，双方均应按照约定履行义务，总房款 60 万元，被告已支付原告 616950 元，超出约定房款，虽被告没有按照约定在办理房屋过户手续时支付约定的房款 2 万元，但在办理房屋过户手续之前被告已超付合同约定的总房款 16950 元，根据《民法典》第 530 条的规定，被告已提前履行合同约定义务，故原告的诉讼请求法院不予支持。本案双方争议的焦点实为银行贷款余额 31.58 万元分期支付期间产生的利息由谁负担问题。从双方签订的《房屋买卖合同》看，房款总价为 60 万元；从《补充协议》第 3 条"第三笔房款为银行贷款余额人民币 31.58 万元，由被告按月 15 号之前支付到工商银行平桥支行"的内容看，岳某对银行贷款余额人民币 31.58 万元清楚，由阮某每月 15 号之前支付给银行清楚，在双方对银行贷款余额 31.58 万元分期支付期间产生的利息由谁负担问题无明确约定的情况下，此部分利息由双方共同承担较为公平合理，考虑到阮某已超付合同约定的总房款 16950 元，一审驳回岳某的诉讼请求并无明显不当。

第五百三十一条　【债务人部分履行债务】债权人可以拒绝债务人部分履行债务，但是部分履行不损害债权人利益的除外。

债务人部分履行债务给债权人增加的费用，由债务人负担。

条文沿革

本条来自《合同法》第 72 条："债权人可以拒绝债务人部分履行债务，但部分履行不损害债权人利益的除外。

债务人部分履行债务给债权人增加的费用，由债务人负担。"

裁判规则一

买卖合同标的为可分之物且部分履行不损害债权人的利益，为了更好地促进合同履行，打破合同履行僵局，一方可就对方交付货款的比例部分履行，对方不能以此为由主张违约。

——山东省青岛市中级人民法院（2022）鲁 02 民终 11309 号民事判决书

▶案情概要

2021 年 1 月 18 日，森某公司（甲方）与大某公司（乙方）签订

《ODM/OEM 合作意向协议》并支付意向金，后双方于 2021 年 5 月 8 日签订加工合同，合同约定甲方委托乙方加工品牌化妆品，同时《加工合同》第 10 条规定："合同签订后，甲方需按照双方签订的合同、附加明细合同支付 100% 包材代购款以及 50% 加工生产定金。货品生产完毕后，甲方支付订单剩余 50% 的费用，乙方方可安排发货，本合同所有费用均支付到乙方指定银行账户。"合同签订当天，大某公司向森某公司发送了《加工附加合同报价表（打包价）》，该报价表载明了所加工化妆品的名称、单价和数量，总预付款为 119600 元。该报价表中同时载明了"5 月底出 1—2 款产品，所有流程优先安排"的内容。森某公司对该报价表未提出异议，并于 2021 年 5 月 8 日当天向大某公司转账支付加工款 85000 元。后大某公司因故未能在 2021 年 5 月底加工完毕其承诺的 1—2 款产品，至 2021 年 7 月 21 日，大某公司才加工完毕双方约定的全部产品，并于 2021 年 7 月 21 日向森某公司发送了《对账单》，该对账单载明加工费的合计总金额为 129762.56 元。大某公司要求森某公司支付尾款 39762.5 元后发货，森某公司提出"打多少款，发多少货"，双方为此产生争议。大某公司诉称根据《加工合同》约定，森某公司应当在付清全部货款后其才安排发货，但在森某公司加工完案涉全部货物后，甲方突然要求只要部分货物，多次协商沟通，对方都表示拒绝收货，最终导致其无法发货，甲方构成重大违约。森某公司辩称因对方迟延履行构成违约，请求解除合同，并支付以 9 万元为基数的利息损失。

法院认为，本案系加工合同纠纷，本案争议焦点为涉案合同是否应当解除，以及双方对解除合同所负的过错程度及森某公司主张的损失应否支持。根据我国有关合同的相关法律规定，当事人应当按照约定全面履行自己的义务。债权人可以拒绝债务人部分履行债务，但是部分履行不损害债权人利益的除外。一方当事人迟延履行主要债务，经催告后在合理期限内仍未履行的；另一方当事人便可享有合同的法定解除权，可以以通知或提起诉讼的方式解除合同。具体到本案，森某公司与大某公司订立案涉货物的加工合同，森某公司已预付 9 万元货款，大某公司加工完毕双方约定的全部产品后，依据合同约定要求森某公司支付合同尾款 39762.5 元后发货，森某公司提出"打多少款，发多少货"意见，双方为此产生争议，僵持不下，形成合同履行上的僵局，因案涉产品性质上有质保期，大某公司实际占有控制该产品，应当采取积极措施，提早打破合同僵局，以避免损失的扩大。大某公司已完成加工定制产品的任务，此时森某公司已不再享有定作人的任意解除权。但是森某公司请求大某公司先交付已付货款 9 万元的案涉货物理由正当合理，大某公司提出森某公司支付合同尾款 39762.5 元后再发货的抗辩意见，因案涉产品为可分之物，大某公司仅依法享有等额的抗辩权利，即大某公司在森某公司提出请求后，因双方的部分履行并不损害对方的利益，其有向森某公司履行并交付 9 万元案涉货物的义务，剩余的案涉货物可待森某公司支付 39762.5 元尾款后再行发货，如若哪一方违约，可依法承担相应的违约责任，这样有利于双方合同僵局的有效解决；然而，大某公司行使全额抗辩的权利，拒绝交付 9 万元的案涉货物于法无据，不利于争议的解决，也因此加大了有质保期的案涉产品价值上减损的风险，其在合理期限内仍未履行交货义务，已构成根本违约，森某公司由此享有法定解除权。

裁判规则二

部分履行或者提前履行的费用，由债务人承担，债务人不能因其交付标的过程中提供的帮助协助工作为由请求扣除费用。

——山东省聊城市中级人民法院（2022）鲁 15 民终 1688 号民事判决书

▶案情概要

2021 年 4 月 14 日，济宁市曲阜艺丽某窗饰有限公司（原告）到聊城市力某自动化科技有限公司（被告）商谈设备购买事宜，双方达成买卖关系后，原告支付给被告预付款 5000 元。2021 年 5 月 23 日，被告将设备交付给原告，原告支付运费 700 元，并支付货款 50000 元。5 月 26 日，原告在使用机器的过程中发现设备裁剪有问题，与被告进行沟通，被告认为是原告在使用过程中操作不当。6 月 9 日，双方再次进行沟通。

2021 年 6 月 25 日，在被告要求转尾款的情况下，原告又支付给被告 20000 元货款。8 月 8 日后，原被告就购买的机器未达成一致意见。聊城市力某自动化科技有限公司诉称根据《民法典》第 531 条规定，债务人提前履行债务给债权人增加的费用，由债务人负担。因被上诉人属于刚创业，不熟悉机器的使用，加上采购的布料不合格，被上诉人多次联系上诉人一方过去指导、调试，对此上诉人一方花费巨大时间、精力、差旅费，再加上设备的折旧费，即便因被上诉人不会使用的原因解除合同，也应扣除上诉人为履行合同所花的费用和机器的折旧费用为宜。济宁市曲阜艺丽某窗饰有限公司辩称聊城市力某自动化科技有限公司的设备不符合双方约定的质量标准，其有权解除合同并要求返还货款。

法院认为，本案原告的证据足以证明双方自原告收到设备后经常因设备的使用问题进行沟通，并且 2021 年 8 月 19 日，被告通过远端控制系统禁止了设备的使用，致使原告无法使用该设备，原告的合同目的无法实现。原告要求解除原、被告之间的买卖合同，于法有据，应予支持，被告应返还原告的设备款。原告要求的赔偿运费损失 700 元，原告于 2021 年 6 月 25 日还支付给被告 20000 元货款，原告现要求被告赔偿损失，证据不足，本院不予支持。

第五百三十二条 【当事人变化不影响合同履行】 合同生效后，当事人不得因姓名、名称的变更或者法定代表人、负责人、承办人的变动而不履行合同义务。

条文沿革

本条来自《合同法》第 76 条："合同生效后，当事人不得因姓名、名称的变更或者法定代表人、负责人、承办人的变动而不履行合同义务。"

裁判规则一

法人的名称发生变化，并不改变合同义务的承担主体，不影响合同义务的履行。

——辽宁省高级人民法院（2021）辽民终 947 号民事判决书

▶**案情概要**

2018 年 4 月 24 日，营口首某公司与宋某签订协议书，约定营口首某公司将其船厂的南、北堤海域租赁给宋某进行海产品养殖，宋某应在协议签订之日起 20 日内进行投苗养殖，并承担海产品养殖的全部投资；打捞海产品的纯利润，40% 由营口首某公司享有，60% 由宋某享有；因营口首某公司发展需要终止合同的，营口首某公司允许宋某在协议终止的次年年尾打捞其养殖海产品，并按照约定分配利润；协议自双方签字、盖章之日生效，有效期至 2019 年 5 月 1 日。营口首某公司与宋某分别在协议书上盖章、签字。协议签订后，营口首某公司将案涉海域交付宋某进行海产品养殖。2018 年 9 月 21 日，经盖某市市场监督管理局北海分局核准变更登记，营口首某公司变更名称为首某公司。后双方就海域使用权租期发生争议。

宋某诉称其在承租海域投放了大量的海参苗，因海参生长需要周期且首某公司口头承诺在海产品的生产周期内，该海域由宋某承租，现如今返还会对其造成重大损失。首某公司辩称宋某未提交证据证明投入海参苗，首某公司也未作出口头承诺。

法院认为，本案的主要争议焦点是宋某应否将案涉海域返还首某公司。营口首某公司与宋某间有关海域租赁的协议书，系双方真实意思表示，未违反法律、法规的强制性规定，依法成立、合法有效。营口首某公司与宋某均应按照协议书的约定履行各自义务。依照《民法典》第 532 条的规定，营口首某公司变更名称为首某公司，宋某应向首某公司继续履行协议约定的义务。协议书约定海域租赁协议有效期至 2019 年 5 月 1 日，租赁期限届满，首某公司与宋某未就续租进行约定，且首某公司主张宋某返还海域，应视为案涉海域使用权租期于上述时间届满。宋某虽反诉并辩称首某公司法定代表人向其承诺在海产品生长期内，海域均由其承租，但上述事实及案涉海域中海产品生长周期，宋某均未能提供证据证明。故案涉海域租期应至 2019 年 5 月 1 日届满，首某公司依约主张因其经营需要，宋某当返还海域，具有事实和法律依据，本院予以支持。协议书未约定首某公司因经营需要请求宋某返还海域的期间，案涉海域租期届满，首某公司可随时请求宋某返还，宋某应向首某公司履行返还承租海域的义务。宋某关于延长海域使用权租期的反诉请求不具有事实和法律依据，法院不予支持。

裁判规则二

承担合同义务的是法人或非法人组织，法定代表人、负责人或承办人只是代表或代理法人或非法人组织从事民事活动，其因更换、辞职、被开除或死亡等原因而发生变动的，并不改变合同义务的承担主体，不影响合同义务的履行。法人内部股东变更、实际控制人变更等系公司内部问题，并不能以此为由对抗合同相对人。

——辽宁省沈阳市中级人民法院（2023）辽 01 民终 6474 号民事判决书

▶案情概要

张某因买卖合同与银某公司发生纠纷。收据记载银某公司尚欠张某房屋差价款（271719 元），会计主管出纳处加盖银某公司盖章，交款人处张某签名，后银某公司的法定代表人由吴某变更为吴某 1，投资人吴某退出，新增投资人吴某 1。并就该收据的履行义务发生争议。银某公司诉称股东变更、股权转让等不继续履行"收据"内容，张某诉称其系公司内部问题，不影响合同履行。

法院认为，银某公司盖章确认的"收据"载明尚欠差价 271719 元，银某公司尚欠张某房屋差价款（271719 元），并且银某公司未举证证明已向张某交付 1B-1-28-13 房屋和向银某公司还款 271719 元，故张某关于要求银某公司支付款项 569118 元的诉求，于法有据，予以支持。关于款项的还款日期，因张某并未提供证据证明，故一审法院按照立案时日期予以支持。张某关于款项利息诉求，因利息实际发生，一审法院按照立案时一年期贷款市场报价利率标准计算支持。《民法典》第532条规定，合同生效后，当事人不得因姓名、名称的变更或者法定代表人、负责人、承办人的变动而不履行合同义务。本案中银某公司主张的股东变更、实际控制人变更而不继续履行"收据"内容的意见，因无法律依据，且银某公司以公司现股东与前法人股权转让时未涉及案涉款项为由，不同意支付案涉款项的主张，银某公司内部股东变更问题系其公司内部问题，并不能以此为由对抗合同相对人，对其该项主张，不予支持。

第五百三十三条　【情势变更】合同成立后，合同的基础条件发生了当事人在订立合同时无法预见的、不属于商业风险的重大变化，继续履行合同对于当事人一方明显不公平的，受不利影响的当事人可以与对方重新协商；在合理期限内协商不成的，当事人可以请求人民法院或者仲裁机构变更或者解除合同。

人民法院或者仲裁机构应当结合案件的实际情况，根据公平原则变更或者解除合同。

条文沿革

本条为新增条文。

关联司法解释

《最高人民法院关于适用〈中华人民共和国民法典〉合同编通则若干问题的解释》

第三十二条　合同成立后，因政策调整或者市场供求关系异常变动等原因导致价格发生当事人在订立合同时无法预见的、不属于商业风险的涨跌，继续履行合同对于当事人一方明显不公平的，人民法院应当认定合同的基础条件发生了民法典第五百三十三条第一款规定的"重大变化"。但是，合同涉及市场属性活跃、长期以来价格波动较大的大宗商品以及股票、期货等风险投资型金融产品的除外。

合同的基础条件发生了民法典第五百三十三条第一款规定的重大变化，当事人请求变更合同的，人民法院不得解除合同；当事人一方请求变更合同，对方请求解除合同的，或者当事人一方请求解除合同，对方请求变更合同的，人民法院应当结合案件的实际情况，根据公平原则判决变更或者解除合同。

人民法院依据民法典第五百三十三条的规定判决变更或者解除合同的，应当综合考虑合同基础条件发生重大变化的时间、当事人重新协商的情况以及因合同变更或者解除给当事人造成的损失等因素，在判项中明确合同变更或者解除的时间。

当事人事先约定排除民法典第五百三十三条适用的，人民法院应当认定该约定无效。

裁判规则一

情势变更主要表现为自然灾害、政府行为、社会事件等。具体判断是否构成情势变更，应以是否导致合同基础丧失、是否致使合同目的落空、是否造成对价关系障碍为判断标准。

——江苏省无锡市中级人民法院（2022）苏02民终3962号民事判决书

▶案情概要

江阴三六某公司系以学科类课外补习、艺术培训、乐高机器人培训、组织文化艺术交流活动、教育软件的开发、销售为经营内容的有限责任公司，法定代表人为冯某。江阴三六某公司与冯某先后作为承租人与出租人黄某育签订房屋租赁合同，并就标的房屋、租金、租期等内容进行约定。合同履行期间，中共中央办公厅、国务院办公厅印发了《关于进一步减轻义务教育阶段学生作业负担和校外培训负担的意见》实行"双减"政策，江阴三六某公司因此停止了办学并办理了注销手续。冯某请求黄某育解除案涉租赁合同未果故不再支付租金。黄某育遂诉至法院，主张租赁合约有效，请求判令冯某继续履行合同并承担违约责任。冯某则主张继续履行合同将存在明显不公，请求依情势变更解除合同。

法院认为，情势变更主要表现为自然灾害、政府行为、社会事件等。具体判断是否构成情势变更，应以是否导致合同基础丧失、是否致使合同目的落空、是否造成对价关系障碍为判断标准。本案中，"双减"意见出台是双方当事人在订立合同时无法预见的，属于政策调整，确实导致冯某与黄某育签订合同时的基础情况发生了重大变化，构成情势变更。

裁判规则二

诉前的协商程序系适用情势变更的法定程序要件，且依情势变更解除合同为司法解除而非通知解除，解除合同的时间并非起诉状副本送达之日。

——浙江省绍兴市中级人民法院（2022）浙06民终3253号民事判决书

▶案情概要

余某（乙方）与运某公司（甲方）签订《车辆挂靠协议》一份，约定余某将其名下的卡车挂靠在运某公司名下进行水泥运输业务，并就挂靠费用、保险费缴纳、挂靠车辆权属等内容作出约定。合同履行期间，浙江省交通运输厅发布意见，明确散装水泥车无需办理道路运输经营许可证和道路运输证。余某遂与运某公司协商解除合同的相关事宜，运某公司不同意，余某遂诉至法院，请求判令解除案涉合同并判令运某公司协助将案涉车辆过户至余某名下。

法院认为，适用情势变更须经过法定的诉前协商程序，本案中余某虽在起诉时主张与运某公司多次协商未果，但在案证据并未显示双方曾在诉前就变更或解除合同进行充分磋商，故本案中适用情势变更原则不符合法律规定的程序要件，一审判决适用《民法典》第533条存在法律适用不当。且适用情势变更原则判令解除合同系司法解除，而非通知解除，如果据此判令解除合同，则解除时间并非起诉状副本送达之日。

第五百三十四条 【合同监管】对当事人利用合同实施危害国家利益、社会公共利益行为的，市场监督管理和其他有关行政主管部门依照法律、行政法规的规定负责监督处理。

条文沿革

本条来自《合同法》第127条："工商行政管理部门和其他有关行政主管部门在各自的职权范围内，依照法律、行政法规的规定，对利用合同危害国家利益、社会公共利益的违法行为，负责监督处理；构成犯罪的，依法追究刑事责任。"

裁判规则

对当事人利用合同实施危害国家利益、社会公共利益行为的，依照法律规定判断该合同的效力。市场监督管理和其他有关行政主管部门依照法律、行政法规的规定负责监督处理。

——辽宁省沈阳市中级人民法院（2023）辽01民终2874号民事判决书

▶案情概要

韩某自述其为中专学历。因奥某公司向韩某承诺可以办理口腔执业医师证书，其遂通过银行转账向奥某公司支付了相关费用。然此后奥某公司一直未按照承诺办理证书，韩某遂诉至法院，请求判令奥某公司退还相关费用并承担违约责任。

法院认为，众所周知，医疗问题无小事，医疗问题人命关天。如果韩某通过此种付费办资格证的方式取得医师证，势必造成不具备行医资格的人在社会上以医师之名非法行医，必然违反医疗管理秩序，危害患者人身安全。一审法院认定该种委托行为因违背公序良俗而无效，证据确凿，理由正当。《民法典》第534条规定："对当事人利用合同实施危害国家利益、社会公共利益行为的，市场监督管理和其他有关行政主管部门依照法律、行政法规的规定负责监督处理。"本案的委托事项，属于危害社会公共利益行为，应当移交市场监督管理部门处理。

第五章 合同的保全

第五百三十五条 **【债权人代位权】**因债务人怠于行使其债权或者与该债权有关的从权利，影响债权人的到期债权实现的，债权人可以向人民法院请求以自己的名义代位行使债务人对相对人的权利，但是该权利专属于债务人自身的除外。

代位权的行使范围以债权人的到期债权为限。债权人行使代位权的必要费用，由债务人负担。

相对人对债务人的抗辩，可以向债权人主张。

条文沿革

本条来自《合同法》第73条："因债务人怠于行使其到期债权，对债权人造成损害的，债权人可以向人民法院请求以自己的名义代位行使债务人的债权，但该债权专属于债务人自身的除外。

代位权的行使范围以债权人的债权为限。债权人行使代位权的必要费用，由债务人负担。"

《最高人民法院关于适用〈中华人民共和国合同法〉若干问题的解释（一）》第18条："在代位权诉讼中，次债务人对债务人的抗辩，可以向债权人主张。

债务人在代位权诉讼中对债权人的债权提出异议，经审查异议成立的，人民法院应当裁定驳回债权人的起诉。"

关联司法解释

《最高人民法院关于适用〈中华人民共和国民法典〉合同编通则若干问题的解释》

第三十三条 债务人不履行其对债权人的到期债务，又不以诉讼或者仲裁方式向相对人主张其享有的债权或者与该债权有关的从权利，致使债权人的到期债权未能实现的，人民法院可以认定为民法典第五百三十五条规定的"债务人怠于行使其债权或者与该债权有关的从权利，影响债权人的到期债权实现"。

第三十四条 下列权利，人民法院可以认定为民法典第五百三十五条第一款规定的专属于债务人自身的权利：

（一）抚养费、赡养费或者扶养费请求权；

（二）人身损害赔偿请求权；

（三）劳动报酬请求权，但是超过债务人及其所扶养家属的生活必需费用的部分除外；

（四）请求支付基本养老保险金、失业保险金、最低生活保障金等保障当事人基本生活的权利；

（五）其他专属于债务人自身的权利。

第三十五条 债权人依据民法典第五百三十五条的规定对债务人的相对人提起代位权诉讼的，由被告住所地人民法院管辖，但是依法应当适用专属管辖规定的除外。

债务人或者相对人以双方之间的债权债务关系订有管辖协议为由提出异议的，人民法院不予支持。

第三十六条 债权人提起代位权诉讼后，债务人或者相对人以双方之间的债权债务关系订有仲裁协议为由对法院主管提出异议的，人民法院不予支持。但是，债务人或者相对人在首次开庭前就债务人与相对人之间的债权债务关系申请仲裁的，人民法院可以依法中止代位权诉讼。

第三十七条 债权人以债务人的相对人为被告向人民法院提起代位权诉讼，未将债务人列为第三人的，人民法院应当追加债务人为第三人。

　　两个以上债权人以债务人的同一相对人为被告提起代位权诉讼的，人民法院可以合并审理。债务人对相对人享有的债权不足以清偿其对两个以上债权人负担的债务的，人民法院应当按照债权人享有的债权比例确定相对人的履行份额，但是法律另有规定的除外。

　　第三十八条　债权人向人民法院起诉债务人后，又向同一人民法院对债务人的相对人提起代位权诉讼，属于该人民法院管辖的，可以合并审理。不属于该人民法院管辖的，应当告知其向有管辖权的人民法院另行起诉；在起诉债务人的诉讼终结前，代位权诉讼应当中止。

　　第三十九条　在代位权诉讼中，债务人对超过债权人代位请求数额的债权部分起诉相对人，属于同一人民法院管辖的，可以合并审理。不属于同一人民法院管辖的，应当告知其向有管辖权的人民法院另行起诉；在代位权诉讼终结前，债务人对相对人的诉讼应当中止。

　　第四十条　代位权诉讼中，人民法院经审理认为债权人的主张不符合代位权行使条件的，应当驳回诉讼请求，但是不影响债权人根据新的事实再次起诉。

　　债务人的相对人仅以债权人提起代位权诉讼时债权人与债务人之间的债权债务关系未经生效法律文书确认为由，主张债权人提起的诉讼不符合代位权行使条件的，人民法院不予支持。

　　第四十一条　债权人提起代位权诉讼后，债务人无正当理由减免相对人的债务或者延长相对人的履行期限，相对人以此向债权人抗辩的，人民法院不予支持。

裁判规则一

　　在债权人代位之诉中，债权人一般只需证明债务人对相对人有权利即可，相对人抗辩反驳的，应当提供相应证据。

　　——黑龙江省高级人民法院（2020）黑民终512号民事判决书

　　▶**案情概要**

　　孙某、周某以孙某名义分别向刘某借款，刘某为债权人，分5次交付了 1200 万元。另福祥某文旅公司与诚捷某公司签订了《建设工程施工合同》，其中诚捷某公司出具授权委托书，委托周某为代理人，授权周某处理有关事宜，其法律后果由诚捷某公司承担，福祥某文旅公司肖某以董事长的名义，认可周某是施工方。福祥某文旅公司尚欠周某工程款未付，周某为债权人。刘某主张代位周某行使权利，将福祥某文旅公司诉至法院，请求判令福祥某文旅公司将欠周某工程款中的 1200 万元及逾期利息给付刘某。福祥某文旅公司辩称周某不是实际施工人，签订合同的法律后果应由诚捷某公司承担。周某与福祥某文旅公司无关系，刘某与福祥某文旅公司亦无关系，福祥某文旅公司作为债权人代位权诉讼被告主体不适格。一审法院判决福祥某文旅公司于判决生效之日起十日内给付刘某欠款 1200 万元及逾期利息。福祥某文旅公司不服一审判决提出上诉。

二审法院认为，案涉纠纷为债权人代位权之诉，根据《民法典》第 535 条的规定，债权人代位权成立主要应具备如下要件：（1）债权人对债务人存在合法有效的到期债权；（2）债务人对次债务人存在合法有效的到期债权；（3）债务人的怠于行使权利影响债权人债权的实现；（4）代位标的为非专属于债务人自身的权利。本案中，黑龙江省佳木斯市中级人民法院（2018）黑 08 民初 131 号生效民事判决已确认刘某对周某、孙某享有 1200 万元本金及利息的债权，该债权已到期且合法、有效。结合多项证据，一审判决认定周某是案涉工程的实际施工人，享有向福祥某文旅公司主张案涉工程款的权利正确。债权人代位权之诉中，如苛求债权人必须逐一提供债务人对相对人的债权是否到期、履行情况等证据，债权人力所不逮，故债权人一般只需证明债务人对相对人有权利即可，相对人抗辩反驳的，应当提供相应证据。根据《建设工程施工合同》的约定，福祥某文旅公司应按月工程进度在监理人收到进度付款申请单后的 28 天内，将进度应付款支付给周某。现案涉工程已经投入使用，但周某未提供证据证明已经收到全部工程进度款，亦未提供证据证明其主张给付工程进度款或对工程款进行结算。福祥某文旅公司在一审法院向其释明后拒不提供支付工程款的证据，二审中仍未提供，故可以认定周某对福祥某文旅公司享有到期债权且怠于行使权利，侵害了刘某的权益。案涉工程款性质为债权，且非专属于周某自身的权利，综上刘某有权代位周某向福祥某文旅公司主张其债权数额的工程款。

裁判规则二

行使代位权的前提是两个债权均成立，而"债权成立"不仅指债权的内容不违反法律、法规的规定，而且要求债权的数额亦应当确定，这种确定既可以表现为债务人、次债务人对债权的认可，也可经人民法院判决或仲裁机构的裁决加以确认。

——云南省高级人民法院（2021）云民终 1649 号民事判决书

▶ 案情概要

西藏嘉某公司（债权人）与云南祥某矿业公司（债务人）签订两份《工矿产品供销合同》，就买卖铁精粉作出约定。云南祥某矿业公司总计实际支付金额 1350 万元（含上述第一份合同金额 1049162.58 元），尚有货款未付清。后西藏嘉某公司与云南祥某矿业公司签订《工矿产品供销合同》就买卖钒钛铁精矿作出约定，该份合同双方未实际履行。云南某供销公司（债务人）与云南祥某矿业公司（债权人）签订《工矿产品购销合同》，就买卖铁精粉等矿产品作出约定，后双方签订《补充协议》，对结算方式作了部分修改。合同签订后，云南某供销公司尚有 750083.26 元未付。西藏嘉某公司主张其有权代位行使云南祥某矿业公司对云南某供销公司的权利，故将云南某供销公司诉至法院，请求判令云南某供销公司代位向其支付云南祥某矿业公司欠付西藏嘉某公司的货款 17587771.91 元及资金占用损失。云南某供销公司辩称西藏嘉某公司不符合成立代位权的条件。一审法院判决驳回西藏嘉某公司的诉讼请求。西藏嘉某公司不服一审判决提出上诉。

二审法院认为，西藏嘉某公司向云南某供销公司行使代位权的前提是其对云南祥某矿业公司、云南祥某矿业公司对云南某供销公司的两个债权均成立，而"债权成立"不仅指债权的内容不违反法律、法规的规定，而且要求债权的数额亦应当确定，这种确定既可以表现为债务人、次债务人对债权的认可，也可经人民法院判决或仲裁机构裁决加以确认。本案中各方当事人对西藏嘉某公司与云南祥某矿业公司之间的购销合同是否实际履行存在争议，即西藏嘉某公司对云南祥某矿业公司的债权数额并不确定，西藏嘉某公司所举证据亦不能证明上述事实。另外，根据《民法典》第 535 条第 2 款的规定："代位权的行使范围以债权人的到期债权为限。债权人行使代位权的必要费用，由债务人负担。"西藏嘉某公司向云南某供销公司行使的代位权范围以其对云南祥某矿业公司到期的债权为限，现西藏嘉某公司所举证据不足以证明其对云南祥某矿业公司享有的债权数额，并且云南祥某矿业公司不认可其主张数额，故西藏嘉某公司主张要求对云南某供销公司行使代位权的上诉请求不成立，一审法院认定西藏嘉某公司对云南某供销公司的代位权不成立正确，本院依法予以维持。

裁判规则三

债权人可以向人民法院请求以自己的名义代位行使债务人对相对人的权利，但是该权利专属于债务人自身的除外。在法律允许的范围内可以对债务人专属债权进行限缩。

——河南省襄城县人民法院（2021）豫 1025 民初 3850 号民事判决书

▶案情概要

2020 年 6 月 24 日，长某建设工程公司为其承建的某项目向许某财产保险公司投保《建筑施工人员意外伤害保险》。2021 年 9 月 25 日，长某建设工程公司出具证明自认刘某系工伤死亡。2021 年 9 月 15 日，长某建设工程公司（甲方）与刘某 1、刘某 2、刘某 3、胡某（刘某的家庭成员）（乙方）签订赔偿协议，约定："三、刘某死亡所应得的保险金，乙方自愿转让给甲方，所得款项归甲方所有。由甲方负责向保险公司索赔，所需费用由甲方承担，乙方有协助甲方的义务。"长某建设公司认为基于赔偿协议，其有权向保险公司索赔，故将许某财产保险公司诉至本院，请求判令许某财产保险公司支付长某建设工程公司保险金 69

万元。

法院认为，债权人代位权的法律规定不适用于本案。债权人代位权制度的设立目的在于鼓励债权人代替债务人向次债务人积极行使权利，为此，在法律允许的情况下可以对债务人专属债权进行限缩。本案中，刘某死亡后的保险金赔偿请求权系基于特定的身份关系由其法定继承人取得，该请求权具有一定的人身属性，且在建筑施工人员团体意外伤害保险单中并未约定受益人，故身故保险金的请求权应由死者的法定继承人享有。《民法典》第535条第1款、第2款规定："因债务人怠于行使其债权或者与该债权有关的从权利，影响债权人的到期债权实现的，债权人可以向人民法院请求以自己的名义代位行使债务人对相对人的权利，但是该权利专属于债务人自身的除外。代位权的行使范围以债权人的到期债权为限。债权人行使代位权的必要费用，由债务人负担。"上述规定均适用于债权人行使代位权的情形。本案被保险人刘某死亡后，长某建设工程公司作为雇主自愿支付赔偿款，而死者刘某的家属并非长某建设工程公司的债务人。相反，长某建设工程公司作为雇主理应依法或依约赔偿，并积极配合和帮助有经济困难、诉讼知识相对不足的雇员家属进行保险索赔，而非取代其法律地位并获得索赔利益。本院驳回原告长某建设工程公司的诉讼请求。

裁判规则四

代位权的行使必须通过诉讼的方式进行。

——北京市第一中级人民法院（2021）京01民初566号民事判决书

▶案情概要

2020年12月17日，北京市第一中级人民法院作出（2020）京01破申715号民事裁定书，受理定远县杨某汽车代驾服务部对简某国际公司的破产清算申请。简某国际公司破产程序中，苗某以债权人身份于2021年2月3日向管理人申报71438808元债权。之后，阿尼某公司以债权人身份于2021年2月18日向管理人申报71438808元债权。在简某国际公司破产清算案第一次债权人会议上，管理人所做债权审核报告及编制的债权表中对阿尼某公司及苗某申报的债权均不予确认。阿尼某公司主张其与苗某之间存在合法有效的借贷关系，有权代位行使苗某的权利，故将简某国际公司诉至法院，请求判令确认原告对被告享有71438808元债权。简某国际公司辩称阿尼某公司无法证明其与第三人苗某存在真实、合法、有效的债权，其代位权不成立。

北京市第一中级人民法院认为，原告所提供证据与苗某的陈述及举证无法证明苗某对简某国际公司存在合法有效的债权。至于简某国际公司实际收到案外个人/公司支付的款项及简某国际公司的审计报告中载明案外个人/公司为简某国际公司的债权人，上述证据均无法表明所载债权权利归属于苗某。故关于苗某与简某国际公司之间的债权，证据不足，本院不予确认。基于原告未能举证证明苗某对简某国际公司存在合法有效的到期债权，故其基于代位权提起的债权确认主张，本院不予支持。根据《民法典》第535条、第537条的规定，代位权的行使必须通过诉讼的方式进行。本案原告向管理人申报破产债权时，其所主张的对苗某的债权已到期，但其尚未提起代位权诉讼。此种情况下，因苗某在破产程序中申报债权的行为，致使《民法典》第535条、第536条规定的"怠于行使其债权""未及时申报破产债权"之情形消灭，即已不符合代位权构成要件，原告亦不能再代位申报破产债权。而苗某申报的其对简某国际公司的债权经过破产程序中关于债权的确认程序，管理人编制的债权表中对苗某申报的债权不予确认，经债权人会议核查后，管理人亦根据苗某所留送达地址邮寄复核结果，但苗某未在相应诉讼期间内提起诉讼，由此亦产生了程序上的法律后果。

裁判规则五

债权人行使代位权范围不得超过债务人对相对人享有的到期债权金额。债权已被履行部分不得再次主张。

——辽宁省抚顺市中级人民法院（2022）辽04民终1856号民事判决书

▶**案情概要**

抚顺某钢股份有限公司与瓦房店某钢厂签订多份《工业品买卖合同》，就买卖事宜作出约定。2018年10月16日，瓦房店市人民法院作出（2017）辽0281民初4284号民事判决书，判令瓦房店某钢厂给付鞍山市龙某冷轧带钢有限公司600633.45元并同时承担相关费用。该案件申请强制执行后，瓦房店市人民法院曾向抚顺某钢股份有限公司下达协助执行通知书，其于2019年5月10日、6月20日提出执行异议，要求撤销执行通知书。原告鞍山市龙某冷轧带钢有限公司于2020年9月8日以不当得利纠纷起诉被告抚顺某钢股份有限公司，本院作出（2020）辽0404民初2359号民事判决，宣判后，原告对该判决不服向抚顺市中级人民法院提起上诉，抚顺市中级人民法院于2021年4月28日作出（2021）辽04民终129号民事判决。原告鞍山市龙某冷轧带钢有限公司于2021年7月15日以债权人代位权纠纷起诉被告抚顺某钢股份有限公司、第三人瓦房店某钢厂，于2021年11月29日作出（2021）辽0404民初2852号民事判决。抚顺某钢股份有限公司因（2021）辽0404民初2852号民事判决共计被执行款项102010.25元；因（2021）辽04民终129号民事判决共计被执行款项：60013.68元，两者合计162023.93元。

鞍山市龙某冷轧带钢有限公司将抚顺某钢公司诉至法院，请求判令抚顺某钢公司确认欠款70000元无异议并予以偿付原告货款；抚顺某钢公司承担全部费用。

辽宁省抚顺市中级人民法院认为，本案为债权人代位权诉讼，依据《民法典》第535条第2款规定："代位权的行使范围以债权人的到期债权为限。债权人行使代位权的必要费用，由债务人负担。"本案中原审第三人对被上诉人享有的到期债权数额，上诉人同被上诉人均认可为162850.85元。故上诉人能够从被上诉人处实现主债权的范围应不超过162850.85元。上诉人针对其所享有的主债权曾向被上诉人提起过代位权诉讼和不当得利诉讼。其中具有执行内容的生效判决有两份，依据上述两份生效判决被上诉人已经支付给上诉人的款项总额为162023.93元。两者的差额为826.92元。故上诉人仅在该数额范围内对被上诉人享有权利。

裁判规则六

代位权行使主体必须是债权人本人，债权人并非以债务人名义和代理人身份去行使债务人权利，而是以自己名义向相对人行使债务人权利，债权人应以自己名义向人民法院请求相对人将其对债务人的义务向债权人履行。

——福建省三明市中级人民法院（2023）闽04民终114号民事判决书

▶ 案情概要

三明市中级人民法院就何某与林某合同纠纷一案作出的现已生效的（2015）三民初字第315号民事判决书判定林某应于本判决生效后10日内返还何某出资款合计7938800元。后何某分别收到三明市中级人民法院转入的执行款合计7248740.79元，林某至今尚欠何某出资款本金690059.21元。

另永安市人民法院作出的现已生效的（2016）闽0481民初2980号民事判决书判定：在三明市中级人民法院（2015）三民初字第315号民事判决书中认定林某对何某所负债务未履行部分范围内，撤销林某向陈某转让某养殖场的行为。永安市人民法院作出的现已生效的（2019）闽0481民初2607号生效民事判决书判定：1. 在永安市人民法院（2016）闽0481民初2980号民事判决书中认定撤销陈某与林某转让永安市某养殖场的行为范围内，撤销永安市某建设指挥部与永安市某养殖场、陈某签订的《永安市某养殖场整体征迁补偿协议》；2. 陈某应于本判决生效后7日内返还永安市某建设指挥部征迁补偿款。三明市中级人民法院向永安市某建设指挥部发出《协助执行通知书》，要求永安市某建设指挥部协助冻结第三人陈某名下或其个人独资企业被告永安市某养殖场名下的拆迁补偿款6638800元，永安市某建设指挥部已履行协助执行义务。

何某认为其有权行使债权人代位权，将永安市某建设指挥部、陈某诉至法院，请求判令陈某向林某返还某养殖场征迁补偿款2415066.89元。

福建省三明市中级人民法院认为，本案系债权人代位权纠纷。债权人代位权，是指当债务人怠于行使其对相对人享有的权利而影响债权人到期债权的实现时，债权人为保全和实现自身的债权，以自己名义向人民法院请求相对人将其对债务人的义务向债权人履行的权利。依据本院于 2016 年 10 月 20 日就何某与林某合同纠纷一案作出的现已生效的（2015）三民初字第 315 号民事判决书，何某系林某的债权人，而林某为何某的债务人。《民法典》第 535 条规定："因债务人怠于行使其债权或者与该债权有关的从权利，影响债权人的到期债权实现的，债权人可以向人民法院请求以自己的名义代位行使债务人对相对人的权利，但是该权利专属于债务人自身的除外。代位权的行使范围以债权人的到期债权为限。债权人行使代位权的必要费用，由债务人负担。相对人对债务人的抗辩，可以向债权人主张。"由此可见，代位权行使主体必须是债权人本人，债权人并非以债务人名义和代理人身份去行使债务人权利，而是以自己名义向相对人行使债务人权利，债权人应以自己名义向人民法院请求相对人将其对债务人的义务向债权人履行。本案中，何某一审的第一项诉讼请求"判令陈某向林某返还某养殖场征迁补偿款 2415066.89 元"系要求陈某（即"相对人"）向林某（即"债务人"）返还征迁补偿款并支付相应利息，而非要求陈某（即"相对人"）向何某（即"债权人"）履行。因此，何某一审的第一项诉讼请求，不符合《民法典》第 535 条的规定，没有法律依据，应不予支持。何某一审的第二项至第五项诉讼请求，以其第一项诉讼为基础，亦不应得到支持。因何某的第一项诉讼请求没有法律依据且本院不予支持，故本案对债务人（即林某）对相对人（即陈某或永安市某建设指挥部）是否存在合法有效的到期债权不作审查。

裁判规则七

债权人代位权诉讼是债的保全制度，债权人就案涉债权申请法院进行财产保全行为并不影响其提起债权人代位权诉讼。

——四川省内江市中级人民法院（2022）川 10 民终 1245 号民事判决书

▶ **案情概要**

银某房地产公司（甲方）与威某商务局（乙方）签订了《租赁协

议》，就租赁精装营业房作出约定。威某商务局向银某房地产公司支付了第一年的租金1782000元。后威某商务局与银某房地产公司签订了《补充协议》，补充协议签订后，银某房地产公司至今未向威某商务局主张权利。

另四川省内江市东兴区人民法院作出的（2018）川1011民初4314号民事判决书中已确定银某房地产公司对威某成杰商贸有限责任公司应偿还上海浦东发展银行股份有限公司内江分行的借款本金2500万元及合同约定利息、罚息、复利承担连带保证责任。浙某管理公司通过债权转让的方式取得该笔债权并向法院申请强制执行，法院作出裁定：终结本次执行程序。后威某商务局收到四川省内江市东兴区人民法院向其发出的（2020）川1011执1053号协助执行通知书。

浙某管理公司主张其有权代位行使银某房地产公司的权利，故将威某商务局诉至法院，请求判令威某商务局向浙某管理公司支付租金3799086元。一审法院判决驳回浙某管理公司的诉讼请求。浙某管理公司不服提出上诉，请求判令威某商务局立即向浙某管理公司支付租金1940452元。

二审法院认为，债权人代位权诉讼是债的保全制度，该制度是为防止因债务人的不当行为致其财产不当减少或者应当增加而未增加，由此影响债权人的债权实现，允许债权人行使代位权，以保障债权人债权的实现。根据本案查明的事实，银某房地产公司构成怠于行使其债权。浙某管理公司作为债权人，其有权代位要求次债务人威某商务局将尚欠租金直接支付给浙某管理公司。浙某管理公司虽就其案涉债权向人民法院申请对案涉尚欠租金进行了财产保全行为，但该行为仅是执行程序中的执行行为，并不影响浙某管理公司通过诉讼确认该笔款项的支付，一审法院认为浙某管理公司就执行保全行为和本案诉讼构成了重复诉讼，属于适用法律错误，本院应予纠正。因威某商务局与银某房地产公司已终止租赁合同，且威某商务局实际尚欠租金为1940452元，浙某管理公司仅能主张威某商务局支付1940452元，浙某管理公司上诉请求威某商务局支付1940452元，本院予以支持。

裁判规则八

在债权人代位权法律关系中，债权人代位权的客体是指债务人怠于向次债务人主张其到期债权，债务人怠于主张其他权利如物上请求权，债权人向次债务人行使代位权的，人民法院不予支持；债务人对次债务人的到期债权还应当确定具有金钱给付内容，具有其他财产给付内容，债权人向次债务人主张代位权的，人民法院不予支持。

——云南省丽江市中级人民法院（2022）云 07 民终 691 号民事判决书

▶案情概要

被告王某、刘某系夫妻关系，第三人吴某与案外人马某系夫妻关系。2015 年 8 月 14 日原告肖某、任某与第三人吴某就买卖房产发生合同纠纷并诉至一审法院，经法庭审理确认了双方之间的案涉房屋转让协议合法有效，并判决吴某于判决生效之日起 30 日内向肖某、任某支付购房款 4630000 元。判决生效后原告于 2018 年 2 月 24 日申请了强制执行。2016 年 11 月 28 日，原告肖某、任某以吴某、马某为被告，以王某、刘某为第三人向一审法院提起诉讼，请求撤销吴某、马某与王某、刘某之间于 2015 年 11 月 17 日就案涉房屋签订的交易价为 50 万元的《房产转让合同》，后一审法院作出判决撤销了吴某、马某与王某、刘某之间于 2015 年 11 月 17 日签订的《房产转让合同》，二审法院维持原判。原告认为被告与第三人之间的案涉房屋买卖合同已经被生效的判决书撤销，该房产依法应当归还第三人，但因第三人怠于追索该房产，目前房产仍登记在二被告名下，故原告作为第三人的债权人行使代位权向一审法院提起诉讼。

云南省丽江市中级人民法院认为，本案属于债权人代位权纠纷。债权人的代位权行使范围为"债权"，即"债务人具有金钱给付内容的到期债权"，在债权人代位权法律关系中，债权人代位权的客体是指债务人怠于向次债务人主张其到期债权，债务人怠于主张其他权利如物上请求权，债权人向次债务人行使代位权的，人民法院不予支持；债务人对次债务人的到期债权还应当确定具有金钱给付内容，具有其他财产给付内容，债权人向次债务人主张代位权的，人民法院不予支持。本案中，第三人吴某对王某、刘某并不享有"到期债权"，且肖某、任某主张王某、刘某将案涉房屋返还给第三人吴某已属物权范畴，其客体并不符合债权人代位权具有金钱给付内容的法定构成要件，肖某、任某作为第三人吴某的债权人，也就不具备代位行使的内容，故肖某、任某向王某、刘某主张行使代位权不能成立，其要求案涉房屋返还给第三人吴某并享有该房屋拍卖、变卖所得价款优先受偿权无法律依据。

第五百三十六条　【保全行为】债权人的债权到期前，债务人的债权或者与该债权有关的从权利存在诉讼时效期间即将届满或者未及时申报破产债权等情形，影响债权人的债权实现的，债权人可以代位向债务人的相对人请求其向债务人履行、向破产管理人申报或者作出其他必要的行为。

条文沿革

本条为新增条文。

裁判规则一

债务人未及时申报破产债权影响债权人债权实现的，债权人可以代位向破产管理人申报或者作出其他必要的行为。

——广西壮族自治区贺州市中级人民法院（2020）桂11民初113号民事判决书

▶案情概要

农行南宁古某支行与京银汇某公司签订《最高额保证合同》。后与广西地某公司分别签订4份《流动资金借款合同》。合同签订后，农行南宁古某支行依约向广西地某公司发放了贷款。借款期限届满，经农行南宁古某支行催款后，广西地某公司仍未偿还逾期借款，京银汇某公司也未履行保证担保义务。农行南宁古某支行遂起诉至法院要求广西地某公司还款及京银汇某公司等履行保证担保义务。2015 年 10 月 23 日，南宁市中级人民法院作出（2015）南市民四初字第 79 号判决书，判决广西地某公司偿还农行南宁古某支行借款本金 6000 万元及其利息、律师代理费 10 万元，京银汇某公司承担连带清偿责任。该判决于 2015 年 10 月 27 日生效后，农行南宁古某支行申请强制执行。

2013 年 8 月 22 日，京银汇某公司与锐某公司签订一份《委托担保合同》。针对上述担保，金某公司与京银汇某公司于 2013 年 8 月 22 日签订《抵押（反担保）合同》。因锐某公司未向原告还款，京银汇某公司作为保证人在原告的要求下，分别代偿了 20088000 元、12672005.1 元。2014 年 11 月 24 日，锐某公司向京银汇某公司偿还 150 万元。京银汇某公司垫付款项后，向南宁市中级人民法院提起诉讼，要求锐某公司支付代偿款等并要求担保人履行担保责任。

北京市朝阳区市场监督管理局于 2019 年 6 月 17 日核准京银汇某公司的工商注销登记。同日，京银汇某公司的唯一股东京银和某（北京）投资有限公司（以下简称京银和某公司）也被北京市朝阳区市场监督管理局核实注销。农行南宁古某支行知悉京银汇某公司已经被北京市朝阳区市场监督管理局注销登记后，于 2020 年 2 月向北京市朝阳区人民法院提起行政诉讼，要求撤销对京银汇某公司的注销登记行为，恢复京银汇某公司的法人资格。在贺州市中级人民法院发出（2020）金某破管字第 1 号公告后，农行南宁古某支行在规定的期限内向金某公司的破产管理人申报 55013171.80 元的财产担保债权并递交相应的纸质材料。农行南宁古某支行依法参加 2020 年 7 月 24 日举行的债权人第一次会议，该会议公示的《贺州金某置业有限公司债权表》没有将农行南宁古某支行申报的前述债权列为金某公司的财产担保债权。农行南宁古某支行在规定的期限内向破产管理人递交《债权审核异议书》，金某公司破产管理人于 2020 年 9 月 1 日作出《债权异议复核结果通知书》，复核认为农行南宁古某支行对金某公司的债权不成立，并于 2020 年 9 月 3 日将该通知书送达给原告。

农行南宁古某支行认为其有权代位向金某公司的管理人申报财产担保债权,故将金某公司诉至法院,请求确认原告农行南宁古某支行对被告金某公司享有5000万元的财产担保债权。

贺州市中级人民法院法院认为,本案为破产债权确认纠纷。关于应否确认原告农行南宁古某支行对被告金某公司享有5000万元的财产担保债权的问题。原告农行南宁古某支行对债务人京银汇某公司的债权经广西壮族自治区南宁市中级人民法院于2015年10月23日作出(2015)南市民四初字第79号民事判决书确认,广西地某公司归还原告农行南宁古某支行借款本金6000万元及利息、律师代理费10万元,京银汇某公司承担连带清偿责任。债务人京银汇某公司对被告金某公司的债权经广西壮族自治区南宁市中级人民法院于2017年11月14日作出(2015)南市民二初字第48号民事判决书确认,锐某公司向京银汇某公司支付代偿款本金31260005.1元及资金占用利息、违约金、律师费,京银汇某公司有权对金某公司所有的位于贺州市X面(E、G地块)的国有土地使用权进行拍卖、变卖或者折价处理后所得价款在5000万元的范围内优先受偿。上述两案均依法进入执行程序。而京银汇某公司及其唯一股东京银和某公司已在案件执行过程中注销,亦未在金某公司破产程序中申报债权,京银汇某公司怠于行使其债权必然会影响原告农行南宁古某支行债权的实现,且该债权不是专属于债务人京银汇某公司自身的债权。同时,双方当事人对本案涉及的债权债务金额均无异议。本案中,原告农行南宁古某支行向金某公司申报债权符合代位权行使的条件,应予支持。

裁判规则二

债权人在破产程序中亦可依法行使代位权。但是,一旦债务人破产,债务人对次债务人的债权将成为债务人的破产财产,并应通过破产程序由全部债权人公平分配。

——湖北省黄冈市中级人民法院(2021)鄂11民初287号民事判决书

▶**案情概要**

青岛丽某商贸有限公司系太某奶产品经销商,其向湖南太某奶集团生物科技有限责任公司预付货款后，湖南太某奶集团生物科技有限责任公司未能依约定供货。根据债权人申请，湖南省株洲市中级人民法院于2010年11月17日裁定湖南太某奶集团生物科技有限责任公司、株洲太某奶生物科技发展有限公司、湖南太某奶集团供销有限公司合并重整。2011年11月8日，湖南省株洲市中级人民法院裁定批准湖南太某奶公司重整计划并终止重整程序。湖南太某奶公司重整期间，青岛丽某商贸有限公司向湖南太某奶公司管理人申报了债权，经湖南太某奶公司管理人审核确认其债权额为630454.19元，并按重整计划确定的比例予以部分清偿。青岛丽某商贸有限公司认为湖南太某奶公司享有湖北太某奶公司债权，并且两公司财务混同、人员混同，湖北太某奶公司应当与湖南太某奶公司共同承担清偿责任，湖南太某奶公司向湖北太某奶公司破产管理人申报的债权应予确认，遂将湖北太某奶公司诉至法院。

法院认为，债权人在破产程序中可依法行使代位权。但是，一旦债务人破产，债务人对次债务人的债权将成为债务人的破产财产，并应通过破产程序由全部债权人公平分配，如果允许部分债权人通过行使代位权得到个别清偿，将直接影响到其他债权人的利益，违反了破产程序债权人公平受偿的原则。湖南太某奶公司重整期间已确认原告债权并部分清偿，同时，湖南太某奶公司管理人向湖北太某奶公司管理人申报债权中包含原告主张代位权的债权，故原告主张代位权要求湖北太某奶公司确认其享有普通破产债权的诉讼请求缺乏事实和法律依据，本院不予支持。

第五百三十七条　【代位权行使后的法律效果】人民法院认定代位权成立的，由债务人的相对人向债权人履行义务，债权人接受履行后，债权人与债务人、债务人与相对人之间相应的权利义务终止。债务人对相对人的债权或者与该债权有关的从权利被采取保全、执行措施，或者债务人破产的，依照相关法律的规定处理。

条文沿革

本条为新增条文。

裁判规则

该条款体现出兼顾代位权人保护与债权平等的法理，不仅要兼顾代位权人和其他债权人等各类权利主体的利益，其中亦需要考虑代位权人通过代位权诉讼实现对债务人债权的保全效果付出的贡献。

——北京市第一中级人民法院（2022）京01民终7217号民事判决书

▶**案情概要**

利某公司与豆某公司、天仕某公司产生债权人代位权纠纷。利某公司诉求判令豆某公司代天仕某公司向利某公司支付1016.87万元。豆某公司辩称债权未到期。天仕某公司辩称其面临着其他供应商的诉讼问题，这笔钱不应只给利某公司一家。

法院认为，关于代位权行使效果，《民法典》第537条规定："人民法院认定代位权成立的，由债务人的相对人向债权人履行义务，债权人接受履行后，债权人与债务人、债务人与相对人之间相应的权利义务终止。债务人对相对人的债权或者与该债权有关的从权利被采取保全、执行措施，或者债务人破产的，依照相关法律的规定处理。"根据以上论述，利某公司提起的本案代位权诉讼符合法律规定的条件，可以认定代位权成立。对于利某公司诉请的10168700元款项，根据现行法律规定在判决主文中虽表述为豆某公司直接向利某公司支付，但根据《民法典》第537条规定体现出的兼顾代位权人保护与债权平等的法理，在天仕某公司的财产不足以清偿全部债务的情况下，执行程序中应当根据该法律规定蕴含的法理，将该款项作为天仕某公司的责任财产，按照参与分配制度的相关规定处理，以兼顾代位权人、天仕某公司的其他债权人等各类权利主体的利益，其中亦需要考虑代位权人通过代位权诉讼实现对债务人债权的保全效果而付出的努力。

第五百三十八条 【撤销债务人无偿行为】 债务人以放弃其债权、放弃债权担保、无偿转让财产等方式无偿处分财产权益，或者恶意延长其到期债权的履行期限，影响债权人的债权实现的，债权人可以请求人民法院撤销债务人的行为。

条文沿革

本条来自《合同法》第74条："因债务人放弃其到期债权或者无偿转让财产，对债权人造成损害的，债权人可以请求人民法院撤销债务人的行为。债务人以明显不合理的低价转让财产，对债权人造成损害，并且受让人知道该情形的，债权人也可以请求人民法院撤销债务人的行为。

撤销权的行使范围以债权人的债权为限。债权人行使撤销权的必要费用，由债务人负担。"

裁判规则

债权人撤销的应当是债务人对自身债权的处分行为，若并非债务人的债权，则债权人不能行使代位撤销权。

——安徽省马鞍山市中级人民法院（2023）皖05民终1027号民事判决书

▶案情概要

陈某是陈某1的父亲，与陶某1、陶某2之间有长期的民间借贷关系，陶某1是陶某2的哥哥。陶某1通过陶某2介绍认识陈某并向其借款。后陈某通知陶某1、陶某2将债权转让给陈某1。陈某向张某借款，用于对外放贷。2020年1月8日，张某出具《债权转让通知书》，告知陈某，将自己对其债权部分中的借款本金1000万元及利息依法转让给张某1，要求其接到通知后向张某1履行全部义务。张某1诉求撤销陈某的债权转让行为。陈某、陈某1辩称，案涉款项是属于陈某1所有，并非债权转让。

　　安徽省马鞍市中级人民法院认为，当事人对自己提出的主张，有责任提供证据加以证明。《民法典》第538条规定："债务人以放弃其债权、放弃债权担保、无偿转让财产等方式无偿处分财产权益，或者恶意延长其到期债权的履行期限，影响债权人的债权实现的，债权人可以请求人民法院撤销债务人的行为。"张某1提起本案债权人撤销权诉讼的事实基础是张某1主张陈某在2020年3月将其对案外人陶某1、陶某2的债权无偿转让给了陈某1，故而依据上述法律规定，诉请撤销该无偿转让行为。陈某、陈某1则抗辩主张陈某1是陶某1、陶某2的实际债权人，陈某仅是名义债务人，出借的款项的所有权人为陈某1。故本案争议的核心在于陶某1、陶某2所借款项的所有权为陈某还是陈某1。就该争议，张某1主张虽然款项是从陈某1的银行卡转给陶某1、陶某2的，但该银行卡的实际持有、使用人是陈某，且综观陈某1与陈某之间的款项往来情况，陈某向陈某1转款的金额远远大于陈某1转款给陈某的金额，陈某1出借给陶某1、陶某2的案涉款项实际也是陶某1、陶某2此前归还陈某的欠款，此前还款是按照陈某的要求打给陈某1的。陈某、陈某1则主张陈某1是案涉款项的所有权人，通过银行交易流水、陶某1、陶某2所出具的证明，一审法院对陶某1、陶某2所做的询问笔录等证据均能够证明该事实。经审查认为，张某1的主张不能成立。首先，案涉借款是从陈某1的银行卡中汇出给陶某1、陶某2的，货币属于种类物，具有"占有即所有"的特点，在张某1未提供充分证据证明案涉款项并非陈某1所有的情况下，应当推定案涉款项归陈某1所有；其次，从双方提交的陈某1持有的案涉银行卡交易信息及陈某所持银行卡的交易信息来看，陈某1的银行卡交易对象仅限于陈某及陶某1、陶某2（还有一笔与案外人的转款），而陈某的银行卡存在与多人的转款往来，陈某长期从事民间借贷活动，陈某的银行卡符合与多人多次存在转款往来的交易特征，而案涉陈某1名下的银行卡仅有极少数交易对象，不符合长期从事民间借贷活动特征，故张某1主张案涉陈某1的银行卡实际由陈某持有并使用，不能成立；最后，张某1上诉所提出的案涉从陈某1银行卡汇至陶某1、陶某2的款项，实际是陶某1、陶某2因偿还此前对陈某的欠款，进而主张该款项实际所有权人为陈某，但一审中陈某1已经提交了此前出借给陶某1、陶某2款项实际是陈某1通过银行柜面取款的凭证，故张某1的该项上诉主张也不能成立。

第五百三十九条　【撤销债务人有偿行为】 债务人以明显不合理的低价转让财产、以明显不合理的高价受让他人财产或者为他人的债务提供担保，影响债权人的债权实现，债务人的相对人知道或者应当知道该情形的，债权人可以请求人民法院撤销债务人的行为。

条文沿革

本条来自《合同法》第74条："因债务人放弃其到期债权或者无偿转让财产，对债权人造成损害的，债权人可以请求人民法院撤销债务人的行为。债务人以明显不合理的低价转让财产，对债权人造成损害，并且受让人知道该情形的，债权人也可以请求人民法院撤销债务人的行为。

撤销权的行使范围以债权人的债权为限。债权人行使撤销权的必要费用，由债务人负担。"

《最高人民法院关于适用〈中华人民共和国合同法〉若干问题的解释（二）》第19条："对于合同法第七十四条规定的'明显不合理的低价'，人民法院应当以交易当地一般经营者的判断，并参考交易当时交易地的物价部门指导价或者市场交易价，结合其他相关因素综合考虑予以确认。

转让价格达不到交易时交易地的指导价或者市场交易价百分之七十的，一般可以视为明显不合理的低价；对转让价格高于当地指导价或者市场交易价百分之三十的，一般可以视为明显不合理的高价。

债务人以明显不合理的高价收购他人财产，人民法院可以根据债权人的申请，参照合同法第七十四条的规定予以撤销。"

关联司法解释

《最高人民法院关于适用〈中华人民共和国民法典〉合同编通则若干问题的解释》

第四十二条　对于民法典第五百三十九条规定的"明显不合理"的低价或者高价，人民法院应当按照交易当地一般经营者的判断，并参考交易时交易地的市场交易价或者物价部门指导价予以认定。

转让价格未达到交易时交易地的市场交易价或者指导价百分之七十的，一般可以认定为"明显不合理的低价"；受让价格高于交易时交易地的市场交易价或者指导价百分之三十的，一般可以认定为"明显不合理的高价"。

债务人与相对人存在亲属关系、关联关系的，不受前款规定的百分之七十、百分之三十的限制。

第四十三条　债务人以明显不合理的价格，实施互易财产、以物抵债、出租或者承租财产、知识产权许可使用等行为，影响债权人的债权实现，债务人的相对人知道或者应当知道该情形，债权人请求撤销债务人的行为的，人民法院应当依据民法典第五百三十九条的规定予以支持。

第四十四条　债权人依据民法典第五百三十八条、第五百三十九条的规定提起撤销权诉讼的，应当以债务人和债务人的相对人为共同被告，由债务人或者相对人的住所地人民法院管辖，但是依法应当适用专属管辖规定的除外。

两个以上债权人就债务人的同一行为提起撤销权诉讼的，人民法院可以合并审理。

裁判规则一

债权人撤销权属于债权保全制度。应当认为债务人的行为导致其责任财产不当减少，妨害债权人实现其债权的，即可以成为撤销权行使的对象。

——北京市第三中级人民法院（2021）京 03 民初 2038 号民事判决书

▶ **案情概要**

中圣嘉某公司向李某借款，到期未还，李某将中圣嘉某公司诉至法院，进入执行程序，法院裁定冻结中圣嘉某公司在北京鸿宇铭某建筑装饰工程有限公司的应收房屋租金，以 2000 万元为限。中圣嘉某公司（甲方）与中智某得公司（乙方）签订《租赁合同》，就租赁房屋作出约定。李某认为其有权行使债权人撤销权，将中圣嘉某公司诉至法院，请求判令撤销中圣嘉某公司与中智某得公司签署的《租赁合同》。中圣嘉某公司辩称李某的起诉不符合债权人撤销之诉的情形。

法院认为，债权人撤销权是指当债务人无偿处分或以不合理的对价交易导致其财产权益减少或责任财产负担不当加重，对债权人的债权实现有影响时，债权人可以请求人民法院撤销债务人所实施行为的一项民事权利。本案中，李某主张撤销的虽为租赁合同，且中圣嘉某公司对租赁物仅享有租赁权与收益权，但从广义的角度来看，出租行为亦系当事人对自己财产权的处分。如债务人以不合理低价出租房屋，势必导致债务人本应获得的正常收益遭受贬损，变相使得债务人将自己本应享有的相当的财产权利让渡至相对人处，进而对债权人的债权产生不利影响。因此法院认为，涉案《租赁合同》属于债权人行使撤销权的对象。本案中，中圣嘉某公司将涉案 2 号楼出租给中智某得公司，租期 20 年，总租金 1.2 亿元。该租金价格远低于正常水平。根据本院调取及当事人提供的证据无法对中智某得公司向中圣嘉某公司支付涉案租赁费期间，中圣嘉某公司、家盛业某中心及泉州圣某公司均存在收款后立即转出的情形，且部分款项在较短时间内即流转回中智某得公司的现象予以合理解释。综上，法院认为，涉案《租赁合同》符合法律规定的应予撤销的情形，对于李某有关撤销该《租赁合同》的诉讼请求，本院予以支持。

裁判规则二

债务人以明显不合理的低价转让财产，影响债权人的债权实现，债务人的相对人知道或者应当知道该情形的，债权人可以请求人民法院撤销债务人的行为。

——河南省鹤壁市中级人民法院（2023）豫06民终7号民事判决书

▶案情概要

卢某向王某借款，后借款到期未偿还。王某将卢某诉至法院，卢某在王某起诉后一个月时，将登记在卢某名下的案涉房屋以100元的低价转让给韩某，并于当日办理了不动产过户手续。现王某主张撤销卢某与韩某之间买卖房屋的行为，将卢某与韩某诉至法院，请求判令撤销卢某与韩某之间签订的《房屋买卖合同》，韩某协助卢某将该房屋过户至卢某名下。卢某、韩某辩称双方的变更登记行为是一种所有权的变更登记，不是交易行为，不应予以撤销。

法院认为，根据《民法典》第539条之规定，卢某将案涉房屋以明显不合理的低价转让给韩某的行为，影响了王某债权的实现，王某有权请求撤销该行为。故卢某、韩某的上诉理由不能成立，本院不予支持。关于韩某上诉称案涉房屋系由其出资购买的意见，与本案不属于同一法律关系，可另行主张权利。

第五百四十条　【撤销权的行使范围】撤销权的行使范围以债权人的债权为限。债权人行使撤销权的必要费用，由债务人负担。

条文沿革

本条来自《合同法》第 74 条："因债务人放弃其到期债权或者无偿转让财产，对债权人造成损害的，债权人可以请求人民法院撤销债务人的行为。债务人以明显不合理的低价转让财产，对债权人造成损害，并且受让人知道该情形的，债权人也可以请求人民法院撤销债务人的行为。

撤销权的行使范围以债权人的债权为限。债权人行使撤销权的必要费用，由债务人负担。"

关联司法解释

《最高人民法院关于适用〈中华人民共和国民法典〉合同编通则若干问题的解释》

第四十五条 在债权人撤销权诉讼中，被撤销行为的标的可分，当事人主张在受影响的债权范围内撤销债务人的行为的，人民法院应予支持；被撤销行为的标的不可分，债权人主张将债务人的行为全部撤销的，人民法院应予支持。

债权人行使撤销权所支付的合理的律师代理费、差旅费等费用，可以认定为民法典第五百四十条规定的"必要费用"。

第四十六条 债权人在撤销权诉讼中同时请求债务人的相对人向债务人承担返还财产、折价补偿、履行到期债务等法律后果的，人民法院依法予以支持。

债权人请求受理撤销权诉讼的人民法院一并审理其与债务人之间的债权债务关系，属于该人民法院管辖的，可以合并审理。不属于该人民法院管辖的，应当告知其向有管辖权的人民法院另行起诉。

债权人依据其与债务人的诉讼、撤销权诉讼产生的生效法律文书申请强制执行的，人民法院可以就债务人对相对人享有的权利采取强制执行措施以实现债权人的债权。债权人在撤销权诉讼中，申请对相对人的财产采取保全措施的，人民法院依法予以准许。

裁判规则一

撤销权的行使范围以债权人的债权为限。

——山东省潍坊市中级人民法院（2022）鲁 07 民终 10602 号民事判决书

▶案情概要

未来某公司与泽某公司签订买卖合同，未来某公司欠付货款。泽某公司将未来某公司诉至法院，双方达成调解书，后未来某公司未按调解书约定的时间支付货款。未来某公司（甲方、出卖人）与凯通颐某公司（乙方、买受人）签订《山东省新建商品房买卖合同（预售）》两份，价格均以建筑面积按 1000 元/平方米计算。泽某公司得知上述情况后，向一审法院提起诉讼。诉讼中，第一次庭审后，未来某公司向泽某公司支付了 2000000 元。未来某公司与凯通颐某公司不服一审判决，提出上诉。

二审法院认为，根据《民法典》第 539 条规定："债务人以明显不合理的低价转让财产、以明显不合理的高价受让他人财产或者为他人的债务提供担保，影响债权人的债权实现，债务人的相对人知道或者应当知道该情形的，债权人可以请求人民法院撤销债务人的行为。"本案中，未来某公司在未偿付泽某公司债务的情况下，以 1000 元/平方米的价格将案涉两处房产出卖给凯通颐某公司，因该价格明显低于市场价值，故未来某公司出卖案涉房产的行为将影响未来某公司偿付债务的能力，亦即影响泽某公司债权的实现，属于前述法律规定债权人行使撤销权的情形，泽某公司有权依法请求撤销案涉房屋买卖合同。虽然未来某公司、凯通颐某公司上诉主张双方签订房产买卖合同的目的系为未来某公司的借款提供融资担保，但因买卖合同并非法定担保形式，且未来某公司的担保行为不能危害泽某公司债权的实现，故对该上诉主张，本院不予采信。另，根据法律规定，撤销权的行使范围以债权人的债权为限，本案中，泽某公司主张以案涉房产网签价格计算其债权范围，并无不当。

裁判规则二

行使撤销权支出的律师费、保全担保费均属于债权人行使撤销权的必要费用，应由债务人负担。

——山东省日照市中级人民法院（2023）鲁 11 民终 690 号民事判决书

▶ **案情概要**

宋某多次向孙某转款，后孙某与福某汽车销售公司于 2018 年向宋某出具借款条。出具借款条后，孙某、福某汽车销售公司未能按期偿还借款，宋某将其诉至法院，判决生效后二者未能履行还款义务。自孙某收到上述案件起诉状副本后，多次向其女孙某 1、孙某 2 转账。宋某得知上述情况后，就本案向一审法院提出诉讼保全申请，一审法院作出（2022）鲁 1102 民初 8411 号之一民事裁定书，裁定将孙某、孙某 1、孙某 2 银行账户实施网络查控并冻结 600000 元，宋某为此支出保全费 3520 元，保全担保费 1800 元。宋某将孙某、孙某 1、孙某 2 诉至法院，请求判令撤销在宋某债权范围内孙某自 2017 年 1 月 5 日起至起诉之日止向孙某 1、孙某 2 银行转账的货币资产转移行为；本案律师费、保全费、保全担保费、诉讼费由孙某、孙某 1、孙某 2 承担。一审法院驳回宋某要求孙某等人支付律师费的请求，孙某提出上诉。

二审法院认为，因债务人放弃其到期债权或者无偿转让财产，对债权人造成损害的，债权人可以请求人民法院撤销债务人的行为。而关于债务人是否存在无偿转让的诈害行为对债权人实现债权影响的判断时点，应符合行为时标准，即满足债务人实施积极减少其责任财产的行为时已陷入"无资力"的情形，才构成诈害行为。宋某主张行使债权人撤销权的范围应自其向一审法院提起本案债权人撤销权之诉之日向前推算五年，即以 2017 年 8 月 26 日作为其行使撤销权的时间节点并自该日计算孙某与孙某 1、孙某 2 之间的转账数额。根据一审查明的事实，孙某自 2015 年起即与孙某 1、孙某 2 之间存在转账行为，但根据孙某的银行账户交易流水明细，自 2017 年 8 月 26 日至宋某提起民间借贷纠纷诉讼期间，孙某通过其岚山农村商业银行账户陆续向宋某账户支付了 240 元至 20 万元不等的多笔款项，根据宋某提交的另案判决书可知孙某当时对其他人尚享有金钱债权，且经查询，与孙某相关案件均集中于 2019 年至 2023 年，现有证据不足以认定宋某提起民间借贷纠纷诉讼前孙某存在主观恶意且实施了有损于宋某债权实现的诈害行为，一审认定的债权人撤销权起始时间及款项数额并无不当。

宋某为行使撤销权支出的律师费、保全担保费均属于《民法典》第 540 条规定的债权人行使撤销权的必要费用，应由债务人负担，一审法院对于宋某律师费的诉讼请求未予支持不当。

第五百四十一条　【撤销权的行使期间】撤销权自债权人知道或者应当知道撤销事由之日起一年内行使。自债务人的行为发生之日起五年内没有行使撤销权的，该撤销权消灭。

条文沿革

本条来自《合同法》第 75 条："撤销权自债权人知道或者应当知道撤销事由之日起一年内行使。自债务人的行为发生之日起五年内没有行使撤销权的，该撤销权消灭。"

裁判规则一

企业破产法未对破产撤销权的行使期间作明确限定，参照民法债权人撤销权，破产撤销权以破产程序的存在为前提，人民法院裁定受理破产申请并指定管理人后，破产管理人开始履行职责。

——宁夏回族自治区高级人民法院（2021）宁民终 11 号民事判决书

▶案情概要

上某集团与华某西部开发有限公司、中某银行银某分行签订三份《委托贷款合同》，约定中某银行银某分行接受华某西部开发有限公司委托，向上某集团发放贷款 2.5 亿元。后华某西部开发投资有限公司与上某集团签订《最高额质押协议》，案外人宁夏某东矿业有限公司、史某等人以其持有的上某集团股权与银行签订《最高额权利质押合同》。上某集团向上某国际贸易借款 2.5 亿元，并签订《借款合同》。上某房地产股东同意为上某集团与华某西部开发投资有限公司的 2.5 亿元还款协议提供连带责任担保，同意上某国际贸易将对上某集团享有的 2.5 亿元债权转让给华某西部开发投资有限公司。后上某集团、上某房地产、上某国际贸易等 7 家公司申请重整。关于破产撤销权的行使期间双方产生争议。

法院认为，本案争论焦点在于重整管理人起诉本案是否超过破产撤销权的除斥期间，破产撤销权是否已归于消灭的问题。破产撤销权是债务人财产的管理人对债务人在破产申请受理前的法定期间内，进行的欺诈债权人或有损全体债权人公平清偿的行为，有申请法院予以撤销并追回相关财产的权利。管理人并非撤销权的实际权利人或受益人，其行使撤销权收回被处分财产或者恢复的被处分权利均应归于债务人财产，从而实现债务人财产最大化和债权人利益保护最大化的目标。因此，对管理人而言，行使破产撤销权是企业破产法赋予其的法定职责，其应依法及时行使，否则因其过错导致债务人财产不当减损，管理人要承担损失赔偿责任。但作为民法上债权人撤销权在破产法上的延伸，破产撤销权是以破产程序的存在为前提，人民法院裁定受理破产申请并指定管理人后，破产管理人才能开始履行职责。本案中，一审法院于 2018 年 12 月 19 日作出（2018）宁 01 破申 24 号、19 号、23 号等民事裁定书，分别裁定受理上某集团、上某房地产、上某国际贸易等 7 家公司的重整申请，并于同日指定北京 D 律师事务所、宁夏 X 律师事务所担任重整管理人。2019 年 2 月 14 日、2 月 15 日，华某西部开发有限公司向上某国际贸易重整管理人申报债权约 2.6 亿元。2019 年 2 月 14 日，华某西部开发有限公司向上某集团重整管理人申报债权约 8501 万元。2020 年 1 月 7 日，宁夏上某房地产开发有限公司重整管理人、宁某 1 提起本案诉讼，并无证据反映该二重整管理人怠于履行职责。由于我国企业破产法和相关司法解释中对破产撤销权的行使期间未作出明确限定，在人民法院指定管理人后，该二重整管理人履行接管、清理债务人财产的职责，并在履职中通过审核债权人提交的债权申报材料，发现上某集团、上某房地产存在可撤销的抵押质押行为，然后提起本案撤销权诉讼，该二重整管理人起诉并未违反企业破产法的规定，主张的破产撤销权不存在超过企业破产法规定的除斥期间而归于消灭的情况。华某西部开发有限公司也没有有效证据可以证明宁夏上某房地产开发有限公司重整管理人、宁某1在知道或者应当知道撤销事由之日起一年内怠于行使权利，而本案二重整管理人于2020年1月7日起诉也未超过规定的自债务人行为发生之日起5年。因此，华某西部开发投资有限公司提出宁夏上某房地产开发有限公司重整管理人、宁某1行使撤销权已超过法定除斥期间的上诉理由缺乏事实和法律依据，不能成立，本院不予支持。

裁判规则二

自债务人的行为发生时起，债权人在5年内没有行使撤销权的，不论因何原因没有行使，该债权人撤销权均归消灭。这种期间理论上称为撤销权存续的最长期间。

——北京市第二中级人民法院（2023）京02民终3596号民事判决书

▶案情概要

杜某在2016年1月至2019年7月间通过慧某公司累计向亚某公司、宁波某丰公司挪用资金7.635504亿元，累计归还给亚某公司、某丰公司款项共计5.585612亿元，挪用未归还资金2.049892亿元。判决杜某犯挪用资金罪，判处有期徒刑7年，责令杜某继续退还挪用的亚某公司的资金。杜某1与杜某系父子关系，王某与杜某系母子关系。2016年6月10日，杜某向王某转账40万元。2017年4月4日，杜某代杜某1向融科公司支付购房款50万元；2017年4月18日，杜某代杜某1向融科公司支付购房款336万元；2017年6月17日，杜某向杜某1转账1600万元；2017年6月18日，杜某向杜某1转账18万元。2018年8月28日，杜某向王某转账60万元。亚某公司诉称上述款项为杜某无偿赠与杜某1和王某。杜某1、王某辩称根据《民法典》第541条规定："撤销权自债权人知道或者应当知道撤销事由之日起一年内行使。自债务人的行为发生之日起五年内没有行使撤销权的，该撤销权消灭。"本案亚某公司起诉时间为 2021 年 9 月 1 日，亚某公司主张 2016 年 6 月 10 日至 2018 年 8 月 28 日期间，杜某向杜某 1、王某的转账（包括代杜某 1、王某支付购房款）共计 2104 万元，是杜某无偿赠与给杜某 1、王某的款项。其中 2016 年 6 月 10 日杜某向王某转账 40 万元，已超出 5 年除斥期间，亚某公司的撤销权已经消灭。而 2017 年 4 月 4 日至 2018 年 8 月 28 日期间，杜某向杜某 1、王某转账 2064 万元，是杜某给杜某 1、王某的"还款"，并非"无偿赠与"。

法院认为，关于 2016 年 6 月 10 日杜某转给王某的 40 万元。根据《民法典》第 541 条的规定："自债务人的行为发生之日起五年内没有行使撤销权的，该撤销权消灭。"亚某公司针对杜某的上述行为主张撤销权的时间为 2021 年 9 月 1 日，已经超过行使撤销权除斥期间，撤销权消灭，故对亚某公司要求撤销杜某于 2016 年 6 月 10 日转给王某 40 万元的诉讼请求，不予支持。关于杜某转给杜某 1、王某以及代二人支付的购房款共计 2064 万元。根据现已查明事实，杜某 1、王某与杜某之间互有款项往来，在 2016 年 9 月至 11 月间，杜某 1 先后将自己售房款中的 2267 万元转给杜某，后杜某向杜某 1、王某共转账 1678 万元，代杜某 1 支付购房款 386 万元，杜某所支付的款项少于杜某 1 转给杜某的款项。一审诉讼中，亚某公司认为，杜某在 2015 年将自己名下的一套房屋无偿赠与王某，后杜某 1 又将自己名下房屋的售房款转账给杜某，双方之间的债务抵销，进而得出杜某 1 转给杜某的 2267 万元不是借款，杜某转给杜某 1 和王某的款项也不是还款的结论。二审法院认为，亚某公司的上述推论缺乏事实和法律依据。杜某在 2015 年将自己名下的房屋无偿赠与其母亲王某，根据赠与合同的性质，王某无须向杜某支付对价，并不承担债务。杜某 1 将售房款转给杜某与杜某将房屋赠与王某并无必然因果关系，二者之间不存在债务抵销的问题。在无证据证明杜某 1 转给杜某的售房款是赠与款的情况下，杜某 1 和王某主张是借款合乎情理，杜某有义务向其父母归还相关借款。据此，亚某公司主张的涉诉款项并非杜某无偿赠与款项，亚某公司的诉讼请求于法无据，不予支持。

第五百四十二条　【债务人行为被撤销的法律效果】债务人影响债权人的债权实现的行为被撤销的，自始没有法律约束力。

条文沿革

本条为新增条文。

裁判规则

债务人不请求相对人返还财产或恢复财产原状，债权人可以依债权人代位权之规定另行提起代位权之诉，或者就被恢复的债务人责任财产请求强制执行。

——江苏省泰州市中级人民法院（2021）苏12执复160号执行裁定书

▶案情概要

蒋某与周某登记离婚，签订《自愿离婚协议书》并约定，夫妻共同财产均归周某所有。债权人宋某诉请蒋某、周某债权人撤销权纠纷一案胜诉，判令撤销蒋某和周某签订的《自愿离婚协议书》中对坐落于××不动产的分割约定。该判决已发生法律效力，蒋某未按判决指定的期间履行给付义务，根据宋某的申请，靖江法院立案强制执行。2019年5月28日，靖江市人民法院立案恢复执行，责令被执行人及实际居住人在2020年1月20日前迁出上述房屋。被执行人不服上述执行行为，请求撤销执行裁定，并停止因该执行裁定所作的违法执行行为。

法院认为，（2012）泰靖民初字第1131号民事判决已经撤销了蒋某和周某于2011年2月15日签订的《自愿离婚协议书》中对坐落于靖江市××不动产的分割约定。该分割约定影响了债权人宋某的债权实现，被撤销后自始没有法律约束力。因此，基于该自始无效的损害行为发生的物权变动也无效，至于所有权登记只是对抗第三人的公示手段，不产生阻却生效撤销判决的效力。故靖江法院整体处置××不动产符合法律规定，并无不当。

第六章　合同的变更和转让

第五百四十三条　【协议变更合同】 当事人协商一致，可以变更合同。

条文沿革

本条来自《合同法》第 77 条："当事人协商一致，可以变更合同。法律、行政法规规定变更合同应当办理批准、登记等手续的，依照其规定。"

裁判规则

合同成立后，当事人应当按照合同的约定履行义务，任何一方未经对方同意，都不得改变合同的内容，变更合同内容时，应遵循协商一致的原则进行。

——辽宁省河庄市人民法院（2023）辽 0283 民初 1107 号民事判决书

▶案情概要

艺佰某公司与千某百货签订施工合同，并就标的工程、价款、工期等内容作出约定。后案涉工程发生增量，双方通过微信聊天变更合同内容。合同履行中产生争议，艺佰某公司遂诉至法院，请求判令千某百货支付拖欠工程款项并承担违约责任。

法院认为，原、被告签订的《店招大字施工安装合同》系双方当事人的真实意思表示，不违反法律行政法规的效力性强制性规定，合法有效，双方均应按照约定全面履行义务。案涉工程已施工完毕并经验收后交付给被告使用，被告应按照合同约定给付工程款。《民法典》第543条规定："当事人协商一致，可以变更合同。"合同成立后，当事人应当按照合同的约定履行义务，任何一方未经对方同意，都不得改变合同的内容，变更合同内容时，应遵循协商一致的原则进行。现被告仅依据上述理由辩称合同已变更、不应承担违约责任的抗辩意见，无法律依据，不予采信。

第五百四十四条 【合同变更不明确推定为未变更】 当事人对合同变更的内容约定不明确的，推定为未变更。

条文沿革

本条来自《合同法》第78条："当事人对合同变更的内容约定不明确的，推定为未变更。"

裁判规则一

在合同有明确约定的情况下，主张以笔误为由变更定金性质的，视为对合同内容的变更。双方在合同履行过程中当事人经协商改变定金性质的，一般采用与原合同书相一致的书面形式，比如，以补充协议的形式予以变更。在原、被告双方对此分歧较大的情况下，应视为约定不明确，推定为未变更。

——山东省沂南县人民法院（2023）鲁1321民初603号民事判决书

▶案情概要

周某作为源某公司（甲方）授权代表与张某（乙方）签订《汽车销售合同》一份，就标的物、价款及双方权利义务作出约定。该合同载明："合同签订后乙方应一次性向甲方支付合同定金共计20000元。"合同签订后，张某通过银行转账方式支付2万元并备注"订车订金"。然合同约定的车辆交付期限届满，源某公司、周某均未向张某交付案涉车辆，张某遂起诉至法院，请求判令解除案涉合同，并判令源某公司、周某承担返还双倍定金、支付违约金等违约责任。源某公司则主张某《汽车销售合同》中"定金"系笔误，张某当时交纳的并非具有罚则性质的定金，而是预付款性质的订金，此为双方协商一致对案涉《汽车销售合同》的变更，因此不适用定金罚则。

法院认为，当事人对合同变更的内容约定不明确的，推定为未变更。本案中，原、被告双方签订的《汽车销售合同》第2条约定："合同签订后乙方应一次性向甲方支付合同定金共计20000元。"但张某在合同签订后向源某公司付款的农村信用社转账电子回单备注中注明的是"订车订金"，为此源某公司辩称合同中载明的"定金"系笔误，应当是"订金"，张某主张转账电子回单中注明的"订车订金"系笔误，应当是"订车定金"。在合同有明确约定的情况下，主张以笔误为由变更定金性质的，视为对合同内容的变更。双方在合同履行过程中当事人经协商改变定金性质的，一般采用与原合同书相一致的书面形式，比如，以补充协议的形式予以变更。在原、被告双方对此分歧较大的情况下，应视为约定不明确，推定为未变更。

裁判规则二

合同的订立有书面、口头或其他形式，变更合同也可以采用这些不同的形式，但是在原初合同是书面形式的情况下，变更合同原则上也应当采用书面形式。现实社会中，对书面合同的变更大多是以在原合同书上添写、删除、改动字句或者另立书面说明或补充协议的形式以表明合同的变更的，这是从形式方面而言。合同变更从内容方面而言，变更的是非实质性条款，合同标的一般不能改变，特别是针对不动产而言。标的是合同的核心要素，改变合同标的可被认为成立了另一个合同而不再是原合同变更的范畴。

——浙江省兰溪市人民法院（2020）浙0781民初1296号民事判决书

▶ **案情概要**

佳某公司与甘泽某签订书面厂房租赁合同一份，约定佳某公司将某园区4号厂房出租给甘泽某，并就租金、租赁期限、维修责任等内容作出约定。合同签订后，甘泽某支付了一年的租金。合同履行期间，因另有企业欲租赁案涉厂房，经协商甘泽某搬至园区1号厂房，但双方未签署书面的补充协议也未在原合同书上加注相关内容。然租期未满甘泽某即搬离了承租厂房。佳某公司遂诉至法院，主张甘泽某单方擅自解除合同构成违约，请求判令解除案涉租赁合同并判令甘泽某承担违约责任。

法院认为，本案的关键争议点，简而言之就是2019年7月下旬发生承租房更替的事实构成合同的变更还是合同的解除。就此法院认为，合同解除从形式方面而言，合同的订立有书面、口头或其他形式，变更合同也可以是这些不同的形式，但是在原初合同是书面形式的情况下，变更合同原则上也应当采用书面形式。现实社会中，对书面合同的变更大多是以在原合同书上添写、删除、改动字句或者另立书面说明或补充协议的形式以表明合同的变更的，解除合同则往往不能做到以书面为之，特别是协商解除的场合。合同变更从内容方面而言，变更的是非实质性条款，合同标的一般不能改变，特别是针对不动产而言。标的是合同的核心要素，改变合同标的可被认为成立了另一个合同而不再是原合同变更的范畴。对于房屋租赁合同而言，特定化的房屋即是合同的标的。本案虽然4号、1号都是厂房并均位于原告厂区之内，但4号厂房已经提供给承租方使用，即便书面合同中没有指明几号厂房因履行而特定化，更何况合同书上已经指明，故1号厂房显然不能被视为同一标的。从原告方的法庭辩论观点看，或许具有因被告接受履行而使合同变更的逻辑观点。法院认为合同因接受履行而成立的规定适用于合同成立与否的判别上，不应推而广之用以认定合同变更上。否则，《合同法》规定的"当事人对合同变更的内容约定不明确的，推定为未变更"这一条款将大失其规制作用。因此，被告搬迁到1号厂房并因此补交了1万元租金的事实，不能作为认定合同变更的依据，仅能作为成立1号厂房部分面积租赁合同的认定依据。

第五百四十五条 **【债权转让】** 债权人可以将债权的全部或者部分转让给第三人，但是有下列情形之一的除外：

（一）根据债权性质不得转让；

（二）按照当事人约定不得转让；

（三）依照法律规定不得转让。

当事人约定非金钱债权不得转让的，不得对抗善意第三人。当事人约定金钱债权不得转让的，不得对抗第三人。

条文沿革

本条来自《合同法》第 79 条："债权人可以将合同的权利全部或者部分转让给第三人，但有下列情形之一的除外：

（一）根据合同性质不得转让；

（二）按照当事人约定不得转让；

（三）依照法律规定不得转让。"

关联司法解释

《最高人民法院关于适用〈中华人民共和国民法典〉合同编通则若干问题的解释》

第四十七条 债权转让后，债务人向受让人主张其对让与人的抗辩的，人民法院可以追加让与人为第三人。

债务转移后，新债务人主张原债务人对债权人的抗辩的，人民法院可以追加原债务人为第三人。

当事人一方将合同权利义务一并转让后，对方就合同权利义务向受让人主张抗辩或者受让人就合同权利义务向对方主张抗辩的，人民法院可以追加让与人为第三人。

裁判规则一

第三人因政策原因从债权人手中取得债权，并通知债务人，债务人知情后，应向第三人偿还债务。

——西藏自治区高级人民法院（2022）藏民终 16 号民事判决书

▶**案情概要**

交某公司（甲方）与某公路管理局职工集资管理委员会（乙方）签订《某公路管理局职工集资管理委员会资产移交协议》，双方就乙方所属资产移交给甲方相关事宜进行了约定。2020 年 11 月 20 日，交某公司（甲方）与城西顺某酒店、秦某（乙方）签订《租金偿还协议》，主要约定：为解决 2017 年度、2018 年度、2019 年度乙方所承租的位于拉萨市城关区某临街综合楼壹栋二区，面积 4059.35 平方米的房屋欠付租金问题，双方达成协议。一、租金总额经甲乙双方核定，乙方欠付甲方的租金数额合计为 6692940 元。2021 年 11 月 19 日，城西顺某酒店、秦某在《追加第三人申请书》中陈述，2018 年 6 月 1 日从案外人温某处转租案涉房屋，并在某公路管理局办理转让手续。2020 年 1 月 1 日，某公路局工作人员通知其与天某物业管理有限公司签订案涉房屋《门面房租赁合同》。交某公司诉称，判令城西顺某酒店、秦某向交某公司支付租金 6692940 元，违约金 1318815.90 元，合计 8011755.90 元及利息。城西顺某酒店、秦某辩称，租金支付主体不是交某公司，不予支付。

法院认为，交某公司因政策原因从某公路管理局取得本案债权，结合本案查明的事实、顺某酒店和秦某申请追加某公路管理局为第三人的理由以及庭审中承认某公路管理局系案涉房屋出租人的陈述，可以认定城西顺某酒店、秦某系案涉房屋的承租人。其作为承租人有义务向出租人某公路管理局交纳租金，但城西顺某酒店、秦某认可其未履行租金交付义务，据此可以认定《某公路管理局国有资产移交补充协议》中"某临街门面房原租赁合同已全部到期，截至目前因政策原因，乙方尚有部分房屋租金未收取"，该部分未收取租金的房屋包括城西顺某酒店、秦某承租的案涉房屋，因此某公路管理局对城西顺某酒店、秦某享有债权。而案涉房屋系依据政策要求及《某公路管理局国有资产移交补充协议》的约定收归交某公司统一集中的资产，故交某公司享有收取案涉房屋租金的权利。转让行为发生时，某公路管理局的此项债权已经形成，债权数额经城西顺某酒店、秦某确认，法律法规不禁止租赁合同项下的债权转让，债权转让无须征得债务人同意。故，该院确认案涉债权转让合法有效，交某公司因此受让某公路管理局对城西顺某酒店、秦某的债权及从权利。

裁判规则二

债权人尚未实际取得债权，即使做出了债权转让的行为并通知债务人，第三人仍不能向债务人主张权利。

——陕西省高级人民法院（2022）陕民终 132 号民事判决书

▶ 案情概要

宫某（出借人）与深圳前海班某公司（借款人）陆续签订《借款合同》十份，约定出借人向借款人提供借款共计 9274126.9 元，并对借款期限及利率、还款方式等进行约定，合同签订后，宫某按借款合同约定的借款数额向借款人指定的收款人账户进行了转账汇款。宫某（甲方）与深圳前海班某公司（乙方）签订一份《还款协议》，约定：截至 2020 年 7 月 31 日，乙方向甲方借款共计"玖佰贰拾柒万肆仟壹佰贰拾陆元玖角"，欠付利息共计"贰佰叁拾伍万壹仟肆佰壹拾壹元贰角壹分"，欠付本息共计"壹仟壹佰陆拾贰万伍仟伍佰叁拾捌元壹角壹分"。乙方同意 2020 年 8 月 15 日一次性还本付息。后深圳前海班某公司（甲方）与宫某（乙方）签订《协议书》，双方就甲方所享有的太某酒业公司的债权抵偿其所欠乙方借款事宜经协商达成协议，以双方认可的甲方对太某酒业公司享有的债权抵顶以上借款本息，双方认可以人民币 3000 万元的债权抵顶上述本息。2020 年 10 月 30 日深圳前海班某酒业公司向太某酒业公司发出《债权转让通知书》，告知其已将 3000 万元债权（债权来源于受让湖南省金六某酒业有限公司）转让给宫某，要求太某酒业公司自收到函件之日起向宫某履行还款义务。湖南省金六某酒业有限公司

（甲方）与深圳前海班某公司（乙方）、太某酒业公司（丙方）签订《债权转让协议》，协商由甲方向乙方转让其持有丙方的156748336.47元债权。2016年10月1日，深圳前海班某公司向湖南省金六某酒业有限公司出具《承诺函》，承诺其将在2016年12月31日前将上述协议约定款项全部支付到位，在未履行完毕所有义务之前，上述协议约定转让的股权、债权的所有权归属于湖南省金六某酒业有限公司。宫某诉称：判令太某酒业公司清偿原告借款3000万元。陕西省太某酒业有限责任公司辩称：债权所有权未转移；前海班某公司未实质取得债权、欠缺债权处分权；上诉人明知且应知所有权保留情况仍低价受让债权，不能善意取得债权。

法院认为，债权转让是指债权人通过协议将其债权全部或部分转让给第三人的行为。本案中，宫某基于其与深圳前海班某公司2020年8月26日签订的《协议书》向太某酒业公司主张债权，虽然形式上宫某以受让方式取得了深圳前海班某公司从湖南省金六某酒业有限公司处受让的部分债权，但根据本案已查明的案件事实，案外人深圳前海班某公司与湖南省金六某酒业有限公司虽然存在基础债权转让关系，但深圳前海班某公司2016年10月1日曾向湖南省金六某酒业有限公司出具《承诺函》，承诺其将在2016年12月31日前将上述协议约定款项全部支付到位，在未履行完毕所有义务之前，上述协议约定转让的股权、债权的所有权归属于湖南省金六某酒业有限公司。且至本案诉讼时，无证据显示深圳前海班某公司已履行完了其与湖南省金六某酒业有限公司债权转让协议中的全部款项支付义务。案外人深圳前海班某公司与湖南省金六某酒业有限公司签订债权转让协议后，由于深圳前海班某公司未履行协议约定付款义务，故应当认定深圳前海班某公司至本案诉讼时并未实际取得湖南省金六某酒业有限公司对本案被告太某酒业公司的债权。在前述情形下，宫某基于其与深圳前海班某公司的债权转让协议径行向被告太某酒业公司主张权利并无事实和法律依据，其诉讼请求本院不予支持。

裁判规则三

经判决生效的债权可以转让给第三人，债务人应当向第三人履行债务。

——新疆维吾尔自治区高级人民法院（2023）新民终90号民事判决书

▶案情概要

郑州市中级人民法院对刘某诉新正某公司、伊某矿业公司、三某水泥公司、刘素某、梁某借款合同纠纷一案作出（2017）豫01民初394号民事判决，判决：新正某公司于判决生效后10日内偿还刘某借款本金10000000元，并按月利率2%支付利息自2012年9月18日起至实际还清借款之日止。河南省高级人民法院对刘素某、三某水泥公司、新正某公司、伊某矿业公司、梁某与刘某民间借贷纠纷一案，判决：变更郑州市中级人民法院（2016）豫01民初642号民事判决书第一项的内容为三某水泥公司于判决生效后10日内偿还刘某借款本金42416900元及利息。后刘某的三某水泥公司的国有土地使用权及地上地下所有附属物和所属的全套机器设备，财通公司对该财产享有优先受偿权，刘某应将优先受偿权金额对应的款项向优先债权人发还。2021年1月，财通公司向郑州市中级人民法院出具收据一份，载明收到案件执行款25517444.88元。2021年7月6日，财通公司向三某水泥公司发出《通知》一份，载明：三某水泥公司进入破产程序后，财通公司申报有优先债权25517444.88元。2021年1月18日，刘某向财通公司支付25517444.88元，取得财通公司对三某水泥公司的前述债权。为此，通知管理人，财通公司正式撤回前述优先债权申报，转由刘某以个人名义申报上述25517444.88元债权。同日，刘某向三某水泥公司管理人新增申报普通债权25517444.88元。2020年5月3日，一审法院作出（2020）新40破申1号民事裁定，裁定受理二某冶公司对三某水泥公司的破产清算申请，并于2020年10月9日作出（2020）新40民破1号之一决定书，指定新疆同泽律师事务所担任三某水泥公司管理人。三某水泥公司管理人编制的债权表中载明，二某冶公司和刘某均系该公司债权人。刘某共计申报两笔债权，经管理人审核并制作三某水泥公司债权表（已确认债权），确认刘某对该公司享有的债权总额为 124890922.32 元（99373477.84 元+25517444.48 元）。二某冶公司对此有异议，遂提起本案诉讼。

新疆维吾尔自治区高级人民法院认为，根据上述事实，债务人并未全部履行生效判决书所确认的债务，刘某对三某水泥公司享有的债权并未全部执行到位，刘某依据生效判决和执行裁定主张对三某水泥公司享有破产债权于法有据。财通公司向刘某转移对三某水泥公司的债权，书面通知了三某水泥公司，符合债权转让有效的法律规定，刘某依据转让的债权向三某水泥公司申报破产债权，符合法律规定。综上，刘某在原审中提供的证据能够证实自己对三某水泥公司享有债权，一审法院据此认定刘某对三某水泥公司享有破产债权并无不当。二某冶公司上诉虽称刘某不享有债权，但并未提供任何足以推翻生效文书所认定的事实的证据，不能证明上述生效裁判文书认定事实有误，亦不能证明刘某已将生效裁判文书确定的债权实际全部执行到位，债权归于消灭，故二某冶公司上诉主张一审法院存在举证责任划分不当的程序违法情形及刘某不享有债权的理由均不能成立，本院不予支持。

第五百四十六条 【债权转让的通知义务】债权人转让债权，未通知债务人的，该转让对债务人不发生效力。

债权转让的通知不得撤销，但是经受让人同意的除外。

条文沿革

本条来自《合同法》第 80 条："债权人转让权利的，应当通知债务人的。未经通知，该转让对债务人不发生效力。

债权人转让权利的通知不得撤销，但经受让人同意的除外。"

关联司法解释

《最高人民法院关于适用〈中华人民共和国民法典〉合同编通则若干问题的解释》

第四十八条 债务人在接到债权转让通知前已经向让与人履行，受让人请求债务人履行的，人民法院不予支持；债务人接到债权转让通知后仍然向让与人履行，受让人请求债务人履行的，人民法院应予支持。

让与人未通知债务人，受让人直接起诉债务人请求履行债务，人民法院经审理确认债权转让事实的，应当认定债权转让自起诉状副本送达时对债务人发生效力。债务人主张因未通知而给其增加的费用或者造成的损失从认定的债权数额中扣除的，人民法院依法予以支持。

第四十九条 债务人接到债权转让通知后，让与人以债权转让合同不成立、无效、被撤销或者确定不发生效力为由请求债务人向其履行的，人民法院不予支持。但是，该债权转让通知被依法撤销的除外。

受让人基于债务人对债权真实存在的确认受让债权后，债务人又以该债权不存在为由拒绝向受让人履行的，人民法院不予支持。但是，受让人知道或者应当知道该债权不存在的除外。

第五十条 让与人将同一债权转让给两个以上受让人，债务人以已经向最先通知的受让人履行为由主张其不再履行债务的，人民法院应予支持。债务人明知接受履行的受让人不是最先通知的受让人，最先通知的受让人请求债务人继续履行债务或者依据债权转让协议请求让与人承担违约责任的，人民法院应予支持；最先通知的受让人请求接受履行的受让人返还其接受的财产的，人民法院不予支持，但是接受履行的受让人明知该债权在其受让前已经转让给其他受让人的除外。

前款所称最先通知的受让人，是指最先到达债务人的转让通知中载明的受让人。当事人之间对通知到达时间有争议的，人民法院应当结合通知的方式等因素综合判断，而不能仅根据债务人认可的通知时间或者通知记载的时间予以认定。当事人采用邮寄、通讯电子系统等方式发出通知的，人民法院应当以邮戳时间或者通讯电子系统记载的时间等作为认定通知到达时间的依据。

裁判规则一

债权人将债权转让之后并通知债务人的，对债务人产生效力。

——新疆维吾尔自治区高级人民法院伊犁哈萨克自治州分院（2022）新 40 民初 13 号民事判决书

▶案情概要

三某水泥公司与案外人川某石灰石矿签订《工业品买卖合同》一份，约定川某石灰石矿向三某水泥公司提供石灰石，同时对数量、价款、质量标准、交货地点、验收标准、结算方式等进行了约定。三某水泥公司向川某石灰石矿出具《欠据》一张，载明欠付川某石灰石矿石灰石款 295868.70 元。该石灰石款项，三某水泥公司已挂账。后川某石灰石矿与李某签订《债权转让协议书》一份，约定了川某石灰石矿将三某水泥公司欠付石灰石款 295868.70 元的债权转让给李某等内容。李某诉称，请求确认其对三某水泥公司享有的债权 295868.70 元。三某水泥公司辩称，其公司对李某提供的《工业品买卖合同》《欠据》及《债权转让协议书》予以认可，欠付案外人川某石灰石矿石灰石款 295868.70 元已挂账。但根据新疆华瑞会计师事务所出具的应付账款明细账，截至 2015 年 11 月 30 日，三某水泥公司欠付川某石灰石矿石灰石款为 252224.36 元，因此确认李某享有的债权为 252224.36 元。

法院认为，李某与三某水泥公司对三某水泥公司与川某石灰石矿存在工业品买卖合同关系，以及川某石灰石矿将其享有的三某水泥公司的债权转让给李某不持异议，本院予以确认。案外人川某石灰石矿已向三某水泥公司交付价值 295868.70 元的石灰石，但三某水泥公司并未提供证据证实其公司已履行支付该款项的义务，已构成违约，应承担支付石灰石价款 295868.70 元的责任。李某与川某石灰石矿签订《债权转让协议书》后，已通知三某水泥公司，该债权转让对三某水泥公司产生效力，三某水泥公司应向李某支付石灰石价款 295868.70 元。

裁判规则二

债权人转让债权未通知债务人的，该转让对债务人不发生效力。

——湖北省高级人民法院（2021）鄂民终1028号民事判决书

▶**案情概要**

银某因与恒顺某公司、恒顺方某公司等船舶抵押借款合同纠纷向一审法院申请诉前财产保全，请求保全恒顺某公司、恒顺方某公司18000万元资产，包括扣押恒顺方某公司在建"恒顺某191"轮。次日，一审法院经审查准许其申请，依法扣押了该轮。其后，银某对恒顺某公司及相关保证方向一审法院提起诉讼。2014年1月6日，南某租赁公司以"恒顺某191"轮系其与恒顺某公司和恒顺方某公司合同约定的船舶所有人为由提出保全异议，并于同年6月23日向一审法院提起对恒顺方某公司船舶权属纠纷诉讼。6月24日，南某租赁公司向银某发出承诺函，表示考虑到银某已实际遭受《银某贷款协议》项下损失，且同意申请法院解除对"恒顺某191"轮的扣押，协助南某租赁公司确认对"恒顺某191"轮享有所有权，不再以任何形式提出船舶权属异议，承诺在解除扣押申请提交法院后180日内向银某指定账户支付1200万元，用于偿还恒顺某公司在《银某贷款协议》项下的借款本金。其后，南某租赁公司未履行承诺义务。

一审法院经审理确认南某租赁公司对"恒顺某191"轮享有所有权。判令恒顺某公司偿还银某贷款本金16040万元、利息8236687.39元。该判决生效后，恒顺某公司及其保证人均未履行判决确定的义务。2015年7月1日，南京银行与信某资产公司签订了《债权转让协议》及相关附件（转让债权清单），约定信某资产公司受让南京银行及南京银行某支行在《银某贷款协议》项下对恒顺某公司的债权本金79675000元、利息12135806.51元（转让基准日2015年5月12日）。2017年8月29日，信某资产公司与芜湖闽某公司签订《债权转让合同》，芜湖闽某公司受让信某资产公司前述债权。2019年2月21日，芜湖闽某公司与平潭海某公司签订《债权转让合同》，约定芜湖闽某公司向平潭海某公司转让其从信某资产公司受让的对恒顺某公司的债权。2016年3月

30 日，江苏银行某支行将其在《银某贷款协议》项下对恒顺某公司的债权转让给东某资产公司。2017 年 12 月 18 日，东某资产公司将包括前述债权在内的上海昌某商贸有限公司等 89 户享有的债权以签订《资产转让协议》形式转让给浙江省浙某资产管理有限公司（以下简称浙某资产公司）。2018 年 12 月 26 日，浙某资产公司又与芜湖闽某公司签订《债权转让协议》，转让了上述债权。其后，芜湖闽某公司向平潭海某公司出具了转让说明，明确转让给平潭海某公司的债权包含南某租赁公司于 2014 年 6 月 24 日向原债权人书面承诺的 1200 万元。

2017 年 3 月 24 日，南某租赁公司经工商部门核准更名为江某租赁公司。2019 年 10 月 21 日，平潭海某公司向一审法院对江某租赁公司提起本案诉讼，平潭海某公司诉请，判令江某租赁公司支付给平潭海某公司 1200 万元，并承担该款资金占用损失。江某租赁公司辩称，江某租赁公司在承诺函中承诺支付 1200 万元系针对银某作出，具有专属性，不可通过债权转让的方式让与他人。涉案 1200 万元债权具有独立性，三次债权转让均未明确转让该笔债权，对江某租赁公司不发生债权转让效力。债权转让范围不得超越原始有效债权。

湖北省高级人民法院认为，根据《民法典》第 546 条规定，债权人转让债权，未通知债务人的，该转让对债务人不发生效力。南京银行将债权转让给信某资产公司、信某资产公司转让给芜湖闽某公司，均以新闻媒体刊登债权转让及债务催收公告形式通知了债务人和担保人，应认定履行了法律规定的通知义务。平潭海某公司受让芜湖闽某公司在《银某贷款协议》项下全部债权后，双方也通过新闻媒体刊登转让及债务催收联合公告。即便该公告不构成履行了法定通知义务，平潭海某公司以起诉方式进行债权转让通知，亦不违反法律规定。相关债权转让行为对连带债务人南某租赁公司发生效力，平潭海某公司有权向义务主体主张权利。

第五百四十七条　　**【从权利随债权一并转让】**债权人转让债权的，受让人取得与债权有关的从权利，但是该从权利专属于债权人自身的除外。

受让人取得从权利不因该从权利未办理转移登记手续或者未转移占有而受到影响。

条文沿革

本条来自《合同法》第 81 条："债权人转让权利的，受让人取得与债权有关的从权利，但该从权利专属于债权人自身的除外。"

裁判规则一

债权人转让债权的，仲裁条款随之转让，对受让人产生约束力。

——辽宁省沈阳市中级人民法院（2023）辽 01 执 604 号执行裁定书

▶案情概要

中某消费金融有限公司与李某签订个人借款合同。合同履行过程中发生争议，中某消费金融有限公司依据仲裁条款向北海仲裁委员会申请仲裁。北海仲裁委员会裁决李某向中某消费金融有限公司偿还借款本息等。因李某未履行仲裁裁决，中某消费金融有限公司向辽宁省沈阳市中级人民法院申请执行。

法院认为，债权受让人将继受《个人借款合同》的仲裁条款，从而就本案争议其既可以选择仲裁也可以选择诉讼。另外，基于债权转让的便利性，前述约定实质上使得申请执行人在合同履行过程中具备了选择诉讼或者仲裁的可能。《最高人民法院关于适用〈中华人民共和国仲裁法〉若干问题的解释》第 7 条规定："当事人约定争议可以向仲裁机构申请仲裁也可以向人民法院起诉的，仲裁协议无效……"本案中，当事人在《个人借款合同》中约定实质上是各方既可向北海国际仲裁院申请仲裁，也可向人民法院提起诉讼，该约定无效。且在仲裁程序中，被执行人亦未向北海仲裁委员会提交书面答辩及证据，其行为不能默示为对仲裁协议效力的认可。故此，《个人借款合同》中关于仲裁管辖的约定无效。综上所述，本案《个人借款合同》中仲裁条款约定无效，北海国际仲裁院对本案无管辖权，申请执行人据此向本院申请执行，不应得到支持。

裁判规则二

债权人转让债权的，受让人取得与债权有关的从权利，从权利包括利息请求权。

——山西省晋城市中级人民法院（2021）晋05民终1725号执行裁定书

▶案情概要

威某公司与盖某煤业公司签订了维修合同，威某公司完成维修任务后，盖某煤业公司未付清维修款项。后威某公司与师某签订了《债权转让协议》，将盖某煤业公司欠其的债权转让给师某，并通知了盖某煤业公司。师某向盖某煤业公司索要上述款项未果，将其诉至法院，请求判令其向师某支付转让债权并且支付利息。一审法院对原告诉请被告盖某煤业公司向其支付转让债权并支付相应利息的请求予以支持。盖某煤业公司不服一审判决，认为师某要求支付利息的请求没有事实和法律依据，应当依法予以驳回。

法院认为，根据《民法典》第547条第1款的规定："债权人转让债权的，受让人取得与债权有关的从权利，但是该从权利专属于债权人自身的除外。"这里的从权利包括利息请求权。本案原告从被告威某公司受让了对盖某煤业公司的债权，自然也受让了该公司对盖某煤业公司的利息请求权。原告诉请盖某煤业公司向其支付利息损失的请求于法有据，应予支持。

第五百四十八条　【债权转让中债务人抗辩】债务人接到债权转让通知后，债务人对让与人的抗辩，可以向受让人主张。

条文沿革

本条来自《合同法》第 82 条："债务人接到债权转让通知后，债务人对让与人的抗辩，可以向受让人主张。"

裁判规则

债权转让仅发生债权人的改变，债权受让人只能在原债权人的权利范围内行使权利，基于原债权人与原债务人之间的债权债务关系而产生的管辖亦不会因债权转让而改变。

——北京市高级人民法院（2022）京民辖终 19 号民事裁定书

▶案情概要

安某公司与 PT 某公司签订合同，就接待旅游团相关事宜作出约定。PT 某公司接待安某公司组织的静态巴厘岛项目费用共计 7695399 元。后安某公司共向炫某公司支付团款 5448200 元。安某公司向 PT 某公司出具《最终确认账单》载明安某公司尚欠团款 2247199 元，且注明了该笔款项的付款计划，安某公司未按照确认单中还款计划按时还款。后 PT 某公司与炫某公司签订《债权转让协议》，将上述债权整体转让给炫某公司，并将该转让事实通知安某公司。截至起诉之日，安某公司尚欠炫某公司 2060274.28 元未付。炫某公司将安某公司诉至法院，请求判令安某公司向其支付债权本息及违约金。安某公司在提交答辩状期间，对管辖权提出异议。一审法院裁定驳回安某公司的管辖权异议。安某公司不服，对一审法院的裁定提出上诉。

二审法院认为，根据《最高人民法院关于适用〈中华人民共和国民事诉讼法〉的解释》第 33 条规定："合同转让的，合同的管辖协议对合同受让人有效，但转让时受让人不知道有管辖协议，或者转让协议另有约定且原合同相对人同意的除外。"据此,债权转让后,债权受让人承受原债权人的一切权利义务,可行使对原债务人的债权。依据《民法典》第 548 条的规定,除特殊情形外,债权转让的结果,并不能创设新的权利,仅发生债权人的改变,债权受让人只能在原债权人的权利范围内行使权利,基于原债权人与原债务人之间的债权债务关系而产生的管辖亦不会因债权转让而改变。债权受让人对债务人主张债权时,只能依据原债权债务关系产生的管辖解决争议。故本案管辖仍应依原合同《最终确认账单》的约定或法律的规定确定。安某公司主张本案系因债权转让所发生的纠纷,案由应为债权转让合同纠纷,应据此确定管辖法院,因本案并非炫某公司与 PT 某公司就《债权转让协议》履行事宜所发生的争议,不属于债权转让合同纠纷。

第五百四十九条 【债权转让中债务人的抵销权】 有下列情形之一的,债务人可以向受让人主张抵销:

(一)债务人接到债权转让通知时,债务人对让与人享有债权,且债务人的债权先于转让的债权到期或者同时到期;

(二)债务人的债权与转让的债权是基于同一合同产生。

条文沿革

本条来自《合同法》第 83 条:"债务人接到债权转让通知时,债务人对让与人享有债权,并且债务人的债权先于转让的债权到期或者同时到期的,债务人可以向受让人主张抵销。"

裁判规则一

债务抵销之后的差额所产生的利息,应当自抵销行为之日起计算。

——安徽省铜陵市中级人民法院(2021)皖 07 民终 307 号民事判决书

▶案情概要

2017 年 9 月 6 日，铜陵建某商品混凝土有限公司（甲方）与李某（乙方）和胡某（丙方）达成三方协议一份，该协议约定：1. 乙方欠甲方商品混凝土货款 1392935 元，按合同约定，截至 2017 年 7 月 18 日应承担延迟履行期间债务利息 1450525 元。2. 丙方欠甲方商品混凝土货款 2860790 元。3. 乙方欠丙方工程款 2055000 元。4. 乙方名下一套商业用房北斗星城××栋××号房产，房产价值 4900000 元，抵付所欠甲方商品混凝土货款 1392935 元，并代丙方抵付所欠甲方商品混凝土货款 2860790 元。合计 4253725 元，差额部分 646275 元，待后期乙方承建工程时，甲方以商品混凝土抵付，价格按抵付时市场价。5. 由于乙方代丙方抵付货款 2860790 元，乙方所欠丙方工程款为 2055000 元，差额部分款项额及支付方式，由乙、丙双方自行协商，与甲方无关。协议还对其他事项进行了约定。李某诉称，请求判令胡某退还李某为其代付的欠款 1179565 元及其利息。胡某辩称，其承担利息显然不当。双方最终债权债务尚未决算，支付利息没有依据。

法院认为，于案涉代偿款逾期利息问题。本案中，李某因履行《三方协议》代胡某向案外人偿还债务，享有向胡某追偿的权利。双方债权与债务抵销后，胡某应欠李某 805790 元。案涉《三方协议》中诉争双方并未约定逾期支付代偿款利息，胡某在李某代偿行为发生后并未归还代偿款项，应当支付逾期资金占用期间利息。

裁判规则二

债务人主张对被转让的债权享有抵销权，应当提供其所享有抵销权的证据，如无证据，不能直接进行抵销。

——浙江省绍兴市中级人民法院（2021）浙 06 民终 3836 号民事判决书

▶案情概要

王某、陈某与盛某、石某签订《二手房买卖合同》一份，约定王某、陈某房屋以 1420000 元的价格出售给盛某和石某，同时约定付房款并在 2019 年 12 月 13 日前办理过户手续，过户所需缴纳的各项税费按有关规定各自承担。由章某提供中介服务，双方各自支付总成交额的百分之一中介费等。后王某向章某微信支付中介费 8000 元。后王某、陈某分别向石某出具《授权委托书》，授权委托书载明：1. 代为签订房地产买卖合同（卖出）。2. 查询与缴纳、过户相关的登记档案并取得证明。3. 办理过户转移登记手续（卖出）。4. 缴纳相关税费。5. 办理与该房地产过户相关的其他全部事宜。石某与王某及中介方章某签订《补充协议》一份，补充协议约定：石某已付清房款，被告将房产证和有关过户用的资料交给石某；产权过户所产生的个人所得税、增值税、印花税等税费按国家有关规定由王某、陈某与石某自愿各自承担，以实际发票为准。2020 年 5 月 6 日，石某以王某、陈某的名义与蔡某、吕某签订了《浙江省二手房买卖合同》，合同价款 1080000 元（注：实际价款 2008000 元，蔡某、吕某已付清给石某），并办理了过户手续。合同中约定房屋转让发生的各种税费由双方按有关规定承担。石某以王某、陈某的名义缴纳税费 51839.92 元。后盛某、石某与章某签订债权转让协议一份。约定：鉴于盛某、石某向王某、陈某购买新昌县某公馆×幢×××室房屋，房屋总价 1420000 元，双方约定过户所需缴纳的税费由双方按有关规定各自承担，现石某为王某、陈某垫付过户税费 51839.92 元和物业费 1969 元。盛某、石某同意将王某、陈某垫付的债权 53807.92 元转让给章某，章某可按本合同直接向债务人王某、陈某主张债权，盛某、石某不得向王某、陈某主张债权。2020 年 7 月 9 日，章某将该债权转让协议以短信方式发送王某。新昌县房产中介诉称，请求王某、陈某支付过户税费 51839.92 元、物业费 1969 元及剩余中介服务费 6200 元。王某、陈某过户税为本方与案外人盛某、石某各自承担，王某、陈某已支付相应款项。同时在假设承担税费的情况下，提出了抵销权问题。

法院认为，双方的争议焦点主要是盛某、石某与章某签订债权转让协议是否对被告发生法律效力及被告可否行使抵销权。对于两被告主张的抵销问题。两被告称石某履行合同存在违约，其对石某存在违约金债权，但两被告并无证据证明其对石某的债权系明确且已到期，至于石某是否有代理所得未返还，更需两被告提供证据明确，故本案中无法主张抵销。

裁判规则三

债务人的债权与转让的债权不属于同一法律关系，不能主张抵销权。

——江西省吉安市中级人民法院（2022）赣08民终143号民事判决书

▶案情概要

丘某与张某系普通朋友关系，2021年1月2日，张某向丘某提出借款5000元，当日丘某通过微信转账方式向张某出借了借款。丘某在其工作单位华某公司的助理蒋某与张某之间就25000元款项和代理银某通POS机在微信上的聊天记录载明：2021年1月5日，蒋某：丘某代理张某借款25000元，每月扣利息375元，借款到期一次性还本金25000元（第7个月还），蒋某同时附了一张招商银行转账汇款电子回单，上面载明2021年1月6日付款人余某向张某通过民生银行转账25000元，电子回单的备注一栏空白；张某：好。另查明：1. 张某提供的网银转账记录单显示，余某向张某转账25000元，备注一栏显示"存款"；2. 2021年2月6日，蒋某通过微信要求张某转利息，张某于当日转450元的利息，蒋某表示收到了；3. 2021年3月1日，蒋某通过微信跟张某说，银某通的激活率跟进下哈，张某回复：好，散了些货出去；4. 2021年9月28日，华某公司将该公司对张某的25000元债权转让给丘某，并向张某邮寄了债权转让通知书，张某已经收到该通知书；5. 张某表示因纠纷其在华某公司的代理身份已经被注销，其推销的60多台POS机所产生的流水收益也被华某公司没收，丘某或者华某公司如果要其归还25000元款项，必须核减其应得流水收益；6. 丘某雇请律师花费费用10000元。丘某诉称，判令张某向丘某一次性偿还借款本金人民币30000元及利息3079.17元。张某辩称，其承认借了丘某5000元，但另外25000元其不承认。25000元是铺货费用，与代理行为属同一合同中的内容。

第五百五十条 【债权转让费用的承担】因债权转让增加的履行费用，由让与人负担。

条文沿革

本条为新增条文。

裁判规则

因债权转让产生的诉讼保全费用，由让与人承担。

——陕西省汉中市中级人民法院（2022）陕 07 民终 1746 号民事判决书

▶案情概要

2012 年 9 月 6 日，由王某代表鑫某公司与聚某公司签订《合作建房合同》一份，该合同约定：鑫某公司投入位于汉中市汉台区××路的商住土地，聚某公司投入资金 2500 万元，双方共同开发修建一栋商住综合楼，房屋建成后，鑫某公司拥有一层、二层房屋的产权，聚某公司拥有其余房屋的产权。后双方就合作建房事宜签订《协议》一份，该协议约定：鑫某公司投入的位于汉中市汉台区××路北侧 6672.67 平方米自有土地使用权（即××路××号地块），经评估作价 12189500 元，由鑫某公司协助给聚某公司，聚某公司向鑫某公司支付定金 200 万元，房屋建成后，由鑫某公司按照市场价 6800 元/平方米的价格计算一层营业房（竣工后协商），房屋面积按照测绘报告据实结算。土地办理过户手续并交接后聚某公司再向鑫某公司支付 100 万元，剩余土地款项，由聚某公司接收土地后 24 个月内陆续付清，超过规定时间支付土地款，聚某公司向鑫某公司支付利息。2017 年 9 月 9 日，此地块的房屋合作开发受其他因素的影响，鑫某公司与聚某公司双方再签订《补充协议》，该《补充协议》约定：1. 前期鑫某公司向聚某公司支付的款项作为借款，由鑫某公司向聚某公司支付借款利息。2. 鑫某公司同意将购房方案调整为购买一层营业房，按具体产权面积在扣除前期聚某公司提供借款本息后，据实结算。后期无论市场如何变化，均由聚某公司一揽子解决，与鑫某公司无关。2019 年 1 月 31 日，鑫某公司与聚某公司签订具有结算性质的《补充协议（最终版）》，该最终版补充协议明确约定：1. 原《协议》合作兑价为 2500 万元，聚某公司为鑫某公司处理税款，支付255 万元，受供销社影响双方受到经济损失，合作约定减少 500 万元，聚某公司多次向鑫某公司借款共计 500 万元。上述款项冲减后，聚某公司应向鑫某公司支付 12450000 元。××路××层××房 622.50 平方米，以20000 元/平方米计算，按照鑫某公司要求，仅留置 101 号营业房，约定价值 783400 元，其余房产由聚某公司自己出售，聚某公司按照 20000 元/平方米给鑫某公司结算，计价 11666600 元。2. 聚某公司于 2019 年 3 月 16日前向鑫某公司支付 666600 元，2019 年 5 月 31 日支付 100 万元，其余10000000 元待聚某公司出售上述房屋后，作为借款由聚某公司向鑫某公司返还，该借款为长期借款，利息按照月息一分计算，按年结算，每年至 12 月 31 日结算一次，每满两年重新签订一次借款合同。2019 年 3 月12 日，鑫某公司以借款方式通过银行转账从聚某公司领取 666600 元（扣减鑫某公司挂账），转账凭证上"业务种类"一栏显示为"对外付款"。2019 年 5 月 29 日，鑫某公司法定代表人王某以借款方式通过银行转账从聚某公司领取 1000000 元，作为聚某公司向鑫某公司支付的土地款。鑫某公司与聚某公司签订《补充协议（最终版）》后，由于聚某公司未能按照《补充协议（最终版）》的约定向鑫某公司付清欠款，2019 年 6 月 16 日，鑫某公司与聚某公司及原告三方共同签订具有债权转让性质的《三方协议》一份，该《三方协议》约定：1. 因鑫某公司欠原告 4500000 元债务，由聚某公司负责向季某支付，此 4500000 元款项从聚某公司应当向鑫某公司支付的款项中扣除；2. 聚某公司向季某支付的款项，可以作为季某在××路××层××房的购房款，购房价格按20000 元/平方米进行计算，多退少补。但该《三方协议》签订后并未实际履行。同年 8 月 5 日，鑫某公司在合计持有 96% 股权的股东王某、蔡某甲参加下召开股东会，决议将公司对聚某公司享有的债权无偿转让给原告季某，形成《股东会决议》一份。持有公司 4% 股权的股东李某未出席股东会，但对此知情无异议。次日，鑫某公司、聚某公司及季某再次签订《三方协议》，该协议约定：1. 基于聚某公司与鑫某公司签订《协议》《补充协议》后，聚某公司应向鑫某公司支付的款项未付清，鑫某公司欠原告 10783400 元，经三方友好协商，由聚某公司向季某支付 10783400 元，该款项从聚某公司向鑫某公司的应付款中扣除；2. 聚某公司向原告季某支付的 10783400 元款项，支付方式可以作为原告购买聚某公司开发的聚某名苑 2 号楼临街营业房的购房款，购房价格按 20000 元/平方米计算，购房面积据实结算，多退少补。

季某遂起诉，请求判令聚某公司向季某支付款项 10783400 元，并支付逾期付款资金占用损失 1163978.19 元，申请对聚某公司价值 11947378 元的财产采取诉讼财产保全措施，并在中国平安财产保险股份有限公司购买了诉讼财产责任保险，由该保险公司为其提供担保，保险费用应由鑫某公司承担。聚某公司辩称，《三方协议》不是债权转让协议，上诉人只是履行主体而非债的当事人，《三方协议》的约定在季某和鑫某公司之间不产生债权债务关系，鑫某公司不履行债务时，季某不能直接向鑫某公司请求履行债务。

法院认为，本案焦点之一为聚某公司应向原告季某支付债务的金额？原告与聚某公司及鑫某公司 2019 年 8 月 6 日签订《三方协议》后，聚某公司向鑫某公司继续支付款项的行为，是否对原告产生履行付款责任的法律效果？根据鑫某公司与聚某公司 2019 年 1 月 31 日签订的具有结算性质的《补充协议（最终版）》约定进行结算，聚某公司实际欠原告款项金额为 7220400 元。综上事实，聚某公司已经通过向鑫某公司支付的总金额为 5229600 元，聚某公司所欠鑫某公司债务金额已经发生变更。虽然原、被告及第三人 2019 年 8 月 6 日签订《三方协议》约定鑫某公司转让给原告的债权金额为 10783400 元，但鉴于聚某公司所欠鑫某公司债务金额发生上述变更，聚某公司与鑫某公司之间债务金额的变更也必然对原告产生法律效果，使聚某公司应当向原告支付款项金额也发生相应的变更，聚某公司实际欠原告款项金额为 7220400 元。因诉讼财产保全，原告向中国平安财产保险股份有限公司支付的保险费11947.38元，依照《民法典》第550条之规定，由债权出让人鑫某公司承担。

第五百五十一条　【债务转移】债务人将债务的全部或者部分转移给第三人的，应当经债权人同意。

债务人或者第三人可以催告债权人在合理期限内予以同意，债权人未作表示的，视为不同意。

条文沿革

本条来自《合同法》第84条："债务人将合同的义务全部或者部分转移给第三人的，应当经债权人同意。"

裁判规则一

在债务转移中，债务人将债务转移给第三人后，其已经脱离原债务关系，不再作为债务人对债权人承担履行债务的义务，而是由第三人作为债务人。因此，债务转移又被称为免责的债务承担。而在债务加入中，第三人在其承诺的范围内与债务人一起对债权人承担连带责任，故债务加入又被称为并存的债务承担。两者最大的区别为：在债务加入的情况下，原债务人并不退出债权债务关系，仍需对原有债务承担责任；在债务转移的情况下，原债务人全部或者部分退出债权债务关系，减轻或免除承担责任。

——新疆维吾尔自治区高级人民法院伊犁哈萨克自治州分院（2023）新40民终507号民事判决书

▶案情概要

付某与李某因工作相识，因凿井业务需要，付某向李某借款300000元，双方约定月息7500元，扣除3个月利息后，李某于当日通过银行转账向付某支付借款 277500 元。在支付了 3 个月利息（共计 22500 元）后，付某迟迟未归还剩余借款，双方遂协商更换借条，并在新借条上载明：今浩某凿井公司、付某借到李某现金 300000 元，月息 7500 元，此款用于凿井周转。落款处浩某凿井公司（法定代表人为付某）加盖印章，付某签名并书写身份证号码及电话号码。在借条下方注明："现有自 2014 年 9 月 30 日至 2017 年 9 月 30 日有壹拾玖万贰仟伍佰元利息未付清。"然而履行过程中，付某再次拖延归还借款，李某遂诉至法院，请求判令付某归还借款并承担违约责任。

法院认为，《民法典》第 551 条第 1 款规定："债务人将债务的全部或者部分转移给第三人的，应当经债权人同意。"据此在债务转移中，债务人将债务转移给第三人后，其已经脱离原债务关系，不再作为债务人对债权人承担履行债务的义务，而是由第三人作为债务人。因此，债务转移又被称为免责的债务承担。而在债务加入中，第三人在其承诺的范围内与债务人一起对债权人承担连带责任，故债务加入又被称为并存的债务承担。两者最大的区别为：在债务加入的情况下，原债务人并不退出债权债务关系，仍需对原有债务承担责任；在债务转移的情况下，原债务人全部或者部分退出债权债务关系，减轻或免除承担责任。本案中，李某与付某之间存在民间借贷法律关系，付某欠付李某借款本息，浩某凿井公司与付某共同向李某出具借条承诺承担支付借款本息义务，李某予以接受，同时李某并未免除付某的履行义务，付某与浩某凿井公司对案涉债务承担形成并存的法律关系，应当对案涉债务承担连带清偿责任。因李某、付某、浩某凿井公司在案涉借条中并未约定案涉债务由浩某凿井公司独自承担，并免除付某的还款责任，即不存在债务转移至浩某凿井公司的情形，不符合债务转移的法律规定。

裁判规则二

法律允许符合条件的债权转让和债务转移。但根据一般逻辑和实践经验，不论是债权转让还是债务转移，涉及的债权债务应当是确定的、具体的。附条件的债权协议，协议中债权的构成是不确定的，该债权不能转让。

——甘肃省临夏回族自治州中级人民法院（2023）甘 29 民终 29 号民事判决书

▶案情概要

2013 年李某某向刘某某借款 25000 元。后李某某向刘某某出具借条一份，约定："今借到刘某某现金 45800 元，按每一个月 4000 元还，12 个月还清。从 12 月份开始还起，如还不清每月 1000 元违约算起，如还不清按 2013 年 11 月 6 日计算 25000 元算起。"因李某某未及时归还借款，刘某某遂诉至法院，请求判令李某某支付欠款并承担违约责任。李某某辩称，案涉债务已经被转让至案外人蒲某某名下，其不再承担清偿责任。

法院认为，《民法典》第 545 条第 1 款规定："债权人可以将债权的全部或者部分转让给第三人……"第 551 条第 1 款规定："债务人将债务的全部或者部分转移给第三人的，应当经债权人同意。"从法律规定可以看出，法律允许符合条件的债权转让和债务转移。但根据一般逻辑和实践经验，不论是债权转让还是债务转移，涉及的债权债务应当是确定的、具体的。具体到本案中，李某某与刘某某之间对于债权债务的约定："从 12 月份开始还起，如还不清每月 1000 元违约算起，如还不清按 2013 年 11 月 6 日计算 25000 元算起。"根据协议内容，这是一份附条件的债权协议，协议中债权的构成是不确定的，故李某某与刘某某之间的债权债务数额是不确定的，该债权无法转让。

第五百五十二条　【债务加入】第三人与债务人约定加入债务并通知债权人，或者第三人向债权人表示愿意加入债务，债权人未在合理期限内明确拒绝的，债权人可以请求第三人在其愿意承担的债务范围内和债务人承担连带债务。

条文沿革

本条为新增条文。

关联司法解释

《最高人民法院关于适用〈中华人民共和国民法典〉合同编通则若干问题的解释》

第五十一条 第三人加入债务并与债务人约定了追偿权，其履行债务后主张向债务人追偿的，人民法院应予支持；没有约定追偿权，第三人依照民法典关于不当得利等的规定，在其已经向债权人履行债务的范围内请求债务人向其履行的，人民法院应予支持，但是第三人知道或者应当知道加入债务会损害债务人利益的除外。

债务人就其对债权人享有的抗辩向加入债务的第三人主张的，人民法院应予支持。

裁判规则一

债务加入又称并存的债务承担，是指原债务人未脱离原债务关系，而第三方又加入债务中，与原债务人共同承担债务的行为。债务加入需具备两个基本条件：一是债权债务关系合法有效并确定；二是第三人加入债务必须有明确的意思表示。

——新疆生产建设兵团第六师中级人民法院（2023）兵06民终76号民事判决书

▶案情概要

刘某与金某公司S21房建项目总负责人吕某签订《施工劳务分包合同》，约定金某公司将某工程分包给刘某施工，并就工程价款、承包方式等内容作出约定。合同签订后，刘某即组织人员进驻施工现场。施工过程中，刘某租赁李某的吊车为案涉工程服务，就租赁价款进行核算后刘某向李某出具代付机械费用证明一份，表示该笔租金由金某公司吕某代为支付，所支付款项在本人与吕某签订的《施工劳务分包合同》中转扣，吕某对此表示同意。证明出具后，李某多次要求刘某、金某公司给付欠款未果，引起争讼。吕某系金某公司员工，案涉工程项目总负责人。

法院认为，依据《民法典》第 552 条规定："第三人与债务人约定加入债务并通知债权人，或者第三人向债权人表示愿意加入债务，债权人未在合理期限内明确拒绝的，债权人可以请求第三人在其愿意承担的债务范围内和债务人承担连带债务。"债务加入又称并存的债务承担，是指原债务人未脱离原债务关系，而第三方又加入债务中，与原债务人共同承担债务的行为。债务加入需具备两个基本条件：一是债权债务关系合法有效并确定；二是第三人加入债务必须有明确的意思表示。刘某向李某出具代付机械费用证明，吕某在机械费用证明上签字的行为属于民法上的债务加入。另吕某系案涉工程项目负责人，其以金某公司名义实施的民事法律行为对金某公司发生效力。现金某公司未按机械费用证明的约定向李某支付欠款已构成违约，依法应当承担连带清偿责任。

裁判规则二

债务加入是指第三人与债务人约定加入债务并通知债权人，或者第三人向债权人表示愿意加入债务，债权人未在合理期限内明确拒绝的，债权人可以请求第三人在其愿意承担的债务范围内和债务人承担连带债务。而保证合同是为保障债权的实现，保证人和债权人约定，当债务人不履行到期债务或者发生当事人约定的情形时，保证人履行债务或者承担责任的合同。

——上海市金山区人民法院（2022）沪 0116 民初 1219 号民事判决书

▶案情概要

2020 年，徐某经李某介绍承担某农村宅基地房屋外墙装饰工程。2021 年，徐某 1 向徐某出具一份欠条，确认其尚欠徐某工程款 62300 元，并载明了偿还期限。李某在该欠条首部书写："此款如沈某不付，由李某付清，2021.2.7"后沈某、李某二人均未偿还案涉款项，徐某遂诉至法院，主张沈某、李某二人为并存的债务承担，请求判令二人承担连带清偿责任。

法院认为，关于被告李某的行为属于债务加入还是承担保证责任。

债务加入是指第三人与债务人约定加入债务并通知债权人，或者第三人向债权人表示愿意加入债务，债权人未在合理期限内明确拒绝的，债权人可以请求第三人在其愿意承担的债务范围内和债务人承担连带债务。而保证合同是为保障债权的实现，保证人和债权人约定，当债务人不履行到期债务或者发生当事人约定的情形时，保证人履行债务或者承担责任的合同。本案中，被告李某在欠条上书写"此款如沈某不付，由李某付清"，该内容可以看出系其愿意对被告沈某债务承担保证责任，而并非债务加入的意思表示，故对原告主张系债务加入的意见，本院不予采纳。

第五百五十三条 【债务转移时新债务人的抗辩】 债务人转移债务的，新债务人可以主张原债务人对债权人的抗辩；原债务人对债权人享有债权的，新债务人不得向债权人主张抵销。

条文沿革

本条来自《合同法》第85条："债务人转移义务的，新债务人可以主张原债务人对债权人的抗辩。"

裁判规则

实际接受履行的债务人主张以他人名义订立合同，并认定他人为加入债务人，以加入债务人的事由进行抗辩，但未实际签订合同，人民法院不予支持。应当按照实际接受履行一方为合同相对方。

——山东省潍坊市中级人民法院（2023）鲁07民终1031号民事判决书

▶案情概要

2021年4月26日，陈某向于某出具证明两份，第一份内容为：今有明某砖厂与张某2017年签订供砖合同，2017年4月至7月共供砖15888800块，价格按当时签订的供砖价格结款，陈某按张某与明某砖厂订的价格由陈某签单付款。共欠于某砖款 1588880×0.34＝540219.2 元。陈某 2021 年 4 月 26 日。第二份内容为：2017 年 4 月至 7 月张某工地用明某砖厂砖款 1588880×0.34＝540219.2 元，有供砖合同，欠明某砖厂砖款由陈某签单付款。陈某 2021 年 4 月 26 日。此外，于某还提供了未载明出具日期的陈某书面材料一份，主要内容为：今欠 2017 年 4 月—7 月张某项目用砖砖款 1588880×0.34＝540219.2 元，陈某张某已对账（2020年 6 月 28 号）。于某为进一步证实本案欠款事实提供了 2017 年 5 月—2017 年 7 月明某建材厂出库单一宗，其中部分出库单为陈某签收确认，另有部分为其他人员签字，于某称其他人员均为工地上的工作人员。后双方就陈某是否承担还款责任产生争议。陈某诉称并非合同当事人，且张某 2017 年欠付明某砖厂砖款，该债务也已经过诉讼时效。根据《民法典》第 553 条的规定，张某加入债务，享有原债务人对债权人的抗辩，因此，张某加入债务并不构成新的债务，其承担的依然是原债务，与原债务人并存享有对债权的权利义务。陈某出具的证明距 2017 年已 4年之久，已经过诉讼时效。被上诉人明知其无法向张某索要欠款，转而单独胁迫上诉人陈某出具证明，有意增加上诉人一方责任的不当行为，应为无效。于某辩称陈某为实际欠款人。

　　法院认为，双方主要争议的是陈某应否承担还款责任。首先，陈某主张其非涉案买卖合同的买受人，但据已查明的双方均未提供相应真实有效合同，张某无法说明合同的签订过程、价款、货物情况及后期履行情况，以及潍坊某农业科技有限公司证明中陈某向于某出具的证明载明的砖块价格不同等事实，并结合实际收货情况、于某对此所做陈述，法院分析认定陈某实际为与原潍坊市寒亭区明某建材厂订立买卖合同的一方，符合《最高人民法院关于适用〈中华人民共和国民事诉讼法〉的解释》第 108 条第 1 款"对负有举证证明责任的当事人提供的证据，人民法院经审查并结合相关事实，确信待证事实的存在具有高度可能性的，应当认定该事实存在"之规定，予以确认。陈某否认其为合同买受人及涉案债务已抵顶完毕的主张均证据不足，本院不予支持。陈某主张系受胁迫出具涉案证明，对此仅有口头陈述，无其他有效证据佐证，故综前并据《民法典》第 552 条"第三人与债务人约定加入债务并通知债权人，或者第三人向债权人表示愿意加入债务，债权人未在合理期限内明确拒绝的，债权人可以请求第三人在其愿意承担的债务范围内和债务人承担连带债务"之规定，陈某关于出具涉案证明构成债务加入的主张，并不成立，本院不予支持。再者，在案陈某出具的两份证明均未载明还款期限，且并无新的证据能够证明对方当事人的请求权已过诉讼时效期间，故根据《最高人民法院关于审理民事案件适用诉讼时效制度若干问题的规定》第 3 条第 1 款之规定，本院对陈某本案已过诉讼时效的主张不予支持。

第五百五十四条 【从债务随主债务转移】 债务人转移债务的，新债务人应当承担与主债务有关的从债务，但是该从债务专属于原债务人自身的除外。

条文沿革

本条来自《合同法》第 86 条："债务人转移义务的，新债务人应当承担与主债务有关的从债务，但该从债务专属于原债务人自身的除外。"

裁判规则

从债务指原债务人所负担的从债务，包括交付从物或移转从权利的债务、交付或提供证明文件的义务、支付利息和违约金的债务。实务中利息为常见的从债务。对于到期前已经发生的利息之债以及违约损害赔偿债务，除非当事人在债务转移时有明确约定，新债务人可拒绝承担。

——湖南省高级人民法院（2022）湘执复 83 号执行裁定书

▶**案情概要**

弘某公司与某公园管理局合同纠纷一案，弘某公司与某公园管理局签订《执行和解协议》，主要内容包含双方同意甲方（某公园管理局）

为乙方（弘某公司）代付胜某小额贷款公司1600万元债务的本金，该1600万元本金与乙方无关，由甲方与胜某小额贷款公司协商支付办法处理。再查明弘某公司与某公园管理局双方确认截至2019年5月31日某公园管理局应支付款项本息合计4074.7万元；约定代弘某公司向胜某小额贷款公司偿还了1600万元贷款债务本金，胜某小额贷款公司不再向弘某公司主张2019年5月31日后该1600万元贷款债务利息；后双方就债务转移的利息发生争议，弘某公司诉称其中1600万元的债务转移属于本息分离，请求支付逾期付款利息。

法院认为，《执行和解协议》约定双方同意甲方（某公园管理局）为乙方（弘某公司）代付胜某小额贷款公司1600万元债务的本金，该1600万元本金与乙方无关，由甲方与胜某小额贷款公司协商支付办法处理。本案中，胜某小额贷款公司已在协议上加盖公章并注明"同意执行上述协议，债务分账时间为2019年2月15日"，该条款其本质是三方债务转让和承继，甲方的代付行为消灭三方之间相应的债权债务关系。根据《民法典》第554条规定："债务人转移债务的，新债务人应当承担与主债务有关的从债务，但是该从债务专属于原债务人自身的除外。"本案中利息收益属于从债务，应当一并转移。第555条规定："当事人一方经对方同意，可以将自己在合同中的权利和义务一并转让给第三人。"本案中《执行和解协议》并未就某公园管理局对胜某小额贷款公司付款的最后期限和利息支付做出明确约定。某公园管理局在《执行和解协议》签订后已概括承受弘某公司向胜某小额贷款公司支付1600万元债务本金的相关权利义务，胜某小额贷款公司亦确认不再向弘某公司主张2019年5月31日后该1600万元贷款债务利息。且其之前利息（2019年2月15日之前）已经由胜某小额贷款公司与弘某公司、张家界市怡某绿色食品有限责任公司签订的《还款付息协议》予以确认。本案应当视为1600万元全部债务的概括转让和承继。弘某公司再行请求该笔款项的利息与《执行和解协议》的现实履行状态相冲突，弘某公司所称的本息分离转让的异议理由不能成立，该院不予采纳，弘某公司该部分的利息请求权归于消灭。

第五百五十五条 【合同权利义务的一并转让】 当事人一方经对方同意，可以将自己在合同中的权利和义务一并转让给第三人。

条文沿革

本条来自《合同法》第 88 条："当事人一方经对方同意，可以将自己在合同中的权利和义务一并转让给第三人。"

裁判规则

未经相对方同意，合同权利义务不得转让。

——山东省青岛市中级人民法院（2023）鲁 02 民终 7292 号民事判决书

▶案情概要

武某（乙方）与景丽某公司（甲方）签订《工程承包协议》一份，后又加盖了林某公司印章。后因合同纠纷诉至法院。武某向一审法院诉求解除武某与景丽某公司、林某公司签订的《工程承包协议》且判令景丽某公司、林某公司立即支付武某工费、材料费 25 万元，返还材料押金 5 万元，共计 30 万元，并承担该款自本案起诉之日至实际付清之日的利息。一审法院作出判决后，景丽某公司不服提出上诉。

二审法院认为，本案的焦点问题是景丽某公司应否承担付款责任。景丽某公司、林某公司对与武某签订于 2021 年 5 月 12 日的《工程承包协议》的真实性并无异议，本院予以确认。一审法院依据上述承包协议、鉴定报告及相关证据，判令景丽某公司、林某公司共同向武某支付工程款及利息，景丽某公司上诉主张其已退出合同，不应承担付款责任。根据《民法典》第 555 条规定："当事人一方经对方同意，可以将自己在合同中的权利和义务一并转让给第三人。"具体到本案，景丽某公司虽主张其已退出合同，但其未提交与武某签订的退出合同，且武某作为合同相对方对景丽某公司的上述主张不予认可，故本院对景丽某公司关于其已退出合同的主张不予支持。一审法院依据合同相对性原则，判令景丽某公司承担付款责任正确。

第五百五十六条　【一并转让的法律适用】合同的权利和义务一并转让的，适用债权转让、债务转移的有关规定。

条文沿革

本条来自《合同法》第 89 条："权利和义务一并转让的，适用本法第七十九条、第八十一条至第八十三条、第八十五条至第八十七条的规定。"

裁判规则

合同权利义务一并转让适用债权转让、债务转移的有关规定的，受让人与一方当事人之间形成债权债务关系。

——辽宁省本溪市中级人民法院（2022）辽 05 民终 1378 号民事判决书

▶案情概要

鑫某某公司与梁某达成口头协议，约定梁某以原材料形式、鑫某某公司以混凝土及房产形式达成顶账合作合意。协议签订后，鑫某某公司开始向梁某指定的润某公司的小堡花园改造工程等项目供应混凝土。后鑫某某公司（甲方）与梁某（乙方）签订《顶账协议》。三方发生买卖合同纠纷诉至法院，鑫某某诉求，判决梁某、润某公司共同偿还其货款。梁某辩称，其不是债务加入，只是介绍并非买卖方中介。

法院认为，关于梁某与鑫某某公司之间的法律关系如何确认问题。首先，鑫某某公司、润某公司、梁某三方达成由梁某向鑫某某公司供应原材料碎石抵顶润某公司欠付鑫某某公司的混凝土款，由润某公司向梁某支付混凝土款的合意，并按此约定实际履行。三方约定是针对案涉混凝土买卖合同付款方式的约定，系三方自愿行为，合法有效。《民法典》第551条规定："债务人将债务的全部或者部分转移给第三人的，应当经债权人同意。债务人或者第三人可以催告债权人在合理期限内予以同意，债权人未作表示的，视为不同意。"第553条规定："债务人转移债务的，新债务人可以主张原债务人对债权人的抗辩；原债务人对债权人享有债权的，新债务人不得向债权人主张抵销。"第555条规定："当事人一方经对方同意，可以将自己在合同中的权利和义务一并转让给第三人。"第556条规定："合同的权利和义务一并转让的，适用债权转让、债务转移的有关规定。"依据上述法律规定，三方约定的付款方式实质是润某公司将其对鑫某某公司的债务转移给第三方梁某，并征得鑫某某公司的同意，因此，润某公司的行为构成债务转移，梁某作为案涉混凝土买卖合同的第三方，承继了润某公司对鑫某某公司享有的按照以物抵债的付款方式承担还款责任的权利和义务。故梁某与鑫某某公司之间就案涉混凝土买卖合同具有债权债务关系。其次，鑫某某公司与梁某签订二套房屋的抵账协议，并与案外人本溪宝某碎石加工有限公司签订三方抵账协议，案涉债务经核算后的数额中包括该二笔抵账价款在内，故鑫某某公司与梁某之间还存在其他法律关系形成的债权债务关系。

第七章 合同的权利义务终止

第五百五十七条 【债权债务终止的法定情形】有下列情形之一的，债权债务终止：

（一）债务已经履行；

（二）债务相互抵销；

（三）债务人依法将标的物提存；

（四）债权人免除债务；

（五）债权债务同归于一人；

（六）法律规定或者当事人约定终止的其他情形。

合同解除的，该合同的权利义务关系终止。

条文沿革

本条来自《合同法》第91条："有下列情形之一的，合同的权利义务终止：

（一）债务已经按照约定履行；

（二）合同解除；

（三）债务相互抵销；

（四）债务人依法将标的物提存；

（五）债权人免除债务；

（六）债权债务同归于一人；

（七）法律规定或者当事人约定终止的其他情形。"

裁判规则一

债务人依法将标的物提存产生同债务清偿同样的效果。

——广东省中山市中级人民法院（2022）粤 20 执复 63 号执行裁定书

▶案情概要

关于李某与李某 1、顾某赠与合同纠纷一案，经审理作出（2020）粤 2071 民初 29046 号民事判决。李某不服，提出上诉，二审法院经审理作出（2021）粤 20 民终 7246 号民事判决。根据上述判决内容，确认顾某与李某之间的赠与合同无效；李某于判决发生法律效力之日起 7 日内向李某 1 退还 73599.76 元及利息损失……如果未按判决指定的期间履行给付金钱义务，应当依照《民事诉讼法》第 253 条规定，加倍支付迟延履行期间的债务利息。李某应于履行本判决时应负担的一审案件受理费 1666 元扣减二审垫付的案件受理费 657 元余 1009 元付给李某 1。因李某未履行判决义务，李某 1 申请执行，广东省中山市第一人民法院于 2021 年 12 月 2 日立案执行，执行中，广东省中山市第一人民法院向被执行人李某发出缴款通知书，缴款金额为 83178.96 元。李某对本金 73599.76 元、案件受理费 1009 元无异议，对利息损失、迟延履行债务利息及执行费提出执行异议。广东省中山市第一人民法院驳回李某的异议请求。李某向广东省中山市中级人民法院提出复议。

广东省中山市中级人民法院认为，清偿提存作为债的履行的一种特殊方式，无须得到债权人的协助即可实现与债务清偿同等的效果，有利于将债务人从合同关系中及时解脱出来，提高交易效率，减少损失。李某收到二审判决书后，主动提出按判决履行义务，如李某 1 无正当理由拒绝受领，李某可以通过将判决本息提存的方式履行债务，以终止双方的债权债务。但李某提出附条件履行债务，在李某 1 不同意其所附条件的情况下，李某没有及时采用提存方式履行债务，由此造成的利息损失应由其自行承担。

裁判规则二

债权人免除债务的，与债务人的债权债务关系终止。

——湖北省荆门市中级人民法院（2021）鄂 08 民终 1434 号民事判决书

▶**案情概要**

韩某与金某于 2014 年 5 月 9 日登记结婚，于 2017 年 9 月 18 日登记离婚。双方于 2017 年 9 月 18 日签订离婚协议书一份，就子女抚养、财产以及债务处理等事项作出约定，其中双方确认在婚姻关系存续期间没有发生任何夫妻共同债务，任何一方如对外负有债务的，由负债方自行承担。后双方通过微信确认金某有 34 万元债务，韩某表示愿与金某一起偿还债务，之后再由金某还给韩某，未约定利息。后韩某多次通过短信、微信等方式向金某催款，并要求金某出具借条。金某偿还后仍欠韩某 24 万元并且未出具借条。2021 年 2 月 17 日，韩某用其母亲的微信账户"月亮"与金某联系，韩某告诉金某"2019 年 10 月至 12 月拿走的 25 万元我不要了，就当给孩子的补充抚养费（收据上要写明，将来给孩子有个交代）。同时请两个月之内把房贷转移走，不要用我的名义贷款。转移放贷事宜速与我联系"。后金某仍未还清债务，韩某将其诉至法院，请求判令金某偿还韩某借款 240000 元及利息。一审法院判令金某与韩某之间成立赠与合同，韩某可行使撤销权，金某不服一审判决提出上诉。

二审法院认为，免除仅依债权人表示免除债务之意思而生效力。本案中韩某与金某存在民间借贷关系。据韩某发送的微信内容可知，韩某明确表示金某欠其 25 万元，其不要了，免除了金某的还款义务，原因是将借款当作给孩子的抚养费。韩某的行为属于债权人免除债务，并不是赠与行为。虽然韩某在微信中还要求金某在两个月内将房贷转移走，但未约定逾期的违约责任，即使金某未按期办理，也不导致债务免除不成立。因韩某免除了金某的债务，故金某不应再承担偿还债务的责任，其要求金某偿还借款本金及利息的诉讼请求不应予以支持。按照诚实信用原则，金某接受韩某免除其债务的意思表示，其也应给韩某出具收据并将房贷转移走。

第五百五十八条 【后合同义务】债权债务终止后，当事人应当遵循诚信等原则，根据交易习惯履行通知、协助、保密、旧物回收等义务。

条文沿革

本条来自《合同法》第92条："合同的权利义务终止后，当事人应当遵循诚实信用原则，根据交易习惯履行通知、协助、保密等义务。"

裁判规则

双方均未履行后合同义务，且均存在过错的，对于产生的损失应当各自承担责任。

——四川省广安市中级人民法院（2022）川16民终1152号民事判决书

▶案情概要

陈某与肖某签订《门市租赁合同》，就租赁门面等事宜作出约定。签订合同后，陈某、孟某按照合同约定将案涉门市交付肖某占有、使用。肖某未按照合同约定支付租金，租赁期满后，双方未签订续租合同，肖某亦未将案涉门市交付陈某、孟某。陈某、孟某将肖某诉至法院，请求判令解除陈某、肖某的门市租赁关系；判令肖某向陈某、孟某立即支付租金及利息；判令肖某从2022年3月2日起按照日租金41.09元、物业服务费3.66元/日向陈某、孟某支付租金和物业服务费直至肖某将案涉租赁房屋交付陈某、孟某时止；判令肖某向陈某、孟某立即支付物业服务费1334.4元。一审法院判决肖某于该判决生效之日起10日内向陈某、孟某支付房屋租金15000元及利息；肖某于该判决生效之日起10日内向陈某、孟某支付逾期交付房屋的违约损失15000元。肖某不服一审判决提出上诉。

二审法院认为，根据合同约定，租期届满，如肖某要续租须在到期一个月前告知陈某，现肖某称其在合同到期前已经告知陈某其不再租赁了，并无续租的意思表示，但在案证据不能证明肖某在合同期满前乃至期满后告知了陈某其要续租房屋，且肖某在租期届满后继续使用了房屋，故双方没有达成继续租赁房屋的合意，合同约定的租期届满后，双方的权利义务终止。在此情况下，依照《民法典》第558条"债权债务终止后，当事人应当遵循诚信等原则，根据交易习惯履行通知、协助、保密、旧物回收等义务"的规定，陈某对租赁物有管理义务，其在租期届满后应当及时收回租赁物，肖某对租赁物有返还义务，亦应当在租期届满后及时向陈某交还租赁物，以减少损失。而在本案中，双方均未举证证明各自履行了收/交租赁物的义务，均存在过错，对于房屋空置的损失双方均应当承担责任。肖某未能交付钥匙不是陈某、孟某放任房屋空置、扩大损失的理由。从陈某、孟某的陈述看，其至少在2021年9月、10月已经明确知道了肖某不再租赁房屋，此时其更应当立即收回房屋，防止损失再继续扩大，而其并未采取任何措施止损，此后的损失应由其自行承担。法院综合本案合同的履行情况、当事人的过错程度，酌情认定肖某向陈某、孟某赔偿其未及时交付房屋的损失3500元。

第五百五十九条　【从权利消灭】债权债务终止时，债权的从权利同时消灭，但是法律另有规定或者当事人另有约定的除外。

第五百六十条　【数项债务的清偿抵充顺序】债务人对同一债权人负担的数项债务种类相同，债务人的给付不足以清偿全部债务的，除当事人另有约定外，由债务人在清偿时指定其履行的债务。

债务人未作指定的，应当优先履行已经到期的债务；数项债务均到期的，优先履行对债权人缺乏担保或者担保最少的债务；均无担保或者担保相等的，优先履行债务人负担较重的债务；负担相同的，按照债务到期的先后顺序履行；到期时间相同的，按照债务比例履行。

第五百六十一条 【费用、利息与主债务的清偿抵充顺序】
债务人在履行主债务外还应当支付利息和实现债权的有关费用，其给付不足以清偿全部债务的，除当事人另有约定外，应当按照下列顺序履行：

（一）实现债权的有关费用；

（二）利息；

（三）主债务。

条文沿革

本条来自《最高人民法院关于适用〈中华人民共和国合同法〉若干问题的解释（二）》第21条："债务人除主债务之外还应当支付利息和费用，当其给付不足以清偿全部债务时，并且当事人没有约定的，人民法院应当按照下列顺序抵充：

（一）实现债权的有关费用；

（二）利息；

（三）主债务。"

裁判规则

在没有约定的情况下，债务人的给付不足以清偿全部债务，应当先偿还利息，剩余部分冲抵欠付本金。

——新疆维吾尔自治区高级人民法院伊犁哈萨克自治州分院（2021）新40民终2334号民事判决书

▶**案情概要**

2015年4月15日，程某向陶某借款80000元，约定月息20‰，借款期限至 2015 年 10 月 16 日止，程某以其宅基地使用证抵押，并向陶某出具借条一张。2015 年 4 月 18 日，陶某以银行卡存款的方式向程某支付了上述借款 80000 元。后经陶某多次催要，至起诉前程某偿还陶某15000 元。2021 年 5 月 10 日，陶某申请诉讼保全了程某伊宁县墩麻扎镇阿孜尕力村二组的宅院，支付保全费 1341 元。陶某诉称，1. 请求判令程某支付借款本金 80000 元及自 2015 年 4 月 18 日至 2021 年 3 月 26 日之间的借款利息 99200 元；2. 本案诉讼费 1792 元、保全费 1341 元，由程某承担。程某辩称，已经偿还的 15000 元应当认定为本金。保全费1341 元并非本案必须支出的诉讼费用，其不应当承担。

法院认为，程某偿还的 15000 元，因无证据证实系偿还借款的本金，依照《民法典》第 561 条规定，应认定为偿还借款的利息，并从应付利息中扣除，即程某尚欠陶某借款本金 80000 元及利息 95019.95 元。陶某要求程某承担保全申请费 1341 元的诉讼请求，符合法律规定，予以支持。

第五百六十二条　【合意解除和约定解除权】 当事人协商一致，可以解除合同。

当事人可以约定一方解除合同的事由。解除合同的事由发生时，解除权人可以解除合同。

条文沿革

本条来自《合同法》第 93 条："当事人协商一致，可以解除合同。

当事人可以约定一方解除合同的条件。解除合同的条件成就时，解除权人可以解除合同。"

关联司法解释

《最高人民法院关于适用〈中华人民共和国民法典〉合同编通则若干问题的解释》

第五十二条 当事人就解除合同协商一致时未对合同解除后的违约责任、结算和清理等问题作出处理，一方主张合同已经解除的，人民法院应予支持。但是，当事人另有约定的除外。

有下列情形之一的，除当事人一方另有意思表示外，人民法院可以认定合同解除：

（一）当事人一方主张行使法律规定或者合同约定的解除权，经审理认为不符合解除权行使条件但是对方同意解除；

（二）双方当事人均不符合解除权行使的条件但是均主张解除合同。

前两款情形下的违约责任、结算和清理等问题，人民法院应当依据民法典第五百六十六条、第五百六十七条和有关违约责任的规定处理。

裁判规则一

因为市场风险，非因双方当事人违约行为致使双方合同目的不能实现的，当事人合意解除合同，双方当事人均无权要求对方赔偿损失，即双方当事人均不承担违约责任。

——最高人民法院（2022）最高法知民终 1289 号民事判决书

▶**案情概要**

2018 年 11 月 21 日，太能沃某公司（甲方）和第一某公司（乙方）签订涉案协议，合同约定如下："本协议"为游戏独家代理运营协议。"游戏独家许可运营"指甲方作为游戏及其衍生产品在全球范围内的全部知识产权和所有权的拥有者，同意授予乙方在协议区域和协议期限内独家运营《某某战记》手机游戏的专有权。在协议期限内，甲方不得将本游戏再授权给第三方或自行运营。

双方确认第一某公司购买了服务器，并将账号密码提交给太能沃某公司，太能沃某公司提交了涉案游戏软件。第一某公司主张涉案游戏软件测试没有达到合同要求的验收数据标准，导致涉案游戏无法商业化运营，未达到支付第三笔版权金和预付分成款的条件。太能沃某公司则主张第一某公司没有申请游戏版号和不具备办理涉案游戏上网资格，导致合同无法继续履行。第一某公司诉请：1.判令解除涉案协议；2.判令太能沃某公司返还第一某公司支付的50万元预付分成款；3.判令太能沃某公司返还第一某公司支付的40万元版权金；4.判令太能沃某公司赔偿经济损失75318.75元。太能沃某公司原审辩称，太能沃某公司在涉案协议履行中不存在违约行为，第一某公司不能解除合同。

法院认为，双方当事人均确认合同目的无法实现，均同意合同解除。本案中，涉案游戏测试数据未达到涉案协议约定标准，无法满足商业化运营需求，且双方当事人对此均予以确认，游戏开发运营客观上存在市场风险，导致未达到双方当事人预期的效果，使得合同目的不能实现。非因双方当事人违约行为致使双方合同目的不能实现，该结果的出现为双方当事人均不愿意看到的。故涉案协议非因当事人违约行为而解除，双方当事人均无权要求对方赔偿损失，即双方当事人均不承担违约责任。第一某公司认为太能沃某公司应当返还40万元版权金。对此，法院认为，根据涉案协议约定，太能沃某公司完成了涉案游戏本地化且经第一某公司验收合格，第一某公司亦按照涉案协议约定分两期向太能沃某公司支付版权金40万元，第一某公司依据合同约定在合同履行期间获得了涉案游戏的著作权独家许可使用权，后续合同是否解除，不影响第一某公司在此期间获得涉案游戏的许可使用权，其支付的版权金是其获得许可使用权的对价，亦是第一某公司在涉案协议中的真实意思表示。因此，第一某公司要求太能沃某公司返还40万元版权金的上诉请求不能成立。

裁判规则二

当事人约定合同解除事项的，解除合同事由发生时，当事人有权按照约定解除合同。以起诉的方式解除的，应当以当事人收到起诉状副本之日作为涉案合同解除的日期。

——最高人民法院（2022）最高法知民终 971 号民事判决书

▶**案情概要**

李某、富某公司、曹某、李某 1 签订涉案合同的情况。

甲方（专利使用许可人）李某与乙方（专利使用被许可人）富某公司、丙方（担保人）曹某、李某 1 签订涉案合同一份，协议部分内容为：1. 鉴于：（1）甲、丙双方于 2017 年 6 月 15 日就富某公司及环某公司股权转让事宜签订两份《股权转让协议》，现甲方已经按约履行包括股权转让及资产清点交接等全部合同义务，且不存在任何违约行为，丙方对此不持异议。（2）根据上述股权转让协议第 4 条第 4.1 款约定，甲方应在股权转让后另行签订关于隧道窑专利使用权的授权协议。（3）协议各方均愿提供自身技术、资金等优势资源，由甲方提供技术支持，乙、丙方提供资金及市场营销等支撑，强强联合，争取在短期内打开市场。甲方许可乙方限中国大陆境内使用其隧道窑专利。使用许可形式及许可范围：仅限中国大陆境内独占使用。专利所有权仍归属甲方，许可乙方仅限行业机制炭行业使用隧道窑专利。2. 许可使用费用及支付方式。许可使用费用：乙方每年向甲方支付专利使用许可费用 500 万元，按季支付，先付后用，每季度支付 125 万元，第一期费用应于本协议签订后 3 天内支付，今后应于每年 3 月、6 月、9 月及 12 月的 18 日前一次性支付下一季度使用许可费用。3. 违约责任。乙方应按约支付甲方包括专利使用许可费等各项费用，逾期支付的，应按欠付总金额的每日万分之七向甲方支付违约金，逾期超过 15 天的，甲方有权单方解除合同，终止专利使用许可。4. 担保责任。丙方作为连带责任保证人，为乙方上述付款及其他相关义务承担连带保证责任，乙方违约的，甲方可以随时（向）丙方主张相关权利。

涉案合同的履行情况：协议签订后，因富某公司未按约支付专利许可使用费用，李某向湖州市南浔区人民法院提起诉讼，要求判令曹某、李某 1、富某公司立即支付合同价款 625 万元及违约金 125 万元。后经法院主持调解，双方于 2020 年 3 月 5 日就截至 2020 年第一季度的专利许可使用费用支付事宜达成调解。调解过程中，曹某、李某 1 均表示对拖欠价款一事无异议，要继续使用李某的专利技术并支付费用。

李某诉称，1. 请求解除李某与富某公司、曹某、李某1于2017年11月15日签订的涉案合同；2. 富某公司、曹某、李某1立即连带支付李某专利许可使用费6510274元。富某公司、曹某提出反诉请求，撤销李某与富某公司、曹某、李某1于2017年11月15日签订的涉案合同。

最高人民法院认为，关于富某公司、曹某是否违约以及原审判令解除涉案合同是否正确的问题。《民法典》第562条第2款规定："当事人可以约定一方解除合同的事由。解除合同的事由发生时，解除权人可以解除合同。"第565条第2款规定："当事人一方未通知对方，直接以提起诉讼或者申请仲裁的方式依法主张解除合同，人民法院或者仲裁机构确认该主张的，合同自起诉状副本或者仲裁申请书副本送达对方时解除。"本案中，根据涉案合同约定，富某公司应按约支付李某专利许可使用费等各项费用，逾期超过15天的，李某有权单方解除合同。富某公司迟延支付许可使用费远超15天，李某有权依照涉案合同第4条的约定解除合同，原审法院确定以富某公司、曹某、李某1收到起诉状副本之日即2021年5月24日作为涉案合同解除的日期符合法律规定。

第五百六十三条 【合同的法定解除】有下列情形之一的，当事人可以解除合同：

（一）因不可抗力致使不能实现合同目的；

（二）在履行期限届满前，当事人一方明确表示或者以自己的行为表明不履行主要债务；

（三）当事人一方迟延履行主要债务，经催告后在合理期限内仍未履行；

（四）当事人一方迟延履行债务或者有其他违约行为致使不能实现合同目的；

（五）法律规定的其他情形。

以持续履行的债务为内容的不定期合同，当事人可以随时解除合同，但是应当在合理期限之前通知对方。

条文沿革

本条来自《合同法》第 94 条："有下列情形之一的，当事人可以解除合同：（一）因不可抗力致使不能实现合同目的；（二）在履行期限届满之前，当事人一方明确表示或者以自己的行为表明不履行主要债务；（三）当事人一方迟延履行主要债务，经催告后在合理期限内仍未履行；（四）当事人一方迟延履行债务或者有其他违约行为致使不能实现合同目的；（五）法律规定的其他情形。"

裁判规则一

以持续履行的债务为内容的不定期合同，解除权人须在合理期限前通知对方。对本款规定的解除权，合同双方当事人均可以享有和行使。未在合理期限前通知解除的，合同自合理期限届满后解除。

——北京市大兴区人民法院（2020）京 0115 民初 7346 号民事判决书

▶ **案情概要**

甲方全某公司与乙方永某公司签订销售协议书，就乙方代理销售甲方"全某、丰某、仿膳"品牌系列达成协议约定：甲方授权乙方销售甲方的全某品牌鸭类及包装系列食品。乙方不得在授权区域外销售全某系列产品。甲方需向乙方提供全某统一标识，对销售卖场场地、陈列等部位进行统一标识装饰，并提供代理证书及相关证件。乙方向甲方订货时需提前 1 个工作日书面或电话通知甲方，甲方负责将货物送达乙方。乙方向甲方提供保证金 5000 元，合同终止 1 个月后退回。结算方式为货到付款。协议期限自 2017 年 7 月 1 日至 2017 年 12 月 31 日。协议期满前 1 个月双方商议终止或续签事宜。

2018 年 3 月 30 日，全某公司向永某公司出具《关于终止续约的说明》：全某京点食品西客站专卖店自 2010 年 5 月 1 日起所承租的海瑞大厦 Y5 商铺于 2018 年 4 月 30 日租期终止。因我公司拟对专卖店进行战略性调整，与贵司签订的租赁合同到期后将不再续租。我们将会在 4 月 30 日前进行闭店工作。再次感谢这 8 年来贵方对我公司给予的大力支持。2018 年 9 月 18 日 10 时 40 分，北京市工商行政管理局西站分局到永某公司位于海瑞大厦的 Y5 商铺执法调查，告示举报其冒用全某专卖店字号。检查情况为：现场检查发现其有营业执照和食品经营许可证，其大门牌匾上方挂有全某西站店字样，但未见其授权书，自称正在办理授权过程中，执法人员要求其立即摘除侵权牌匾，其拒绝。

2018 年 9 月 19 日，全某公司向永某公司发送通知函，针对双方 2017 年 7 月 1 日销售协议书相关事宜通知如下：协议书早已期满；自本通知函发出次日起不再授权永某公司销售协议书列明的食品，不再向其供货；立即停止使用全某公司商标标识。2018 年 10 月 23 日，全某公司再次向永某公司发送通知函，告知对方自 2018 年 1 月至今未经全某公司授权在海瑞大厦悬挂带有全某专卖店门头牌匾并进行销售，现通知拆除违法门头牌匾。

法院认为，从销售协议书内容来看，该合同主要是由全某公司授权永某公司代理销售全某公司相关品牌系列食品，为实现合同目的，双方既就食品销售形成买卖合同关系，也就约定期限内使用全某统一标识等达成一致。因此，双方的代理销售关系性质属于继续性合同，不属于一时性合同。继续性合同关系，在当事人约定的有效期届满时终止。本案争议焦点为，永某公司与全某公司在 2017 年 7 月 1 日销售协议书届满后，双方是否还存在代理销售关系。依照法律规定，当事人订立合同，有书面形式、口头形式和其他形式。本案中，自 2018 年 1 月 1 日至 2018 年 9 月 18 日，全某公司一直在向永某公司实际供货。对于双方究竟为单次买卖合同关系，还是以代理销售为内容的继续性合同，应结合其他事实来判断。销售协议书在 2017 年 12 月 31 日即终止，但是直到 2018 年 9 月 18 日工商行政管理局接到举报对永某公司进行调查之日，没有证据证明全某公司此前对永某公司将全某标识使用于店铺牌匾等行为提出异议。在此期间，全某公司不仅向永某公司供货，而且永某公司提交的微信聊天记录以及通话记录等证据可以证明，在 2018 年 9 月 18 日前，永某公司法定代表人刘某辰持续地同全某公司相关人员就续签合同进行沟通。这些事实说明，在 2017 年销售协议书到期后，双方并不是明确表示立即完全终止合同关系，而是在商谈续签事宜的同时，继续实际履行着代理销售关系。需要说明的是，根据永某公司提交的微信聊天记录等证据，续签合同是指签订书面协议。因此，不能认为双方最终没有签订书面协议，就否定双方在商谈签订书面协议过程中实际上存在合同关系。综上，法院认为，销售协议书到期后，双方仍然继续存在不定期代理销售关系。由于代理销售关系属于继续性合同，从继续性合同的特征出发，应认为双方均可以随时解除合同，但应当在合理期限之前通知对方。2018 年 9 月 19 日全某公司发函，明确提出"不再授权永某公司销售协议书列明的食品，不再向其供货；立即停止使用全某公司商标标识"，考虑到全某公司未在发函前合理期限通知永某公司，故，本院以全某公司第二次发函日期即 2018 年 10 月 23 日作为合同解除日期。在不定期代理销售关系已经解除的情况下，永某公司要求解除双方合同关系，本院不予支持。

裁判规则二

债务人在催告后明确表明或以自己的行为表明不履行，构成拒绝履行，当事人可以立即解除合同，而无须等待合理期限届满。

——浙江省高级人民法院（2022）浙民终 1198 号民事判决书

▶案情概要

新某厂作为甲方与左某云商公司作为乙方签订《跨境电商运营服务合同》，约定：鉴于甲乙双方将在跨境电商方面合作开展业务，由甲方提供产品，乙方为甲方提供其产品在亚马逊平台的运营、销售服务，双方经自愿、平等、友好协商，就该服务在运营方面达成协议。乙方针对甲方项目，提供跨境电商咨询管理服务，包括市场调研、产品规划、服务模块、运营支持模块，在此基础上乙方还开展对甲方跨境电商业务的运营销售服务：运营销售服务期为 3 年，自 2019 年 7 月 13 日至 2022 年 7 月 12 日；新某厂作为甲方、左某云商公司作为乙方、左某公司作为丙方签订协议书，约定：经三方协商一致并确认，甲方与乙方在 2019 年 7 月 3 日签订的《跨境电商运营服务合同》，该合同尚未履行完毕，经过三方协商一致同意，乙方将对前述合同享有的权利和承担的义务概括转让至丙方公司，后续由丙方公司根据原合同约定对甲方继续履行，甲方与乙方的合同关系自本协议三方签字之日起终止，甲方与丙方的合同关系自本协议三方签字之日起成立，同时还约定了丙方公司的收款账户。协议落款甲方处由新某厂员工杜某英签名，乙方、丙方处分别由左某云商公司、左某公司盖章。其后，新某厂向协议中左某公司提供的账户支付服务费，亦由左某公司向新某厂开具增值税发票。2021 年 6 月 22 日，浙江伦和律师事务所接受左某公司的委托出具律师函，表示截至 2021 年 5 月新某厂拖欠左某公司销售佣金 177069.12 元，2021 年 6 月销售数据结算后将告知新某厂，由于新某厂拖欠支付款项，其应承担支付违约金、滞纳金的责任，并要求新某厂于 2021 年 6 月底前支付拖欠的款项，否则左某公司将解除合同并终止运营项目。同日，左某公司将上述函件通过微信群进行发送。新某厂员工杜某英回复称要求尽快将遗留问题解决后再付清余款。2021 年 7 月 6 日，左某公司通过上述微信群向新某厂发送《服务合同解除通知书》，并表示会将原件进行邮寄，2021 年 7 月 7 日，邮寄的信件被签收。在该通知书中，左某公司表示：由于新某厂一直逾期拖欠应支付的代理运营服务费，经左某公司多次催要无果，根据法律规定，左某公司发出解除合同通知书，并将其所掌握的"腾某店铺""广某店铺"有关情况和其他信息与新某厂进行了交接，同时要求左某公司（应该是新某厂）在收到通知后 1 个工作日内付清拖欠的代理服务费本金合计人民币 150052.77 元（含新某厂拖欠左某公司 2020 年 11 月和 2021 年 5 月至 6 月的佣金）。后左某公司诉至法院，诉称解除合同并支付服务费及逾期支付的利息。新某厂辩称应当由左某工商公司向左某公司转让费用，延期支付是左某公司自身原因造成，且《跨境电商运营服务合同》是继续性合同，协议书没有记载约定权利义务概括转让的日期，欠缺合同主要条款没有成立。

法院认为，案涉《跨境电商运营服务合同》为左某云商公司和新某厂的真实意思表示，内容没有违反法律、行政法规的强制性规定，合法、有效，对当事人具有约束力。依照三方协议书的约定，左某云商公司将其在《跨境电商运营服务合同》项下的权利义务概括转让给左某公司，虽然新某厂并未在其上加盖印章，但由其工作人员杜某英进行了签字确认，而杜某英为新某厂一方与左某云商公司、左某公司进行业务沟通的人员，且其后新某厂也是按该协议书所约定之左某公司账户汇款，并由左某公司向其开具发票，因此由该后续履行行为也可看出新某厂对杜某英在协议书上签名的行为予以认可。故新某厂辩称三方协议书对其不发生法律效力以及左某公司不是本案的适格原告，不能成立，不予支持。关于左某公司是否有权解除案涉《跨境电商运营服务合同》。《民法典》第563条第1款第3项规定："当事人一方迟延履行主要债务，经催告后在合理期限内仍未履行，当事人可以解除合同。"依照《跨境电商运营服务合同》第三部分第2条第3款"甲方（新某厂）按照月报相关数据在该月15日至18日期间安排汇款"支付上月服务费用的约定，对于2021年5月的服务费，左某公司已依约于2021年6月10日前向新某厂发送了月报和费用明细，新某厂依约应于2021年6月18日前支付该笔款项，但其未予支付，迟延履行主要债务，其后左某公司以发送律师函等方式催告新某厂履行该义务，但新某厂仍未履行。因此，依照上述法律规定，左某公司有权解除案涉《跨境电商运营服务合同》，其于2022年7月6日通过微信和寄送信件的方式发出解除合同的通知，相应信件于7月7日被签收，故左某公司主张案涉《跨境电商运营服务合同》于2021年7月7日解除符合法律规定，具有事实依据，予以支持。

第五百六十四条 【解除权行使期限】法律规定或者当事人约定解除权行使期限，期限届满当事人不行使的，该权利消灭。

法律没有规定或者当事人没有约定解除权行使期限，自解除权人知道或者应当知道解除事由之日起一年内不行使，或者经对方催告后在合理期限内不行使的，该权利消灭。

条文沿革

本条来自《合同法》第 95 条："法律规定或者当事人约定解除权行使期限，期限届满当事人不行使的，该权利消灭。

法律没有规定或者当事人没有约定解除权行使期限，经对方催告后在合理期限内不行使的，该权利消灭。"

裁判规则一

在法定和约定的合同解除期内，守约方在因对方违约享有约定合同解除权后没有行使的，视为自愿弃权，不得再行主张约定解除权。

——江苏省徐州市中级人民法院（2021）苏 03 民终 3912 号民事判决书

▶案情概要

2015 年 9 月 18 日，南某置业公司（出卖人）与王某、李某（买受人）签订《商品房买卖合同》，王某、李某购买南某置业公司开发的某小区北×幢×单元××××号房，建筑面积 125.57 平方米，该商品房总价款 807933 元。双方约定合同签订后，由出卖人通知买受人办理公积金贷款，除 9 万元可于 2016 年 3 月 1 日付款，其余贷款缴纳全额房款不足部分于 2015 年 10 月 31 日前缴纳。买受人逾期付款的违约责任中约定，逾期超过 30 日后，出卖人有权解除合同。出卖人解除合同的，买受人按累计应付款的 3% 向出卖人支付违约金。同日，双方签订了《某小区地下储藏室和地下车位使用权转让协议》。南某置业公司将位于徐州市地下车位编号为 1-1-08 使用权转让给王某、李某，使用期限至 2082 年 8 月 19 日。合同签订后，王某、李某支付房款 25 万元，尚欠 557933 元未支付。2019 年 6 月 5 日，南某置业公司向王某、李某发出解除合同通知书，由于王某、李某未按照合同约定的2016年3月1日缴纳全部房款，经几次电话及短信通知仍未缴纳，按照合同约定自该通知送达的同时，解除双方签订的《商品房买卖合同》。2020年9月7日，南某置业公司诉至法院。王某、李某辩称合同行使解除权超过一年的期间，其解除权消灭。南某置业公司辩称其是履行合法的抗辩权，不存在违约。

法院认为，本案的争议焦点是南某置业的解除权是否消灭，该解除权已经消灭，理由如下：1. 关于法律适用问题。自民法典施行之日起一年内不行使的，人民法院应当依法认定该解除权消灭；解除权人在民法典施行后知道或者应当知道解除事由的，适用《民法典》第564条第2款关于解除权行使期限的规定。《最高人民法院关于审理商品房买卖合同纠纷案件适用法律若干问题的解释》（法释〔2003〕7号）第15条第2款（2020年修正该解释时对该款有实质性修改）规定："法律没有规定或者当事人没有约定，经对方当事人催告后，解除权行使的合理期限为三个月。对方当事人没有催告的，解除权应当在解除权发生之日起一年内行使；逾期不行使的，解除权消灭。"本案中，鉴于民法典施行前成立的商品房买卖合同，当时的司法解释规定了解除权行使期限，故应适用前述解释条款。2. 约定解除权逾期不行使的后果。本案中，按照南某置业公司与王某之间的合同约定，王某迟延支付剩余房款超过一个月，南某置业公司即享有涉案房屋买卖合同的解除权。由于双方合同中并未约定解除权的除斥期间，且南某置业公司未提供证据证明王某曾就该解除权向其发出催告，故根据前述解释条款，南某置业公司解除权的除斥期间为自享有解除权之日起一年。2019年6月5日，南某置业公司向王某、李某发出解除合同通知书，已超过一年的除斥期间，且其未提供证据证明其在解除权发生之日起一年内向王某主张过权利，其解除权已经消灭。3. 守约方在因对方违约享有约定合同解除权后没有在法定期限内行使，视为自愿弃权，不得再行主张约定解除权。当事人约定的合同解除权条件成就后，守约方应在除斥期间内及时行使，明确向违约方作出拒绝继续履行合同的意思表示，从而达到解除合同的目的。既然法律赋予了合同当事人可以就解除权进行约定的权利，那么在违约方存在合同约定的违约行为时，守约方就行使合同权利还是放弃合同权利应及时作出明确选择。约定解除权的行使期限届满当事人不行使的，该权利消灭。当事人在约定解除权消灭后再以相同理由主张享有新的约定解除权则缺乏法律依据，不应支持。

裁判规则二

解除权为形成权，该期限性质上为除斥期间，故不得中断、中止或延长。

——上海市高级人民法院（2023）沪民终 14 号民事判决书

▶ **案情概要**

心某公司为一人有限责任公司，法定代表人熊某。2017 年 11 月 17 日，案外人游某（甲方）与被告心某公司（乙方）签订《软件产品购销合同》，约定具体合作事宜，其中第 4 条关于合同金额和付款时间、方式。1. 本合同总金额：人民币总价为叁拾万元整。（￥300000 元整），双方需共同为价格保密。2. 首付：首期付款金额：人民币贰拾万元整（￥200000 元整）。于合同签署 3 个工作日内支付。3. 尾期：人民币拾万元整（￥100000 元整）正式上线 4 个月内结清。第 5 条关于工作说明。1. 乙方进行系统安装并交付甲方使用，（不包含银行接口或第三方支付接口对接完成），预计全过程需在收到预付款后 7 日内完成。第 7 条关于合同终止及解除。2. 甲方应按合同约定支付价款，逾期支付的，甲方应依延迟付款金额的 2%/日向乙方支付违约金。甲方延迟付款超过 10 日的，乙方有权以书面形式通知甲方解除本合同并按前述约定追究甲方赔偿违约金，甲方不得有异议。对于乙方因此所受一切损害，甲方应负赔偿责任。3. 一方有破产、重整、解散、暂停营业或其他严重影响债信之情况发生时，另一方有权解除本合同并要求对方支付违约金，违约金为本合同总金额的 30%。涉案合同签订后，游某于 2015 年 11 月 17 日支付了 5 万元现金作为订金，同日龙某向熊某银行汇款 5 万元作为代游某预付软件费，2015 年 11 月 24 日原告徐某向熊某银行汇款 10 万元作为代游某支付软件费，2015 年 12 月 1 日龙某向熊某银行汇款 5 万元作为代游某交付软件费。2017 年 3 月 31 日，游某（甲方、债权转让人）与原告徐某（乙方、债权受让人）签订《债权转让合同》，约定：1. 2015 年 11 月 17 日，甲方游某与上海心某软件技术有限公司签订一份《软件产品购销合同》，合同约定：由游某购买心某公司的心某商品交易平台及其配套服务。合同签订后，游某依约已向心某公司支付了价款 20 万元（相关债权凭证附后）。2. 现甲方将以上《软件产品购销合同》项下享有的权利（含从权利）全部转让给乙方，乙方同意受让。2017 年 6 月 9 日、21 日，游某向被告心某公司两次快递发出《债权转让通知》，快递均未妥投被退回。徐某诉称心某公司在收到预付款后未按照合同约定履行义务，构成根本违约，请求解除合同，并且心某公司应返还合同价款 20 万元，支付违约金 9 万元。心某公司、熊某共同辩称本案已超过诉讼时效且没有证据证明游某曾向其索要过系统，其付款行为就表明了被告已向其交付系统。

法院认为，本案争议焦点为，徐某的起诉是否超过诉讼时效期间？徐某系诉请解除合同并请求恢复原状、违约方承担违约责任等合同清理事项，故本案不适用诉讼时效的相关规定，而应适用合同解除权的期限之相关规定。《民法典》第 564 条规定："法律规定或者当事人约定解除权行使期限，期限届满当事人不行使的，该权利消灭。法律没有规定或者当事人没有约定解除权行使期限，自解除权人知道或者应当知道解除事由之日起一年内不行使，或者经对方催告后在合理期限内不行使的，该权利消灭。"本案中，徐某系以对方迟延履行债务致使不能实现合同目的为由解除合同，且不存在法律规定或者当事人约定的解除权行使期限，故徐某应于知道或应当知道解除事由之日起一年内行使解除权。因无证据表明徐某在起诉解除合同的一年以前已经知道或应当知道其合同目的不能实现，故其行使解除权未超过期限。

第五百六十五条　【合同解除权的行使规则】 当事人一方依法主张解除合同的，应当通知对方。合同自通知到达对方时解除；通知载明债务人在一定期限内不履行债务则合同自动解除，债务人在该期限内未履行债务的，合同自通知载明的期限届满时解除。对方对解除合同有异议的，任何一方当事人均可以请求人民法院或者仲裁机构确认解除行为的效力。

当事人一方未通知对方，直接以提起诉讼或者申请仲裁的方式依法主张解除合同，人民法院或者仲裁机构确认该主张的，合同自起诉状副本或者仲裁申请书副本送达对方时解除。

条文沿革

本条来自《合同法》第96条："当事人一方依照本法第九十三条第二款、第九十四条的规定主张解除合同的，应当通知对方。合同自通知到达对方时解除。对方有异议的，可以请求人民法院或者仲裁机构确认解除合同的效力。

法律、行政法规规定解除合同应当办理批准、登记等手续的，依照其规定。"

关联司法解释

《最高人民法院关于适用〈中华人民共和国民法典〉合同编通则若干问题的解释》

第五十三条　当事人一方以通知方式解除合同，并以对方未在约定的异议期限或者其他合理期限内提出异议为由主张合同已经解除的，人民法院应当对其是否享有法律规定或者合同约定的解除权进行审查。经审查，享有解除权的，合同自通知到达对方时解除；不享有解除权的，不发生合同解除的效力。

第五十四条　当事人一方未通知对方，直接以提起诉讼的方式主张解除合同，撤诉后再次起诉主张解除合同，人民法院经审理支持该主张的，合同自再次起诉的起诉状副本送达对方时解除。但是，当事人一方撤诉后又通知对方解除合同且该通知已经到达对方的除外。

裁判规则

解除权人可通过诉讼方式行使解除权，其主张解除合同的意思表示包含在诉讼请求和判决仲裁中，自起诉状副本或仲裁申请书副本到达相对人手中时合同解除。

——最高人民法院（2022）最高法知民终 1097 号民事判决书

▶ **案情概要**

2020 年 3 月 17 日，严某（甲方）委托莫某（乙方）编写游戏程序，双方签订委托合同。后因合同履行发生纠纷诉至法院。莫某上诉请求改判莫某不予支付 15 万元及相应的利息损失。严某辩称莫某作为游戏开发的承揽方，没有按约完成并交付工作成果，依法应承担违约责任。

最高人民法院认为，关于涉案合同是否存在法定解除的情形。

第一，涉案合同合法有效。根据《民法典》第 465 条第 1 款规定："依法成立的合同，受法律保护。"本案中，严某与莫某签订的涉案合同，系当事人真实意思表示，亦不违反法律、行政法规的强制性规定，为有效合同。严某、莫某均应按照合同约定全面履行自己的义务。

第二，涉案合同存在法定解除的情形。《民法典》第 563 条第 1 款规定："有下列情形之一的，当事人可以解除合同：（一）因不可抗力致使不能实现合同目的；（二）在履行期限届满前，当事人一方明确表示或者以自己的行为表明不履行主要债务；（三）当事人一方迟延履行主要债务，经催告后在合理期限内仍未履行；（四）当事人一方迟延履行债务或者有其他违约行为致使不能实现合同目的；（五）法律规定的其他情形。"本案中，根据涉案合同第 6 条约定，莫某在严某提供所需开发的所有程序以外的相关资源后 3 个月内完成游戏制作，并保证游戏完整的上线测试。根据严某与莫某的微信记录，严某已于 2021 年 2 月 10 日向莫某提供了"美术""音效、特效、图标 UI"等所有的策划和资源，莫某并未否认，但莫某至今为止，未完成游戏制作，并保证游戏完整的上线测试，构成违约。莫某已将用于游戏开发的电脑退还严某。因莫某的上述违约行为，已不能实现合同目的，严某享有法定解除合同的权利。

第三，涉案合同于 2021 年 3 月 25 日予以解除。根据《民法典》第 565 条第 2 款的规定："当事人一方未通知对方，直接以提起诉讼或者申请仲裁的方式依法主张解除合同，人民法院或者仲裁机构确认该主张的，合同自起诉状副本或者仲裁申请书副本送达对方时解除。"严某于 2021 年 6 月 28 日提起诉讼主张解除合同，莫某于 2021 年 9 月 6 日收到起诉状副本和相关证据材料，故涉案合同于 2021 年 9 月 6 日予以解除。

第五百六十六条　【合同解除的效力】合同解除后，尚未履行的，终止履行；已经履行的，根据履行情况和合同性质，当事人可以请求恢复原状或者采取其他补救措施，并有权请求赔偿损失。

合同因违约解除的，解除权人可以请求违约方承担违约责任，但是当事人另有约定的除外。

主合同解除后，担保人对债务人应当承担的民事责任仍应当承担担保责任，但是担保合同另有约定的除外。

条文沿革

本条来自《合同法》第 97 条："合同解除后，尚未履行的，终止履行；已经履行的，根据履行情况和合同性质，当事人可以要求恢复原状、采取其他补救措施，并有权要求赔偿损失。"

裁判规则一

因根本违约导致合同解除，除当事人另有约定外，解除权人有权请求违约方承担违约责任。对于损失的赔偿和违约责任的承担，应当充分考虑双方合同履行的投入、履行情况、过错程度等。

——最高人民法院（2021）最高法知民终 2409 号民事判决书

▶ **案情概要**

2019 年 12 月 30 日，巨某公司（甲方）与龙某山东分公司（乙方）签订计算机软件开发合同及《附加协议》，委托龙某山东分公司开发及维护 App 项目。后因合同履行发生纠纷诉至法院。巨某公司诉求，判令解除巨某公司与龙某山东分公司于 2019 年 12 月 30 日签订的涉案合同，判令龙某公司返还巨某公司已付款 90000 元及利息损失。龙某公司辩称是巨某公司的原因导致其迟延完成任务，自身并不存在违约事由。

法院认为，《民法典》第 566 条规定，合同解除后，尚未履行的终止履行，已经履行的，根据履行情况和合同性质，当事人可以请求恢复原状或者采取其他补救措施，并有权请求赔偿损失；合同因违约解除的，解除权人可以请求违约方承担违约责任，但是当事人另有约定的除外。本案中，巨某公司向龙某山东分公司已支付合同款项 90000 元，因龙某山东分公司的根本违约行为导致合同解除，巨某公司有权要求龙某山东分公司予以返还并赔偿损失。同时考虑到该软件系为巨某公司定制开发且龙某山东分公司交付的安装包具备一定功能且龙某山东分公司亦投入一定时间及精力，巨某公司对此应当支付一定的合理对价。原审法院综合涉案合同关于违约责任的约定、双方履行情况、巨某公司为维权支付的合理费用等，酌情确定龙某公司返还巨某公司 80000 元并赔偿利息损失并无不当。

裁判规则二

合同解除并不影响债务人应当承担的民事责任，且债务人承担的民事责任乃原合同内容的转换，故除另有约定外，不影响担保责任的承担。

——新疆维吾尔自治区高级人民法院（2022）新民申 1151 号民事裁定书

▶ **案情概要**

大某公司与昌某公司产生买卖合同纠纷，王某、李某为大某公司担保人。大某公司、王某、李某申请再审称，其与昌某公司实为民间借贷，且是由于昌某公司违约导致大某公司无法履行合同，主合同未生效，担保合同也不生效，王某与李某不应承担担保责任。昌某公司提交意见称，本案合同性质是买卖性质的预约合同，合同之所以被解除是因为大某公司根本无货可供。

法院认为，关于合同解除的效力及担保责任的认定，《民法典》第566条规定："合同解除后，尚未履行的，终止履行；已经履行的，根据履行情况和合同性质，当事人可以请求恢复原状或者采取其他补救措施，并有权请求赔偿损失。合同因违约解除的，解除权人可以请求违约方承担违约责任，但是当事人另有约定的除外。主合同解除后，担保人对债务人应当承担的民事责任仍应当承担担保责任，但是担保合同另有约定的除外。"据此，在大某公司未向昌某公司提供任何货物的情况下，主张其仅返还涉案款项中400万元的再审申请理由，违反上述法律规定。涉案最高额保证合同系各方当事人真实意思表示，合法有效，原审判决认定王某、李某承担担保责任，有法律依据。

第五百六十七条 【结算、清理条款效力的独立性】合同的权利义务关系终止，不影响合同中结算和清理条款的效力。

条文沿革

本条来自《合同法》第98条："合同的权利义务终止，不影响合同中结算和清理条款的效力。"

裁判规则

合同中结算与清理条款具有独立性，并不随合同的终止而无效。
——重庆市高级人民法院（2022）渝民终343号民事判决书

▶案情概要

红某公司（甲方）与新起某幼儿园（乙方）签订《加盟协议书》，

合同约定了新起某幼儿园对红某公司的商标使用权，后因产生商标侵权纠纷诉至法院。新起某幼儿园上诉称其经营因疫情受到影响，在加盟合同到期后延期一年按约将加盟物品退还红某公司，红某公司收到后及时退还了保证金，可见红某公司并不认为新起某幼儿园行为构成违约，应当视为红某公司对合同延期一年事实的认可，双方达成了加盟合同延期一年的合意。红某公司辩称新起某幼儿园主张达成加盟合同延期一年的合意并无事实依据。

重庆市高级人民法院认为，对于双方签订的加盟合同期限是否自动延后一年的问题。双方签订的《加盟协议书》约定，经双方协商一致并签署书面协议，可对本加盟合同内容进行变更。特许经营期限是特许经营合同的重要内容，关系到合同双方的重大利益，故该期限的变更应当经特许经营双方当事人协商一致并达成合意。即使本案新起某幼儿园的特许经营受客观因素影响，也应当向红某公司说明对特许经营合同履行的影响，与红某公司就特许经营期限延长协商一致并达成合意。但新起某幼儿园未举证证明双方就特许经营期限延长一年协商一致并达成了合意，红某公司也明确予以否认，故本案新起某幼儿园主张特许经营合同期限事实上合意延长或自动延长的抗辩均不能成立，双方的加盟协议在约定的特许经营期限届满后终止。根据《民法典》第567条的规定："合同的权利义务关系终止，不影响合同中结算和清理条款的效力。"因此，双方在合同终止后，相互退还加盟物品及履约保证金，属于履行合同中具有独立性的结算清理条款，并不影响合同终止的效力。综上，本案不存在双方签订的加盟合同期限自动延后一年的事实，新起某幼儿园对此提出的上诉理由不能成立，法院不予支持。

第五百六十八条 【法定抵销】 当事人互负债务，该债务的标的物种类、品质相同的，任何一方可以将自己的债务与对方的到期债务抵销；但是，根据债务性质、按照当事人约定或者依照法律规定不得抵销的除外。

当事人主张抵销的，应当通知对方。通知自到达对方时生效。抵销不得附条件或者附期限。

条文沿革

本条来自《合同法》第99条："当事人互负到期债务，该债务的标的物种类、品质相同的，任何一方可以将自己的债务与对方的债务抵销，但依照法律规定或者按照合同性质不得抵销的除外。

当事人主张抵销的，应当通知对方。通知自到达对方时生效。抵销不得附条件或者附期限。"

关联司法解释

《最高人民法院关于适用〈中华人民共和国民法典〉合同编通则若干问题的解释》

第五十五条 当事人一方依据民法典第五百六十八条的规定主张抵销，人民法院经审理认为抵销权成立的，应当认定通知到达对方时双方互负的主债务、利息、违约金或者损害赔偿金等债务在同等数额内消灭。

第五十六条 行使抵销权的一方负担的数项债务种类相同，但是享有的债权不足以抵销全部债务，当事人因抵销的顺序发生争议的，人民法院可以参照民法典第五百六十条的规定处理。

行使抵销权的一方享有的债权不足以抵销其负担的包括主债务、利息、实现债权的有关费用在内的全部债务，当事人因抵销的顺序发生争议的，人民法院可以参照民法典第五百六十一条的规定处理。

第五十七条 因侵害自然人人身权益，或者故意、重大过失侵害他人财产权益产生的损害赔偿债务，侵权人主张抵销的，人民法院不予支持。

第五十八条 当事人互负债务，一方以其诉讼时效期间已经届满的债权通知对方主张抵销，对方提出诉讼时效抗辩的，人民法院对该抗辩应予支持。一方的债权诉讼时效期间已经届满，对方主张抵销的，人民法院应予支持。

裁判规则一

行使法定抵销权不再要求互负债务必须均到期，而是主张抵销一方享有的债权到期即可。也即允许抵销权人放弃债权、债务期限利益。

——辽宁省沈阳市中级人民法院（2023）辽 01 民终 9058 号民事判决书

▶案情概要

际某公司曾向大连银行抵押贷款，后因不履行还款义务被大连银行诉至法院并要求强制执行，大健某公司对于法院强制执行的财产与际某公司有租赁合同关系，且大健某公司与际某公司之间提起过民间借贷纠纷之诉，并达成调解协议，协议对租金抵销借款作出调解。后大健某公司因与大连银行，原审被告际某公司、张某第三人撤销之诉一案诉至法院，不服沈阳市沈河区人民法院（2022）辽 0103 民撤 1 号民事判决，向中院提起上诉。

辽宁省沈阳市中级人民法院认为，按照《民法典》第 568 条第 1 款"当事人互负债务，该债务的标的物种类、品质相同的，任何一方可以将自己的债务与对方的到期债务抵销；但是，根据债务性质、按照当事人约定或者依照法律规定不得抵销的除外"来看，现行法律已不再要求互负债务必须均到期，而是主张抵销一方享有的债权到期即可。也就是说，允许抵销权人放弃债权、债务期限利益。结合《最高人民法院关于适用〈中华人民共和国民法典〉时间效力的若干规定》第 2 条规定："民法典施行前的法律事实引起的民事纠纷案件，当时的法律、司法解释有规定，适用当时的法律、司法解释的规定，但是适用民法典的规定更有利于保护民事主体合法权益，更有利于维护社会和经济秩序，更有利于弘扬社会主义核心价值观的除外。"适用《民法典》有关规定显然更有利于保护民事主体的合法权益，故依法应当适用《民法典》的规定。大健某公司因此享有法定抵销权。

裁判规则二

当事人主张抵销，自通知到达对方时生效，抵销使双方债务在重叠范围内归于消灭。

——重庆市沙坪坝区人民法院（2021）渝 0106 民初 34671 号民事判决书

▶案情概要

崇某公司与李某签订《房屋租赁合同》，后李某以《双减意见》严重影响其经营为由与崇某公司协商提前解除合同，但双方未达成一致。李某未向崇某公司支付 2021 年 8 月 20 日之后的租金。崇某公司诉至法院，诉求确认合同解除，判令李某支付租金、房屋占用使用费与违约金。李某辩称本合同系基于情势变更而解除，李某不存在违约行为，不应当承担违约责任，也不应向崇某公司支付解除合同违约金。

法院认为，保证金的性质是保证合同按约履行，没收保证金实际上是承担解除合同违约责任的方式之一，其在性质和功能上与上述合同约定的违约金存在重合，因本院已认定李某承担解除合同违约金为两个月租金，故本院对崇某公司保证金不予退还的主张不予支持。关于被告李某提出以该 100000 元保证金冲抵租金和占用费的意见。《房屋租赁合同》第 10 条约定，租赁期满，保证金可以抵扣租金及其他费用。现合同已经解除，李某有权主张抵扣。根据《民法典》第 568 条第 2 款规定，当事人主张抵销的，应当通知对方。通知自到达对方时生效。李某当庭提出抵扣，抵销的意思表示于当庭到达崇某公司，即当庭发生债的抵销效力。李某欠付崇某公司房屋租金和占用费共 100000 元，正好与保证金相抵，抵销后，相应的债权债务消灭。但是因合同约定保证金不计息，而合同约定逾期支付租金应当承担违约金，故李某仍然应当支付逾期支付租金的违约金。根据合同约定，李某应当于季度租期届满 30 日前支付下季度租金，即 2021 年 8 月 20 日至 2021 年 10 月 19 日期间的租金应付时间为 2021 年 7 月 20 日前，李某逾期未付，违约金应当从 2021 年 7 月 21 日起算。合同约定以拖欠金额的每日 5% 计算逾期违约金，亦明显过高，本院酌情将违约金标准调整为全国银行间同业拆借中心公布的贷款市场报价利率的 1.3 倍，则李某应当以欠付租金 66666.60元为基数，自 2021 年 7 月 21 日起至庭审主张抵销之日即 2022 年 3 月 25日止，按照全国银行间同业拆借中心公布的贷款市场报价利率的 1.3 倍向崇某公司支付逾期支付租金违约金。崇某公司诉讼请求中超过该部分的金额，法院不予支持。

第五百六十九条 【约定抵销】 当事人互负债务，标的物种类、品质不相同的，经协商一致，也可以抵销。

条文沿革

本条来自《合同法》第 100 条："当事人互负债务，标的物种类、品质不相同的，经双方协商一致，也可以抵销。"

裁判规则一

当事人互负债务，标的物种类、品质不相同的，双方未协商一致，或者未提供充分证据证明存在债权抵销的合意，不能主张抵销。建设工程存在层层分包合同，发包方主张以违约金抵销债权，不考虑其他分包人利益，以承包方未拒绝为由，主张抵销成立，人民法院不予支持。

——最高人民法院（2022）最高法民申 141 号民事裁定书

▶案情概要

自 2014 年 12 月起，托克某公司与庆某公司建立了建设工程分包合同关系，庆某公司与龙岩交某公司建立了分包合同关系，由龙岩交某公司具体负责露天煤矿土石方剥离以及其他基本建设工程的施工。案涉工程施工过程中，庆某公司以《付款委托书》《会议纪要》或者函件等形式，指示发包方直接向龙岩交某公司支付工程款，托克某公司也多次按约或者按照函件指示向龙岩交某公司支付了大量工程款。托克某公司欠付合同相对方庆某公司工程款 402.5 万元。双方就该款项是否抵销发生争议，托克某公司诉称庆某公司对其构成违约，其已在合同履行过程中先行扣除了 500 万元履约保证金或者通过另案诉讼取得对庆某公司 500 万元违约金债权，因此庆某公司对其不再享有债权，认为托克某公司不在欠付工程款范围内向龙岩交某公司承担付款责任。

法院认为，本案的争议焦点在于托克某公司以其对庆某公司享有的基于扣除履约保证金或者另案判决确定的违约金 500 万元债权抵销本案所负债务的主张能否成立。《民法典》第 568 条、第 569 条规定，当事人互负债务，该债务的标的物种类、品质相同的，任何一方可以将自己的债务与对方的到期债务抵销；但是，根据债务的性质、按照当事人约定或者依照法律规定不得抵销的除外。当事人主张抵销的，应当通知对方。通知自到达对方时生效。当事人互负债务，标的物种类、品质不相同的，经协商一致，也可以抵销。根据《民法典》的规定以及有关抵销制度的基本法理，抵销须双方互负债务达到适于抵销的状态，即具备抵销的条件，或者称"抵销适状"。托克某公司虽然提出了针对庆某公司扣除 500 万元履约保证金的抗辩理由，但并未提供足够证据支持其抗辩理由；且本案当事人之间存在层层分包的法律关系，应否扣除该履约保证金除了涉及合同相对方庆某公司利益外，还涉及实际施工一方龙岩交某公司的实际利益。故托克某公司仅以庆某公司未予否认该扣除通知为由，主张履约保证金已经实际扣除，不应支持。至于托克某公司向托克某县人民法院另案提起针对庆某公司的违约责任之诉的行为，亦不能当然视为其以违约金债权抵销工程欠款债务。两案所涉法律关系虽然基于与同一施工行为有关的法律事实，但并非同一法律关系，当事人选择在各自独立的诉讼中解决相关争议，既是当事人对自己诉讼权利的正常行使，两个诉讼并不存在冲突，且托克某公司在本案中也没有证据证明其以另案诉讼所确定的债权来抵销本案所欠债务并依照法律规定通知了庆某公司。因此，托克某公司主张的扣除履约保证金 500 万元或者通过另案诉讼取得对庆某公司 500 万元违约金债权，从未在本案审理程序中达到抵销适状，其主张案涉 402.5 万元工程欠款债权已经消灭，缺乏事实和法律依据，本院不予支持。

裁判规则二

约定抵销自抵销协议生效时发生抵销效果，使得债务在对等范围内消灭。

——甘肃省高级人民法院（2021）甘民终 95 号民事判决书

▶案情概要

2013 年 7 月 24 日，大得某公司以归还工行金轮支行贷款为由，向陇某众联公司借款 2000 万元，并签署了《借款协议》，约定借款期限两个月，陇某众联公司于 2013 年 7 月 25 日分两次通过其银行账户向大得某公司实际出借了 2000 万元。2016 年 9 月 7 日，大得某公司以缴纳税费为由，再次向陇某众联公司借款 246 万元，并向陇某众联公司出具了《借据》，约定以实际缴纳税款金额为实际借款金额，陇某众联公司于 2016 年 9 月 18 日向大得某公司出借 886848.93 元。两次借款本金合计 20886848.93 元。另查明，大得某公司于 2019 年 12 月 20 日向陇某众联公司偿还借款本金 200 万元，截至目前，大得某公司尚欠陇某众联公司借款本金 18886848.93 元。后双方因本金及利息金额产生争议，经查明大得某公司与陇某众联公司达成书面合意，同意从 2000 万元借款中扣除土地折价款 12987600 元，剩余借款 7012400 元，且扣除时间为 2013 年 9 月。大得某公司诉称将土地折价款在总借款数额中扣除且陇某众联公司已明确确认该抵扣款项。陇某众联公司辩称根据《民法典》第 569 条的规定，不同种类的物所负债务的抵销需要当事人协议一致才可施行，由于双方至今没有达成相互抵销债务的合意，陇某众联公司才起诉要求大得某公司清偿借款本息。土地投入、设立公司利益分配与本案涉及的借款无法律上的关联，不是同一法律关系，不在本案陇某众联公司的诉讼请求范围之内，不能通过本案一次性解决两个以上不同的诉。

法院认为，本案争议焦点为陇某众联公司主张的借款本金及利息应如何认定。关于陇某众联公司主张的借款本金及利息如何确认的问题。本案中，陇某众联公司起诉主张的借款有两次，分别为双方签署《借款协议》，陇某众联公司向大得某公司借款 2000 万元。2013 年 7 月 25 日，陇某众联公司两次通过银行账户向大得某公司实际出借 2000 万元。

2016 年 9 月 18 日，陇某众联公司向大得某公司借款 886848.93 元。对于 886848.93 元借款及利息一审判决后，双方当事人均未上诉，对此本院予以维持。本案双方争议的系借款 2000 万元应偿还的借款本金及利息如何确定，关于土地折价款 12987600 元应否抵扣借款的问题。约定抵销，是指互负债务的当事人经协商一致，使债务在对等范围内消灭。根据已查明的事实，2019 年 8 月 1 日，大得某公司向陇某众联公司致《关于贵公司借款归还方案的函》，提出大得某公司向陇某众联公司的 2000 万元借款抵除土地使用权转让金后剩余 734 万元，大得某公司将筹备还款。2019 年 8 月 16 日，陇某众联公司向大得某公司致《关于尽快归还借款的函》（甘陇函〔2019〕002 号），对于代征土地价格和面积提出异议，并提出以 7.6% 的贷款利率支付利息。2019 年 8 月 13 日，大得某公司致陇某众联公司《关于贵公司借款的事项说明》，提出土地面积以《土地证》为准，土地价格以 30 万元/亩为准。2019 年 8 月 16 日，陇某众联公司致大得某公司《关于贵公司借款的事项说明复函》，确定代征土地 43.292 亩，按 30 万元/亩计算，价格 12987600 元。2019 年 8 月 20 日，大得某公司向陇某众联公司致《关于贵公司借款事项复函的回函》，对于土地面积无异议，借款利息应以 20000000 元－12987600 元 ＝7012400 元为借款本金计算利息。根据《民法典》第 569 条的规定："当事人互负债务，标的物种类、品质不相同的，经协商一致，也可以抵销。"法院认为，从大得某公司与陇某众联公司的往来函件看，对于代征土地 43.292 亩折价款 12987600 元从 2000 万元借款中扣除，双方已经达成一致。对于 2000 万元借款利息的利率和扣除土地折价款后利息的起算时间双方有异议，但该争议并不影响双方对于土地使用权转让金抵销借款达成的协议。当抵销生效时，双方债权的消灭溯及抵销权发生之时，抵销权发生以后的迟延给付责任，归于消灭，免除债务人的违约责任，故对于代征土地使用权转让金折价款 12987600 元应从借款本金 20000000 元中扣除，扣除的时间应从双方最后达成协议的时间 2019 年 8 月 20 日起算，2019 年 8 月 20 日之后大得某公司对已抵销的 12987600 元不需再支付利息。

第五百七十条 **【提存的条件】** 有下列情形之一，难以履行债务的，债务人可以将标的物提存：

（一）债权人无正当理由拒绝受领；

（二）债权人下落不明；

（三）债权人死亡未确定继承人、遗产管理人，或者丧失民事行为能力未确定监护人；

（四）法律规定的其他情形。

标的物不适于提存或者提存费用过高的，债务人依法可以拍卖或者变卖标的物，提存所得的价款。

条文沿革

本条来自《合同法》第 101 条："有下列情形之一，难以履行债务的，债务人可以将标的物提存：

（一）债权人无正当理由拒绝受领；

（二）债权人下落不明；

（三）债权人死亡未确定继承人或者丧失民事行为能力未确定监护人；

（四）法律规定的其他情形。

标的物不适于提存或者提存费用过高的，债务人依法可以拍卖或者变卖标的物，提存所得的价款。"

裁判规则

在合同僵局的情形下，债务人应当根据标的物的性质妥善保管或者提存，若债务人擅自将标的物毁损或者进行其他不当处理，应当承担相应的违约责任。

——山东省威海市中级人民法院（2023）鲁 10 民再 1 号民事判决书

▶ **案情概要**

2020 年 4 月 29 日，亿冠某公司（甲方）与润某公司（乙方）签订

《苹果苗木委托种植合同》，合同期限自 2020 年 5 月 1 日起至 2021 年 3 月 30 日止。合同约定亿冠某公司提供苗木及管理费用，从苗木的栽植开始到最后的起苗入库等所有日常管理由润某公司负责。数个品种苹果苗共计 695921 棵，亿冠某公司按照 0.8 元/棵的管理成本支付给润某公司；在款项支付方面约定，合同签订后，甲方先支付乙方合同款的 10%，苗木移栽完成后甲方再支付乙方合同款的 20%，苗木种植到 9 月底成活率达到 95%，甲方支付乙方合同款的 20%，剩余合同款于起苗入库完成后甲方一次性支付给乙方。合同履行期间，亿冠某公司于 2020 年 4 月 29 日付款 5 万元，2020 年 6 月 15 日付款 20 万元，2021 年 3 月 16 日、19 日各付款 10 万元，合计 45 万元。2021 年 3 月至 4 月，亿冠某公司、润某公司对案涉果树苗进行起苗，亿冠某公司现场拉走部分树苗，另有部分树苗起苗后存入汇某公司冷库，剩余部分树苗仍种植在苗木种植地，双方对已入库及仍在种植的苗木数量不能达成一致意见。2021 年 3 月 26 日，汇某公司（甲方）与亿冠某公司（乙方）签订《冷库租赁合同》，合同约定汇某公司将其院内的一个冷库库洞租赁给亿冠某公司用于保存苹果苗木。2021 年双方因签署运费单据未能就拉苗达成一致意见。亿冠某公司诉称要求润某公司赔偿苗木损失并返还已支付的管理费。润某公司辩称其按照合同约定履行义务，不存在任何违约情形，且亿冠某公司在交谈中的意思表明其放任损失的发生，应当承担损失费用，管理费是应当支付的费用，无权要求返还。

法院认为，本案争议焦点为：亿冠某公司是否有权要求润某公司返还已经支付的管理费用；亿冠某公司是否有权要求润某公司赔偿相关损失。关于亿冠某公司是否有权要求润某公司返还已经支付的管理费用问题。法院认为，亿冠某公司在本案中要求润某公司赔偿其苗木损失，本院已委托鉴定机构对案涉苗木发生争议时的市场价值进行了鉴定，该苗木价值是以润某公司正常管理为前提确定的，包含了苗木的全部管理成本。本案后面将论述润某公司赔偿亿冠某公司损失的问题，故亿冠某公司应按约定支付管理费，其要求润某公司返还已付管理费本院不予支持。关于亿冠某公司是否有权要求润某公司赔偿相关损失问题。因案涉苗木均已灭失，综合案涉证据，法院认为润某公司、亿冠某公司对于案涉苗木的灭失均负有违约责任。润某公司的违约责任在于：润某公司作为专业苗木管理企业，在与亿冠某公司签订《苹果苗木委托种植合同》后，其作为管理方理应妥善管理苗木。根据润某公司主张，其在2021年3月12日接到亿冠某公司向其发出指示起苗的情况下，润某公司应及时组织充足人力进行起苗工作，且在2012年4月5日，亿冠某公司侯姓经理以微信方式提醒润某公司负责人，要求其尽快完成起苗工作，但最终在2021年4月7日仍有部分苗木发芽，导致无法继续起苗。润某公司作为专业苗木管理公司对苗木起苗的适宜期应有基本的判断，对苗木发芽后无法起苗的事实亦应明知，因此其未在苗木发芽期前完成苗木起苗工作，存在违约行为。一审仅以案涉苗木的成活率作为润某公司是否违约的考量标准不当。后续双方因苗木发芽产生争议，在润某公司多次要求亿冠某公司对尚未起苗部分进行明确指示处理、亿冠某公司不进行明确指示处理、双方形成协商僵局的情形下，根据《民法典》第570条规定："有下列情形之一，难以履行债务的，债务人可以将标的物提存：（一）债权人无正当理由拒绝受领；（二）债权人下落不明；（三）债权人死亡未确定继承人、遗产管理人，或者丧失民事行为能力未确定监护人；（四）法律规定的其他情形。标的物不适于提存或者提存费用过高的，债务人依法可以拍卖或者变卖标的物，提存所得的价款。"第571条规定："债务人将标的物或者将标的物依法拍卖、变卖所得价款交付提存部门时，提存成立。提存成立的，视为债务人在其提存范围内已经交付标的物。"润某公司应对苗木进行妥善保管或者进行提存，但润某公司径行将苗木毁损，存在违约行为。亿冠某公司的违约责任在于：亿冠某公司主张润某公司违背合同约定向其索要管理费用而拖延起苗，根据亿冠某公司侯姓经理与润某公司负责人宫某月的微信聊天记录可见，4月初亿冠某公司仍在要求润某公司加紧起苗，并未主张润某公司向其索要管理费用不当，而是根据润某公司的要求付款。亿冠某公司未提交证据证实润某公司存在因超额索要管理费而延期起苗的行为。2021年4月7日，亿冠某公司以苗木发芽为由指示润某公司停止起苗，润某公司接受指示后，即停止起苗工作。在后续过程中，双方未对尚未起苗的树苗如何处理进行有效协商。亿冠某公司作为委托种植方，明知案涉种植合同已到期，且在润某公司多次催促并发函的情况下，仍以苗木没有价值拒绝就尚未起苗部分进行指示处理，其行为放任了损失的扩大，为此，亿冠某公司对案涉苗木的灭失亦存在过错。综合双方的违约行为及过错程度，本院认定润某公司对尚未起苗部分苗木灭失造成的损失承担60%的责任，亿冠某公司承担40%的责任为宜。

第五百七十一条　【提存的成立】 债务人将标的物或者将标的物依法拍卖、变卖所得价款交付提存部门时，提存成立。

提存成立的，视为债务人在其提存范围内已经交付标的物。

条文沿革

本条来自《最高人民法院关于适用〈中华人民共和国合同法〉若干问题的解释（二）》第 25 条："依照合同法第一百零一条的规定，债务人将合同标的物或者标的物拍卖、变卖所得价款交付提存部门时，人民法院应当认定提存成立。

提存成立的，视为债务人在其提存范围内已经履行债务。"

裁判规则一

在双方协商僵局的情况下，债务人应当对标的物进行妥善处理或者提存，因债务人的行为导致标的物受损的，应当承担主要违约责任。

——山东省威海市中级人民法院（2022）鲁 10 民终 452 号民事判决书

▶ **案情概要**

2021 年 3 月 26 日，汇某公司与亿冠某公司签订《冷库租赁合同》，合同约定汇某公司将汇某公司院内的一个冷库库洞租赁给亿冠某公司用于保存苹果苗木，租赁采取包租代管的方式，由亿冠某公司包租冷库，汇某公司按照亿冠某公司要求进行日常管理。"入库管理"约定，亿冠某公司将苹果苗木运至冷库，甲乙双方签字确认数量、规格、品种，填写入库接收单后，由汇某公司安排人员将苗木搬入冷库，按照亿冠某公司的管理技术要求，汇某公司进行日常管理，亿冠某公司有权日常巡视。亿冠某公司租赁期限自2021年3月26日起至2021年5月15日止，冷库租赁期间租赁费用3万元，合同执行完毕，双方在无异议条件下，2021年5月16日之前付清租赁款，汇某公司提供租赁费用发票，每出一车，结算一次。合同第5条中约定，租赁期限内，苗木入库后，若因汇某公司未按照亿冠某公司的管理技术要求导致冷库内苗木出现质量问题、发生盗抢事故、发生火灾等人为灾害影响、苗木数量短缺等情况，汇某公司将按照40元/株进行赔偿。2021年3月至4月，亿冠某公司的大量苹果树苗入库。4月11日，亿冠某公司出库维纳斯品种树苗3050棵。4月24日，亿冠某公司到汇某公司冷库拉苗时被拒，2021年6月17日，亿冠某公司再次拉苗时，双方因签署运费单据未能达成一致意见，未能拉苗。合同履行期间亿冠某公司向润某公司多次付款共计45万元。汇某公司诉称，判令亿冠某公司支付冷库租赁费3万元及利息。亿冠某公司反诉称，判令汇某公司赔偿亿冠某公司苗木损失3032200元。

法院认为，汇某公司、亿冠某公司对于案涉苗木的灭失均负有违约责任。汇某公司的违约责任为：汇某公司先后两次拒绝亿冠某公司拉苗的主要原因在于亿冠某公司没有支付从山上到冷库运送苗木的费用。对于该争议，法院认为，汇某公司与润某公司《冷库租赁合同》中关于"入库管理"约定"亿冠某公司将苹果苗木运至冷库"，润某公司与汇某公司签订的《苗木委托种植合同》约定"从苗木的栽植开始到最后的起苗入库等所有日常管理由润某公司负责"，两份合同对于入库责任划分约定确实存在不一致之处，但因本案系仓储合同纠纷，应以《冷库租赁合同》条款作为双方当事人权利义务的依据，根据该合同可见，该部分运费应由亿冠某公司负担。虽然该部分运费应由亿冠某公司承担，但是亿冠某公司认为双方对此尚存争议，且其认为即便由其支付，也已经支付完毕。亿冠某公司两次去拉苗，汇某公司均以运费未支付为由拒绝亿冠某公司拉苗，致使该部分苗木没有及时处理，该部分入库苗木不同于尚未起苗部分苗木，已入冷库部分苗木在入库之后即可获得妥善保管，价值不会因尚未起苗而发芽导致贬值，因此冷库存储的苗木有市场价值，汇某公司作为专业仓储方，理应妥善管理苗木。在后期双方形成协商僵局的情形下，根据《民法典》第 570 条规定："有下列情形之一，难以履行债务的，债务人可以将标的物提存：（一）债权人无正当理由拒绝受领；（二）债权人下落不明；（三）债权人死亡未确定继承人、遗产管理人，或者丧失民事行为能力未确定监护人；（四）法律规定的其他情形。标的物不适于提存或者提存费用过高的，债务人依法可以拍卖或者变卖标的物，提存所得的价款。"第 571 条规定："债务人将标的物或者将标的物依法拍卖、变卖所得价款交付提存部门时，提存成立。提存成立的，视为债务人在其提存范围内已经交付标的物。"在亿冠某公司对后续尚未起苗部分未进行明确指示处理的情况下，根据上述法律规定，汇某公司应对苗木进行妥善保管或者进行提存，但其径行将苗木灭失，应承担主要违约责任。亿冠某公司的违约责任为：根据《冷库租赁合同》约定，亿冠某公司负责将苗木运送至冷库，因此其应当支付此部分运费。在双方对运费问题未协商一致的情况下，亿冠某公司放任苗木的下一步指示管理，且在汇某公司提出可"先签署运费单据，以后再凭单据结算"的合理解决方案情形下，仍拒绝签署运费单据，导致冷库苗木未及时交接，亿冠某公司亦应负违约责任。综合本案证据，法院认为对于冷库苗木灭失部分的损失，汇某公司承担责任的比例应为 80%，亿冠某公司承担责任的比例应为 20% 为宜。

裁判规则二

债务人将标的物交付提存部门时，提存成立，义务履行完毕。未提存的，应当继续履行义务。

——河南省郑州市中级人民法院（2021）豫 01 民终 5889 号民事判决书

▶ 案情概要

　　汇某公司给张某出具项目专用章使用授权书。出租方（甲方）俊某公司与承租方（乙方）汇某公司、张某签订租赁合同，主要内容为："租赁内容：乙方因施工需要，向甲方租赁轮扣式脚手架等周转材料一批，租赁物的具体品种、规格、数量及租费标准如下：钢管 0.006 元/米/天、扣件 0.004 元/套/天、轮扣 0.012 元/米/天……此单价甲方负责来回运费，乙方负责工地打捆、卸车、装车费及税金。"2019 年 4 月 19 日，俊某公司诉至该院，请求该院判令汇某公司、张某给付截止到 2019 年 3 月 31 日租赁费、维修费 1943360.21 元、违约金 248672.04 元，并承担诉讼费、律师费。该院作出（2019）豫 0182 民初 3299 号民事判决，判决汇某公司、张某共同支付俊某公司租赁费共计 1234950.75 元及违约金 20 万元，共计 1434950.75 元。张某不服判决，提出上诉。郑州市中级人民法院作出（2019）豫 01 民终 13192 号民事判决，判决驳回上诉，维持原判，二审案件受理费 24336 元，由张某负担。之后，张某申请再审。2019 年 11 月 25 日，河南省高级人民法院作出（2019）豫民申 6426 号民事裁定书，裁定驳回张某的再审申请。根据上述生效判决已查明的事实，截至 2019 年 3 月 31 日，汇某公司、张某仍在租用俊某公司的钢管为 112078.4 米、扣件为 117616 套、轮扣架为 11041.3 米。经计算，扣除 4 月已退物资租金外，自 2019 年 4 月 1 日起至 2020 年 12 月 31 日止的租金为 191535.75 元。俊某公司诉称，1. 依法判令被告给付原告截至 2020 年 12 月 31 日租赁费 191535.75 元，违约金 565988 元；2. 返还未退租赁物或折价赔偿 678906.4 元。汇某公司、张某反诉称，依法确认停工期间的租金为人民币 316432.03 元，并判令被反诉人予以返还。

　　河南省郑州市中级人民法院认为，俊某公司与汇某公司、张某签订的租赁合同合法有效，双方当事人应当全面履行合同。关于汇某公司、张某辩解的已通知俊某公司将租赁物运走而拒不运走不应当支付租金的理由，因合同约定"材料用完后由乙方送回甲方仓库，运费由甲方负责"，则运回租赁物的义务在汇某公司与张某，即便俊某公司拒绝受领租赁物，根据《民法典》第570条第1款"有下列情形之一，难以履行债务的，债务人可以将标的物提存：（一）债权人无正当理由拒绝受领……"第571条第2款"提存成立的，视为债务人在其提存范围内已经交付标的物"、第573条"标的物提存后，毁损、灭失的风险由债权人承担……提存费用由债权人负担"及第591条"当事人一方违约后，对方应当采取适当措施防止损失的扩大……当事人因防止损失扩大而支出的合理费用，由违约方负担"的规定，汇某公司与张某在此时应当将租赁物提存，则租金计算至提存成立之日，提存费用可在未支付租金中扣除，而汇某公司与张某未履行提存义务，故该辩解意见不予采纳。

第五百七十二条　【提存通知】标的物提存后，债务人应当及时通知债权人或者债权人的继承人、遗产管理人、监护人、财产代管人。

条文沿革

本条来自《合同法》第102条："标的物提存后，除债权人下落不明的以外，债务人应当及时通知债权人或者债权人的继承人、监护人。"

裁判规则

债务人将物品提存应该及时通知债权人。债权人未及时领取，应当支付保管费，但债务人就领取标的物未与债权人进行协商，而放任标的物处于提存状态，对其扩大的损失应承担相应责任。

——北京市第二中级人民法院（2021）京02民终15824号民事判决书

▶案情概要

郭某1与郭某2口头约定租赁位于北京市房山区某农贸综合交易市场有限公司内展厅的场地，租赁用途为产品销售。郭某1分别于2020

年 7 月 17 日、2020 年 7 月 26 日向郭某 2 转账共计 15000 元。双方对于
租赁时间、租金标准等存在争议。后市场办公室发布通知：因我方与甲
方的租赁合同已经解除，中北某公司借用我方的以下房屋限期腾退，超
过期限仍然未腾退物品视为无人认领物品。本摊位的物品限你公司两日
内将以上所列物品搬走，延期后果自负。特此通知。市场办公室再次发
布通知：因为疫情原因市场与甲方解除合同已开会告知，现有具体事项
告知如下：1. 押金办理，到甲方换取押金单据（注：需摊位费、取暖
费交清换取押金手续）；2. 如不续签的商户，需交清摊位费、取暖费、
注销营业执照后带注销单来原市场退取押金；3. 望各商户相互转告，过
期视为自动放弃押金，不再受理退还押金及更换押金条。在庭审时，郭
某 1 认可知道上述通知。一审庭审中，郭某 1 认为郭某 2 等三人非法提
存郭某 1 货物，在此期间一直在与郭某 2 等三人协商拉货事宜，且曾找
人去郭某 2 等三人处拉货，但郭某 2 等三人不让拉走，故郭某 2 等三人
的行为给郭某 1 造成经济损失，并要求赔偿经济损失。对此郭某 2 等三
人表示，协商过退租事宜，但没有说过拉货的事儿，认可有一次有人过
去拉货物中的其中一部分，我们需要郭某 1 过来确认一下才能拉走，但
郭某 1 没有来，所以没让拉走。因郭某 2 等三人已经与甲方解除合同，
于 2020 年 12 月 10 日将郭某 1 存放在摊位上的货物雇人搬至为其租赁的
另一个库房内，因此产生搬运费、保管费、库房租赁费等，要求郭某 1
赔偿损失，故提出反诉。在审理过程中，郭某 1 承认在 2020 年 10 月底
的时候有保安给她打过电话向其告知此事，11 月 5 日的时候其雇用的店
员向其发过视频，说他们在拆架子，11 月 6 日的时候在拆围挡。双方均
认可郭某 1 使用摊位至 2020 年 11 月 6 日。郭某 1 诉称，请求判令郭某 2
等三人返还非法提存的所有货物；判令郭某 2 等三人赔偿非法提存货物
造成的经济损失 50000 元。郭某 2 等三人反诉称，要求郭某 1 赔偿郭某
2 等三人从经营场地到库房的搬迁费用，8 人×300 元，合计 2400 元；从
2020 年 11 月 1 日至 2021 年 8 月 1 日库房租赁费用 10 个月×3000 元，合
计 30000 元，商品保管费 10 个月×1000 元，合计 10000 元。

法院认为，债务人将物品提存应该及时通知债权人。郭某 2 等三人

告知郭某 1 领走货物，但其未及时领取，应当支付保管费。关于具体金额，经过审理调查，虽郭某 1 让案外人领取货物未通知郭某 2 等三人的行为不妥，但郭某 2 等三人未提交证据证明曾与郭某 1 就领取货物进行协商，而放任货物处于提存状态，对其扩大的损失应承担相应责任，故法院对保管费酌情予以考虑，对其过高反诉请求，法院不予支持。

第五百七十三条　【提存期间风险、孳息和提存费用负担】

标的物提存后，毁损、灭失的风险由债权人承担。提存期间，标的物的孳息归债权人所有。提存费用由债权人负担。

条文沿革

本条为新增条文。

裁判规则

虽然合同当事人未约定无人收货时的货物处理方式，债权人无正当理由拒绝受领，债务难以履行的，债务人可以将标的物提存。标的物提存后，损毁、灭失的风险由债权人承担。提存期间，标的物的孳息归债权人所有。提存费用由债权人承担。

——广西壮族自治区崇左市中级人民法院（2021）桂 14 民终 621 号民事判决书

▶案情概要

前某公司与博某公司签订《工业品买卖合同》，前某公司向博某公司订购一批滤袋，并在合同中就价款、质量要求与技术标准及违约责任作出约定。因博某公司交付的滤袋与样品不符，前某公司多次要求退货退款，但博某公司一直未予回复。前某公司遂将案涉滤袋存放至广西外运某祥有限公司，每月仓储费为 900 元。后前某公司向法院提起诉讼，请求解除案涉合同并判令博某公司承担违约责任并支付案涉滤袋仓储费。

　　法院认为，根据《民法典》第 570 条 "有下列情形之一，难以履行债务的，债务人可以将标的物提存：（一）债权人无正当理由拒绝受领……" 第 573 条 "标的物提存后，毁损、灭失的风险由债权人承担。提存期间，标的物的孳息归债权人所有。提存费用由债权人负担" 的规定，博某公司与前某公司虽未约定在无人收货情况下如何处理货物，但前某公司发微信将货物不符合主业要求之事告知博某公司，博某公司未予回复，其后又多次发微信与博某公司协商退货退款之事，博某公司均未予回复，前某公司在等待多天退货退款无果的情况下将货物提存至广西外运某祥有限公司，符合法律规定。

　　第五百七十四条　【提存物的领取与取回】债权人可以随时领取提存物。但是，债权人对债务人负有到期债务的，在债权人未履行债务或者提供担保之前，提存部门根据债务人的要求应当拒绝其领取提存物。

　　债权人领取提存物的权利，自提存之日起五年内不行使而消灭，提存物扣除提存费用后归国家所有。但是，债权人未履行对债务人的到期债务，或者债权人向提存部门书面表示放弃领取提存物权利的，债务人负担提存费用后有权取回提存物。

　　第五百七十五条　【债的免除】债权人免除债务人部分或者全部债务的，债权债务部分或者全部终止，但是债务人在合理期限内拒绝的除外。

条文沿革

　　本条来自《合同法》第 105 条："债权人免除债务人部分或者全部债务的，合同的权利义务部分或者全部终止。"

裁判规则一

债务免除系单方行为，在债权人作出免除的意思表示以后，该行为便产生效力。

——辽宁省辽阳市中级人民法院（2023）辽10民终354号民事判决书

▶案情概要

崔某（出租方）与王某（承租方）签订《房屋出租合同》，就租赁房屋作出约定，年租金为9万元，租房定金为2000元。王某已将定金2000元给付给崔某。王某向崔某出具欠条一张，写明欠24500元，以后每月还1000元，如果未按期还款，则支付滞纳金，和利息费5%。后崔某为王某补偿减免欠款10000元且王某现已偿还崔某欠款5000元。崔某认为其与王某之间存在借贷关系，将王某诉至法院，请求判令王某应还其10000元。王某辩称双方之间不是借款关系而是租赁关系。一审法院判决被告王某于本判决生效之日起10日内给付原告崔某房屋租金7500元及利息并驳回原告其他诉讼请求。崔某不服一审判决提出上诉，请求判令被上诉人返还给上诉人10000元补偿金。

二审法院认为，关于上诉人崔某提出判决被上诉人返还给上诉人10000元补偿金的上诉请求，《民法典》第575条规定："债权人免除债务人部分或者全部债务的，债权债务部分或者全部终止，但是债务人在合理期限内拒绝的除外。"债务免除系单方行为，在债权人作出免除的意思表示以后，该行为便产生效力。上诉人崔某未提供证据证明其为被上诉人王某免除10000元债务的意思表示系因受欺诈、胁迫而作出，现其以被上诉人王某不存在生活困难为由，主张撤销其免除部分债务的行为，因无事实及法律依据，一审法院对其主张未予支持并无不当。

裁判规则二

债务一经免除，在债务人未拒绝的情形下，债即终止。

——四川省内江市中级人民法院（2021）川10民终556号民事判决书

▶**案情概要**

唐某与邱某经人介绍相识恋爱。邱某以开服装店为由向唐某借款5万元。大约3个月后，邱某该店转让所得2万元用于自己开销。后经重庆市沙坪坝区渝碚路街道人民调解委员会调解并签署《人民调解协议书》，协议约定邱某归还唐某4万元。到期后，邱某一直未向唐某偿还上述款项。本案《人民调解协议书》中载明了唐某银行卡号；双方短信记录主要内容。唐某认为其未免除邱某的债务，故将邱某诉至法院，请求判令邱某向唐某偿还借款4万元。一审法院判决被告邱某于本判决生效后10日内向原告唐某偿还借款4万元。邱某不服一审判决提出上诉。

二审法院认为，《民法典》第575条规定："债权人免除债务人部分或者全部债务的，债权债务部分或者全部终止，但是债务人在合理期限内拒绝的除外。"根据该条规定，债务免除是指债权人放弃部分或全部债权，对债务人作出意思表示从而使债务部分或全部消灭的行为。债务一经免除，在债务人未拒绝的情形下，债即终止。本案中，唐某作为完全民事行为能力人，对自己享有的债权有处分权利，其与邱某的短信沟通中，在邱某明确表示双方不能恢复恋爱关系，并愿意归还案涉借款的情形下，多次作出免除邱某债务的意思表示，其内容具体明确，是其真实意愿，不违反法律、行政法规的强制性规定，不违背公序良俗，应属合法有效。邱某对债务免除未予拒绝，故本案债务免除成立。唐某的行为已经产生案涉债务全部消灭的法律效果，其要求邱某偿还4万元借款的诉讼请求缺乏事实和法律依据，不能成立。一审判决邱某向唐某归还4万元借款不当，本院依法予以纠正。唐某认为其在短信中陈述不用邱某还款，不是其真实意思表示，因为邱某将其电话列入黑名单和微信拉黑，为了与邱某进行沟通并让邱某出面还钱才在短信中这样陈述，但其提供的证据不能证明该主张。并且，从双方短信内容可以看出，双方系正常进行沟通。在沟通中，唐某并未要求邱某还钱，而是多次作出免除邱某债务的意思表示。根据《最高人民法院关于适用〈中华人民共和国民事诉讼法〉的解释》（法释〔2015〕5号）第90条"当事人对自己提出的诉讼请求所依据的事实或者反驳对方诉讼请求所依据的事实，应当提供证据加以证明，但法律另有规定的除外。在作出判决前，当事人未能提供证据或者证据不足以证明其事实主张的，由负有举证证明责任的当事人承担不利的后果"之规定，唐某应承担举证不利的后果。综上所述，上诉人邱某的上诉请求成立，予以支持。

第五百七十六条　【债权债务混同的处理】债权和债务同归于一人的，债权债务终止，但是损害第三人利益的除外。

条文沿革

本条来自《合同法》第 106 条："债权和债务同归于一人的，合同的权利义务终止，但涉及第三人利益的除外。"

裁判规则

债权债务同归于一人的，债权债务终止。

——湖南省益阳市中级人民法院（2023）湘 09 民终 157 号民事判决书

▶案情概要

何某与侯某共同成立广东红某投资有限公司。何某在该公司占股 51%，侯某在该公司占股 49%，双方均系认缴出资。公司成立后一直处于正常运行状态。2022 年 4 月 24 日，何某与侯某就侯某退出公司经营等事宜达成合意，并形成了《股东会决议》。何某与侯某而后共同出具了一份《股权转让合同》，该合同载明侯某将原认缴出资无偿转让给何某，侯某转让其股权后，其在广东红某投资有限公司原享有的权利和应承担的义务随股权转让而转由何某享有与承担。何某与侯某于同日出具了一份《广东红某投资有限公司股东会决议》，明确将侯某的股权转让给何某，并以《股权转让合同》和股东会决议在工商部门登记备案。何某认为其因开办广东红某投资有限公司代侯某垫付了所有的开支及相关费用，侯某作为股东应当按照股权比例承担相应份额的费用，故何某认为其对侯某享有追偿权，而侯某在签具《股东会决议》后未按时支付相应款项，遂将其诉至一审法院，请求判令侯某向何某支付欠款及利息。一审法院判决驳回何某的全部诉讼请求。何某不服一审判决提出上诉。

二审法院认为，本案争议焦点为侯某是否应当向何某支付409278.56元垫付款及相应利息。对此，何某与侯某以认缴出资的方式共同投资成立广东红某投资有限公司，双方于2022年4月24日所签订的《股东会决议》已确定对公司的总支出费用，侯某按其持股比例应支付409278.56元。该费用已由何某垫付，故何某有权向侯某追偿其已垫付的款项。但双方又另于2022年5月26日签订《股权转让合同》，约定侯某将其在广东红某投资有限公司的股份全部无偿转让给何某，其在公司原享有的权利和应承担的义务随股权转让而转由何某享有与承担。至此，侯某退出公司经营，不再是广东红某投资有限公司的股东，其作为公司股东的权利义务因股权转让已概括转让给何某，基于双方之间的约定何某就股权转让之前的公司债务所应承担的责任亦随股权转让而改由何某承担。案涉债权债务已同归于何某一人，债权债务终止。

第八章 违约责任

> **第五百七十七条** 　**【违约责任的种类】**当事人一方不履行合同义务或者履行合同义务不符合约定的，应当承担继续履行、采取补救措施或者赔偿损失等违约责任。

条文沿革

本条来自《合同法》第 107 条："当事人一方不履行合同义务或者履行合同义务不符合约定的，应当承担继续履行、采取补救措施或者赔偿损失等违约责任。"

裁判规则一

依据合同信守原则，当事人应依约履行合同，若不履行或履行不符合约定，应承担相应的不利后果，即违约责任。违约责任承担方式依据合同履行情况和合同性质确定。

——最高人民法院（2022）最高法知民终 1338 号民事判决书

▶案情概要

汪某在明知大同自某公司已登记注销的情况下仍同意莫某以大同自某公司名义与其签订《技术服务合同》，后因合同履行产生纠纷诉至法院。汪某诉求确认双方合同已解除，偿还已支付的开发费用 20 万元及利息。莫某辩称汪某在合同开发届满前不断催促，并无理提出终止合同，属于违约。作为违约方不应享有合同的单方解除权。

法院认为，《民法典》第 566 条第 1 款规定："合同解除后，尚未履行的，终止履行；已经履行的，根据履行情况和合同性质，当事人可以请求恢复原状或者采取其他补救措施，并有权请求赔偿损失。"第 577 条规定："当事人一方不履行合同义务或者履行合同义务不符合约定的，应当承担继续履行、采取补救措施或者赔偿损失等违约责任。"据此，合同解除后应根据合同履行情况和合同性质，确定各方当事人的违约责任。本案中，对于双方各自主张的款项应否支持，应当结合合同本身的特点、合同实际履行情况、开发方实际投入的工作量及已完成的开发成果、双方有无过错及过错程度等因素，综合予以考量。

裁判规则二

当事人一方因对方的原因履行合同不符合约定，后导致对方损失的，应根据双方的过错确定责任的承担。

——最高人民法院（2022）最高法知民终 607 号民事判决书

▶案情概要

科莱某公司（作为甲方）与海某公司（作为乙方）签订了 4 份软件开发合同，因合同约定不明以及合同的履行出现问题，导致在涉案"智能导视宣传系统软硬件"的使用中，不能完美体现定时开关机与权限的下放，后诉至法院。科莱某公司诉求，判令海某公司恢复"智能导视宣传系统软硬件"服务器数据库并交付源代码，并继续履行《安徽海某计算机技术有限公司软硬件开发项目合同书》未完成的合同内容，赔偿经济损失。海某公司辩称是由于科莱某公司拖欠尾款及维护费用才关闭系统且科莱某公司拥有数据库与源代码的备份。

最高人民法院认为，《民法典》第 465 条第 1 款规定："依法成立的合同，受法律保护。"第 577 条规定："当事人一方不履行合同义务或者履行合同义务不符合约定的，应当承担继续履行、采取补救措施或者赔偿损失等违约责任。"本案中，海某公司主张其系依据合同四第 3.13 条的约定，因科莱某公司故意拖欠尾款违约在先，海某公司才关闭了涉案系统。但根据已查明的事实，海某公司与科莱某公司签订的 4 份合同名称均为软硬件开发项目合同，其中合同一明确约定由海某公司向科莱某公司提供硬件物料清单和硬件嵌入式源代码。在合同履行过程中，合同四附件一约定的定时开关机功能出现问题，且至今未予解决。原审已经查明该问题主要源于硬件的选择与购买，海某公司作为提供硬件物料清单和软件参考开发版的合同一方，对此亦应承担一部分责任。科莱某公司因系统开发出现问题，而未按期支付合同尾款，有一定的合理原因，并非故意拖欠合同尾款。且海某公司向科莱某公司发出的催款函落款时间为2021年5月31日，其当天17时便关停系统，未给予科莱某公司必要、合理的准备与回应时间，亦存在一定过错。海某公司因此给科莱某公司造成的损失，理应进行赔偿。原审法院虽未采信科莱某公司提供的关于损失的证据，但科莱某公司为恢复系统必然需要付出一定的成本，原审法院酌定海某公司支付20000元赔偿金，并无不当。

第五百七十八条　【预期违约责任】 当事人一方明确表示或者以自己的行为表明不履行合同义务的，对方可以在履行期限届满前请求其承担违约责任。

条文沿革

本条来自《合同法》第108条："当事人一方明确表示或者以自己的行为表明不履行合同义务的，对方可以在履行期限届满之前要求其承担违约责任。"

裁判规则

当事人一方明确表示或以自己的行为表明不履行合同义务，使对方无法期待其在履行期限届满后实际依约履行，对方可要求其承担预期违约责任。

——新疆维吾尔自治区高级人民法院（2022）新民申 1986 号民事裁定书

▶ **案情概要**

鹏某公司与紫某锌业公司签订了《普通硅酸盐水泥买卖合同》，后产生纠纷诉至法院。鹏某公司主张因水泥价格发生了难以预料的不属于正常商业风险的变动而解除合同并非违约，紫某锌业公司主张水泥价格上涨并非不可预见的因素，水泥生产厂家向鹏某公司出具价格上涨通知不具有普遍性，该价格波动不属于情势变更。

法院认为，关于鹏某公司终止履行合同的行为是否构成违约的问题。紫某锌业公司与鹏某公司签订的《普通硅酸盐水泥买卖合同》系双方当事人的真实意思表示，不违反法律、行政法规的强制性规定，该合同合法有效，各方当事人应当按照合同的约定，全面履行各自的义务。涉案《普通硅酸盐水泥买卖合同》签订后，鹏某公司向紫某锌业公司供货 1161.36 吨，紫某锌业公司陆续支付鹏某公司该批水泥的货款共计645716.16 元。鹏某公司履行完首批供货义务后，于 2021 年 8 月 11 日向紫某锌业公司发送了《关于鹏某公司水泥价格上调的说明》，告知紫某锌业公司由于水泥生产厂家调整价格，鹏某公司将水泥价格上调 40元/吨，2021 年 9 月 10 日，鹏某公司向紫某锌业公司发送《终止合同公函》表示，因水泥生产厂家价格调整，鹏某公司决定终止合同。《民法典》第 578 条规定："当事人一方明确表示或者以自己的行为表明不履行合同义务的，对方可以在履行期限届满前请求其承担违约责任。"本案中，2021 年 9 月 10 日，鹏某公司通过向紫某锌业公司发送《终止合同公函》的形式，明确表示不履行合同义务，已构成违反合同约定的行为。鹏某公司主张由于其公司无法预见水泥涨幅高达 7%，水泥市场价格其公司不可控，双方当事人在对水泥价格协商无果的情况下，鹏某公司要求终止履行合同未违反合同约定。对此法院认为，《民法典》第533 条规定："合同成立后，合同的基础条件发生了当事人在订立合同时无法预见的、不属于商业风险的重大变化，继续履行合同对于当事人一方明显不公平的，受不利影响的当事人可以与对方重新协商；在合理期限内协商不成的，当事人可以请求人民法院或者仲裁机构变更或者解除合同。人民法院或者仲裁机构应当结合案件的实际情况，根据公平原则变更或者解除合同。"原审庭审中鹏某公司认可双方当事人签订合同时水泥市场价格亦有小幅浮动，其作为建筑材料的销售企业对水泥价格的涨跌趋势应具备一定的预见能力，但涉案《普通硅酸盐水泥买卖合同》未对价格是否浮动进行约定，表明其自愿承担由此产生的价格浮动风险，故原审法院并未加重鹏某公司对于预见价格波动的责任。鹏某公司的供应商上调水泥价格对于鹏某公司应属于正常的商业风险，鹏某公司亦未提交其水泥销售成本的相关证明来证实继续履行合同会导致对鹏某公司明显不公平，故鹏某公司主张因水泥上涨价格不可控而终止履行合同的行为不构成违约的理由没有事实和法律依据，原审法院认定鹏某公司提出终止履行合同的行为即构成违约，判令其公司承担违约责任并无不当。

第五百七十九条　【金钱债务的继续履行】当事人一方未支付价款、报酬、租金、利息，或者不履行其他金钱债务的，对方可以请求其支付。

条文沿革

本条来自《合同法》第 109 条："当事人一方未支付价款或者报酬的，对方可以要求其支付价款或者报酬。"

裁判规则

当事人一方未支付报酬的，对方可以请求其支付。

——青岛海事法院（2023）鲁 72 民初 278 号民事判决书

▶ **案情概要**

刘某以"刘某 1"的名义，与刘某 2 签订船员雇用合同，就雇用刘某2从事海上捕捞作业作出约定。刘某2于2021年4月14日登船工作，至2021年9月24日离职下船。刘某2在船工作期间赊欠物资款2100元，从刘某处收到工资款35000元。刘某2认为在其工作期间，刘某仅支付其部分工资，尚欠42900元工资未付，刘某2多次找刘某协商无果，故将刘某诉至法院，请求判令刘某支付刘某2船员工资42900元。刘某未答辩。

法院认为，本案系船员劳务合同纠纷，原、被告签订的船员雇用合同系双方真实意思表示，且合同内容未违反法律、行政法规的强制性规定，上述合同合法有效，双方均应依约履行。在原告依约登船为被告提供劳务的情况下，被告应按合同约定向原告支付2021年4月14日至9月24日的工资。原告主张按照每月1.5万元的标准计算工资，属于双方合同约定的合理范围内，本院予以照准。据此，被告应向原告支付工资的数额为8万元，扣除原告赊欠的物资款2100元和已收到的工资款35000元，被告仍须向原告支付船员工资42900元。综上，依照《民法典》第578条等规定，判决被告刘某于本判决生效之日起10日内支付原告刘某2船员工资42900元。如果未按本判决指定的期间履行给付金钱义务，应当依照《民事诉讼法》第260条之规定，加倍支付迟延履行期间的债务利息。

第五百八十条　【非金钱债务的继续履行】 当事人一方不履行非金钱债务或者履行非金钱债务不符合约定的，对方可以请求履行，但是有下列情形之一的除外：

（一）法律上或者事实上不能履行；

（二）债务的标的不适于强制履行或者履行费用过高；

（三）债权人在合理期限内未请求履行。

有前款规定的除外情形之一，致使不能实现合同目的的，人民法院或者仲裁机构可以根据当事人的请求终止合同权利义务关系，但是不影响违约责任的承担。

条文沿革

本条来自《合同法》第 110 条："当事人一方不履行非金钱债务或者履行非金钱债务不符合约定的，对方可以要求履行，但有下列情形之一的除外：

（一）法律上或者事实上不能履行；

（二）债务的标的不适于强制履行或者履行费用过高；

（三）债权人在合理期限内未要求履行。"

关联司法解释

《最高人民法院关于适用〈中华人民共和国民法典〉合同编通则若干问题的解释》

第五十九条 当事人一方依据民法典第五百八十条第二款的规定请求终止合同权利义务关系的，人民法院一般应当以起诉状副本送达对方的时间作为合同权利义务关系终止的时间。根据案件的具体情况，以其他时间作为合同权利义务关系终止的时间更加符合公平原则和诚信原则的，人民法院可以以该时间作为合同权利义务关系终止的时间，但是应当在裁判文书中充分说明理由。

裁判规则一

债务标的不适于强制履行致使合同目的不能实现的，在当事人请求解除合同的情况下，可以终止履行。

——最高人民法院（2022）最高法知民终 586 号民事判决书

▶**案情概要**

炳某公司与远某公司签订《高尔夫订场及高尔夫自由行 WEB 系统项目合同》，合同就炳某公司委托远某公司开发涉案软件的开发费用、付款方式等进行了约定。远某公司认为合同签订后，远某公司已经依约完成了所有开发工作，但炳某公司未向远某公司支付合同约定的第三期、第四期开发费，故远某公司诉至法院，请求判令炳某公司向远某公司支付技术开发费 70000 元。炳某公司辩称，远某公司并未完成涉案合同义务，致使其合同目的无法实现，并且提出反诉，请求确认双方之间签订的涉案合同已解除；判令远某公司向炳某公司返还合同款 70000 元并支付违约金 7000 元。原审法院判决远某公司与炳某公司之间的合同终止履行，驳回原告诉讼请求与被告反诉请求。远某公司不服一审判决提出上诉。

二审法院认为，涉案合同有效期为 2019 年 4 月 24 日至 2020 年 4 月 23 日，根据约定涉案合同的有效期已经届满。而且涉案合同的类型为计算机软件开发合同，作为开发方的主要义务是根据合同约定在一定期限内开发完成并向委托方交付符合要求的开发成果，该合同义务属非金钱债务。根据已查明事实，远某公司交付的软件尚有酒店对部分功能未开发，虽然远某公司称该部分未完成系炳某公司的原因，并主张除去该部分开发内容，而炳某公司却要求远某公司按合同约定将该部分完成。可见，双方并未就酒店部分功能开发与否达成一致意见。除此之外，软件测试完善、Bug 修复、售后服务与人员培训等工作亦未完全履行完毕，上述内容的履行均需要双方当事人相互配合、共同推进，原审法院在合同有效期届满且炳某公司明确拒绝继续履行并主张解除合同的情况下，认定涉案合同具有不适于强制履行的债务标的应终止履行，并无不当，本院予以确认。

裁判规则二

债务标的在法律上或者事实上不能履行致使合同目的不能实现的，当事人请求解除合同，可以终止履行。

——最高人民法院（2022）最高法知民终 2308 号民事判决书

▶案情概要

木某教育公司（甲方）与随某科技公司（乙方）签订合同，合同约定甲方委托乙方开发手机 App 软件。合同履行过程中发生争议，木某教育公司主张随某科技公司存在交付的安装包不符合《畅心某调整功能 V2.2》版本标准，交付的软件系统内容不完备，未开发中、英文双语版本软件，以及未履行后期技术服务及软件维护义务等严重逾期开发的违约行为，导致合同无法继续履行而解除；随某科技公司则主张木某教育公司主观上不想继续履行合同，存在未及时安排软件验收的违约行为，致使合同目的无法实现而解除。

最高人民法院认为，涉案合同明确约定有三阶段交付内容，双方是在第三阶段"App 软件安装包"的交付验收上产生争议。双方当事人均主张涉案合同解除系因对方违约致使合同目的不能实现而导致，应适用《合同法》第 94 条关于合同的法定解除事由认定解除。木某教育公司在收到软件后分别于 2018 年 7 月 24 日、2018 年 7 月 31 日、2018 年 8 月 14 日先后三次提出修改要求，随某科技公司均进行答复，并在约定需求范围内进行相应整改，涉案合同仍在持续履行中。2018 年 8 月 15 日，随某科技公司第三次就木某教育公司的反馈进行修改并回复，木某教育公司未再提出任何修改要求。按照合同约定，随某科技公司应负有重新提交验收，木某教育公司负有重新验收确认的义务。而木某教育公司在随某科技公司第三次重新提交验收后，未在约定时间内予以答复，导致随某科技公司实际无法继续推进合同履行，因此木某教育公司主张随某科技公司存在违约行为导致木某教育公司的合同目的无法实现，该主张不能成立。第三次重新提交验收后木某教育公司未予回复直至 2019 年 3 月 3 日要求随某科技公司再次交付软件，其间因服务器、域名未续费导致软件数据丢失无法恢复，合同履行陷入僵局。双方对此均存在过错，主要原因在于，按照合同约定木某教育公司附有对服务器、域名支付费用的义务，而木某教育公司经随某科技公司提示在到期后没有续费导致服务器关闭；随某科技公司作为软件开发方，在合同履行中双方仍就涉案软件的开发和修改持续沟通过程中，负有软件数据的保管义务，随某科技公司在明知部署有软件源代码数据的服务器即将到期，如不续费相关源代码数据会丢失且无法恢复的情形下，未妥善保管软件源代码等数据，导致服务器保存的数据无法恢复后，开发方也无法提供其保存的副本，亦存在过错。随某科技公司主张其将软件源代码部署到租赁服务器已完成交付，因未续费导致数据丢失的责任应由木某教育公司承担的主张，本院不予支持。另随某科技公司主张木某教育公司的违约行为导致其合同目的无法实现，但随某科技公司作为开发方在合同仍处于履行过程期间未能妥善保管软件源代码，也是造成合同无法继续履行的原因之一，本院对随某科技公司的上述主张不予支持。

综上，双方主张涉案合同解除系一方当事人的违约致使合同目的不能实现所导致，均不能成立。计算机软件开发合同的履行需要委托方和开发方相互配合，共同推进。考虑到木某教育公司在原审期间表示不再需要软件交付，且随某科技公司部署的软件源代码数据现已丢失且无法恢复，原审法院据此认定涉案合同属于法律上或者事实上不能履行的情形，并无不当。依据《最高人民法院关于适用〈中华人民共和国民法典〉时间效力的若干规定》第11条规定："民法典施行前成立的合同，当事人一方不履行非金钱债务或者履行非金钱债务不符合约定，对方可以请求履行，但是有民法典第五百八十条第一款第一项、第二项、第三项除外情形之一，致使不能实现合同目的，当事人请求终止合同权利义务关系的，适用民法典第五百八十条第二款的规定。"原审法院认为涉案合同属于《民法典》第580条第1款第1项"法律上或者事实上不能履行"，致使合同目的不能实现的情形，进而判令涉案合同解除，终止双方合同权利义务关系，并无不当，本院予以维持。就合同未能完全履行而言，木某教育公司负主要责任，随某科技公司负次要责任。

第五百八十一条 　**【替代履行】**当事人一方不履行债务或者履行债务不符合约定，根据债务的性质不得强制履行的，对方可以请求其负担由第三人替代履行的费用。

条文沿革

本条为新增条文。

裁判规则

债务人不履行或者履行不符合约定的，债权人可以请求第三人代为履行。由第三人替代履行而产生的费用，债权人可以请求债务人承担。

——黑龙江省佳木斯市中级人民法院（2023）黑 08 民终 326 号民事判决书

▶案情概要

2021 年 3 月 24 日，佳木斯奥威某健身有限公司（原告）与境某工作室（被告）签订《境某装饰标准报价工程预算单》，约定由被告为原告经营的奥威某健身馆进行装饰装修，承揽方式为整体大包无追加，装修总造价 455334.8 元，工程于 2021 年 5 月 3 日完工。协议签订后，原告向被告及按照被告指示向指定人员转款共计 518271 元。被告在装修没有全部完成的前提下停工，并告知原告无法继续履行协议。原告为了不影响健身馆正常经营，另与案外人王某签订《室内装修合同》，由王某继续完成剩余装修工程，原告支付王某装修费 178990 元。后双方就该装修费用发生争议，原告诉称由境某工作室支付第三人代位履行的费用。被告在合同履行期间拒绝继续履行合同义务，为了降低工期拖延损失，原告聘请第三人继续施工，并支付代履行费用，该费用应当由被告承担。境某公司诉称原告变更、增加设计图纸，增加了工程量和工程造价，且原告拒绝其继续施工，因此境某公司不构成违约，无需承担违约责任，第三方的施工行为与本案不具有因果关系，其报价与本案不具有关联性。

法院认为，依法成立的合同对当事人具有法律约束力，当事人应当按照约定履行自己的义务，不得擅自变更或者解除合同。依法成立的合同受法律保护，当事人一方不履行合同义务或者履行合同义务不符合约定的，应当承担继续履行、采取补救措施或者赔偿损失等违约责任。本案中，原、被告虽未签订正式装饰装修合同，但双方对被告单方作出的工程预算报价均不持异议，且被告已完成大部分装修工程，原告亦支付了施工款，据此，可以认定双方已形成事实装饰装修合同关系。原告按约支付装修款，履行了合同义务。而被告在装修工程尚未全部完工的前提下，擅自停工并撤离施工现场，其行为已构成违约，应当承担相应的违约责任。在被告明确表示不能继续完成后期装修工程后，为不影响正常经营，原告将剩余未完装修工程另行发包给案外人王某施工，并支付装修款 178990 元，原告请求被告负担由第三人替代履行的费用有事实根据及法律依据，法院予以支持。

第五百八十二条 【瑕疵履行违约责任】 履行不符合约定的，应当按照当事人的约定承担违约责任。对违约责任没有约定或者约定不明确，依据本法第五百一十条的规定仍不能确定的，受损害方根据标的的性质以及损失的大小，可以合理选择请求对方承担修理、重作、更换、退货、减少价款或者报酬等违约责任。

条文沿革

本条来自《合同法》第 111 条："质量不符合约定的，应当按照当事人的约定承担违约责任。对违约责任没有约定或者约定不明确，依照本法第六十一条的规定仍不能确定的，受损害方根据标的的性质以及损失的大小，可以合理选择要求对方承担修理、更换、重作、退货、减少价款或者报酬等违约责任。"

裁判规则一

履行有瑕疵，双方没有约定或约定不明确的，对于瑕疵部分价值未提供评估数据，应当根据具体情况判定需支付的价款份额比例。

——最高人民法院（2022）最高法知民终 1594 号民事判决书

▶ **案情概要**

软某公司与兴某公司签署合同，约定兴某公司委托软某公司全面负责"余某县智慧余某一期"项目的建设，约定建设费用 44948189 元，其中软件开发费用 29792500 元，硬件集成费用 15155690 元；付款时间及方式如下：1. 签订合同后 5 个工作日内，支付 5000000 元；2. 2017 年 6 月 30 日前，支付 19974095 元；3. 2017 年 12 月 31 日前，支付 11984457 元；4. 2018 年 6 月 30 日前，支付 7989638 元；其他事宜，双方在软件合同、硬件合同中详细约定。同日双方签订软件合同、硬件合同具体事宜，其中软件合同约定"项目"是指《工作说明书》所指的软某公司为兴某公司进行开发并交付成果物的项目；具体开发项目的内容将以相关的《工作说明书》确定，并约定价格及具体事宜。硬件合同约定价格，付款时间及方式，以及分阶段进行验收及验收流程、时间等内容。上述合同成立后，兴某公司于 2017 年 4 月 27 日支付软件开发费用 2000000 元，2018 年 2 月 6 日支付软件开发费 6000000 元，2017 年 5 月 12 日支付硬件费用 3000000 元。另查明，兴某公司于 2017 年 8 月 7 日出具《项目初验报告》，认为：软某公司已按照合同要求，完成了智慧余某一期项目的开发、测试、安装、确认工作，实现了《智慧余某一期项目需求规格说明书》中的功能，各方面均符合合同要求，同意通过项目初验。同日，兴某公司出具《智慧余某一期项目到货验收报告》，认为该批合同货物已经全部到齐，经验收无误。2018 年 8 月 21 日，有关专家对智慧余某一期项目进行评审，专家认为："项目承担单位完成一期合同中规定的硬件集成和软件系统两部分。"余某大数据中心主任董某签署的意见是："一期开发系统平台适用性差，平台融合及数据融合互通不好，建议尽快整改提升。"在诉讼过程中，经兴某公司申请鉴定，相关机构出局鉴定意见为：智慧余某一期项目硬件存在不符合《设备清单》要求的情况；智慧余某一期软件存在不符合《工作说明书》要求的情况；增补项目——智慧余某统战系统建设项目存在未达到合同要求的情况；增补项目——智慧余某政务微信公众号平台建设项目因微信公众号已注销，整体无法勘验。后双方就合同是否违约以及合同款项发生争议。

　　法院认为，本案争议焦点之一为软某公司要求兴某公司支付合同剩余价款是否成立。兴某公司逾期付款构成违约，应当承担付款责任。但由于软某公司开发的软件以及提供的硬件设备有部分不符合合同要求，在此情形下，仍要求兴某公司全额支付合同价款显失公平。根据《民法典》第592条第1款"当事人都违反合同的，应当各自承担相应的责任"的规定，软某公司也应当承担相应的责任，不能据此主张全部合同价款。由于本案现有证据不能说明软某公司提供产品的瑕疵部分价值情况，且双方当事人均未申请对产品瑕疵部分作价格评估。鉴于软某公司提供的硬件设备基本能够满足项目所需，而软件项目部分总体上完成了大部分合同约定的内容。对于兴某公司应付款项应根据软某公司完成工作成果的情况予以合理界定，因软某公司已完成大部分工作成果，原审法院确定由兴某公司向软某公司支付合同总价80%的价款。其中，软件合同的合同价款为29792500元，兴某公司应付80%，即23834000元，兴某公司已支付8000000元，还应支付15834000元；硬件合同的合同价款为15155690元，兴某公司应付80%，即12124552元，兴某公司已支付3000000元，兴某公司还应支付9124552元。综上，兴某公司应付款为24958552元。

裁判规则二

履行不符合约定的，应当按照当事人的约定承担违约责任。不能以该约定在主合同订立之后达成为由主张不适用。

——青海省高级人民法院（2022）青民申809号民事裁定书

▶**案情概要**

谌某与吴某明经营龙羊峡某鱼庄，口头约定向谌某提供三文鱼，吴某明将4269公斤三文鱼装车发货至谌某处，并出具承诺书一份，承诺"如有质量问题，双方退货，退款质量问题包括（鱼肉发白、畸形、和样品不符等），在退货过程中造成的一切损失由吴某明承担"，货到后谌某向吴某明支付货款155547元。2022年3月12日谌某以三文鱼品质问题，将不符合约定品质的2876公斤三文鱼冷链装车退回给龙羊峡某鱼庄，吴某明在2022年3月15日接收后，退回其中1879公斤的货款，剩余997公斤的货款44998元，以三文鱼发臭为由未予退款。双方就该款项发生争议，龙羊峡某鱼庄、吴某明诉称承诺书在 2022 年 3 月 15 日形成，而双方达成买卖合意的时间为 2022 年 3 月初，故承诺书中书写的内容并非 2022 年 3 月初口头协议达成的内容，属认定事实不清。谌某辩称承诺书合法有效，是双方真实意思表示，应当根据承诺书约定给付三文鱼货款及运费。

法院认为，根据《民法典》第 582 条规定："履行不符合约定的，应当按照当事人的约定承担违约责任。对违约责任没有约定或者约定不明确，依据本法第五百一十条的规定仍不能确定的，受损害方根据标的的性质以及损失的大小，可以合理选择请求对方承担修理、重作、更换、退货、减少价款或者报酬等违约责任。"本案中，根据吴某明出具的承诺书，如有质量问题，双方退货，退款质量问题包括（鱼肉发白、畸形、和样品不符等），在退货过程中造成的一切损失由吴某明承担。谌某收到货物后，发现存在质量问题，按照承诺书约定，冷链及时运送退回，吴某明签收。吴某明理应按照承诺书的约定承担在退货过程中造成的一切损失。判决龙羊峡某鱼庄、吴某明给付谌某三文鱼货款及运费50598 元，应予支持。

第五百八十三条　【违约损害赔偿责任】当事人一方不履行合同义务或者履行合同义务不符合约定的，在履行义务或者采取补救措施后，对方还有其他损失的，应当赔偿损失。

条文沿革

本条来自《合同法》第 112 条："当事人一方不履行合同义务或者履行合同义务不符合约定的，在履行义务或者采取补救措施后，对方还有其他损失的，应当赔偿损失。"

裁判规则

计算和认定房屋租赁纠纷产生的租金差价可得利益赔偿问题时，不宜简单地将前后两份合同的价格差乘以原合同尚未履行的期间计算，应当充分考虑可预见原则、过失相抵原则、损益相抵规则、未来市场风险以及租金差价形成原因、租金支付方式、房屋租赁用途等因素作出综合评判，根据已经支付的对价情况，参考等价有偿原则，确定一个公平合理的损失赔偿额度。

——江苏省淮安市中级人民法院（2022）苏 08 民终 2046 号民事判决书

▶**案情概要**

董某（承租方）曾与案外人润某食品公司（出租方）签订租赁合同一份，约定润某食品公司将某厂房出租给董某使用，并就租赁期限、租金及支付时间等内容作出约定。合同签订后，董某未经润某食品公司同意即与付某、问某签订租赁合同，将案涉厂房转租给付某、问某二人，并就租赁期限、租金及其支付时间等作出约定。润某食品公司发现后，与付某、问某二人另行签订租赁合同一份，然而此时付某、问某二人已经向董某支付了部分租金。付某遂向法院提起诉讼，请求判令董某赔偿其与问某二人房租损失并退还一个月房租。

法院认为，《民法典》第 583 条规定："当事人一方不履行合同义务或者履行合同义务不符合约定的，在履行义务或者采取补救措施后，对方还有其他损失的，应当赔偿损失。"第 592 条第 2 款规定："当事人一方违约造成对方损失，对方对损失的发生有过错的，可以减少相应的损失赔偿额。"本案中，上诉人付某主张董某赔偿因双方合同不能继续履行而导致其与润某食品公司另行签订租赁合同所产生的租金差额损失。计算和认定房屋租赁纠纷产生的租金差价可得利益赔偿问题时，不宜简单地将前后两份合同的价格差乘以原合同尚未履行的期间计算，应当充分考虑可预见原则、过失相抵原则、损益相抵规则、未来市场风险以及租金差价形成原因、租金支付方式、房屋租赁用途等因素作出综合评判，根据已经支付的对价情况，参考等价有偿原则，确定一个公平合理的损失赔偿额度。

第五百八十四条　【法定的违约赔偿损失】当事人一方不履行合同义务或者履行合同义务不符合约定，造成对方损失的，损失赔偿额应当相当于因违约所造成的损失，包括合同履行后可以获得的利益；但是，不得超过违约一方订立合同时预见到或者应当预见到的因违约可能造成的损失。

第五百八十五条　【违约金的约定】当事人可以约定一方违约时应当根据违约情况向对方支付一定数额的违约金，也可以约定因违约产生的损失赔偿额的计算方法。

约定的违约金低于造成的损失的，人民法院或者仲裁机构可以根据当事人的请求予以增加；约定的违约金过分高于造成的损失的，人民法院或者仲裁机构可以根据当事人的请求予以适当减少。

当事人就迟延履行约定违约金的，违约方支付违约金后，还应当履行债务。

条文沿革

本条来自《合同法》第114条："当事人可以约定一方违约时应当根据违约情况向对方支付一定数额的违约金，也可以约定因违约产生的损失赔偿额的计算方法。

约定的违约金低于造成的损失的，当事人可以请求人民法院或者仲裁机构予以增加；约定的违约金过分高于造成的损失的，当事人可以请求人民法院或者仲裁机构予以适当减少。

当事人就迟延履行约定违约金的，违约方支付违约金后，还应当履行债务。"

关联司法解释

《最高人民法院关于适用〈中华人民共和国民法典〉合同编通则若干问题的解释》

第六十四条 当事人一方通过反诉或者抗辩的方式,请求调整违约金的,人民法院依法予以支持。

违约方主张约定的违约金过分高于违约造成的损失,请求予以适当减少的,应当承担举证责任。非违约方主张约定的违约金合理的,也应当提供相应的证据。

当事人仅以合同约定不得对违约金进行调整为由主张不予调整违约金的,人民法院不予支持。

第六十五条 当事人主张约定的违约金过分高于违约造成的损失,请求予以适当减少的,人民法院应当以民法典第五百八十四条规定的损失为基础,兼顾合同主体、交易类型、合同的履行情况、当事人的过错程度、履约背景等因素,遵循公平原则和诚信原则进行衡量,并作出裁判。

约定的违约金超过造成损失的百分之三十的,人民法院一般可以认定为过分高于造成的损失。

恶意违约的当事人一方请求减少违约金的,人民法院一般不予支持。

第六十六条 当事人一方请求对方支付违约金,对方以合同不成立、无效、被撤销、确定不发生效力、不构成违约或者非违约方不存在损失等为由抗辩,未主张调整过高的违约金的,人民法院应当就若不支持该抗辩,当事人是否请求调整违约金进行释明。第一审人民法院认为抗辩成立且未予释明,第二审人民法院认为应当判决支付违约金的,可以直接释明,并根据当事人的请求,在当事人就是否应当调整违约金充分举证、质证、辩论后,依法判决适当减少违约金。

被告因客观原因在第一审程序中未到庭参加诉讼,但是在第二审程序中到庭参加诉讼并请求减少违约金的,第二审人民法院可以在当事人就是否应当调整违约金充分举证、质证、辩论后，依法判决适当减少违约金。

第六十七条　当事人交付留置金、担保金、保证金、订约金、押金或者订金等，但是没有约定定金性质，一方主张适用民法典第五百八十七条规定的定金罚则的，人民法院不予支持。当事人约定了定金性质，但是未约定定金类型或者约定不明，一方主张为违约定金的，人民法院应予支持。

当事人约定以交付定金作为订立合同的担保，一方拒绝订立合同或者在磋商订立合同时违背诚信原则导致未能订立合同，对方主张适用民法典第五百八十七条规定的定金罚则的，人民法院应予支持。

当事人约定以交付定金作为合同成立或者生效条件，应当交付定金的一方未交付定金，但是合同主要义务已经履行完毕并为对方所接受的，人民法院应当认定合同在对方接受履行时已经成立或者生效。

当事人约定定金性质为解约定金，交付定金的一方主张以丧失定金为代价解除合同的，或者收受定金的一方主张以双倍返还定金为代价解除合同的，人民法院应予支持。

裁判规则一

在付款条件已经成就的情况下，一方迟延付款，构成违约，应当赔偿守约方相应损失。因双方当事人在合同中并未针对逾期付款的违约责任进行特别约定，仅约定违约金上限，法院应结合本案具体情况对守约方支付的违约金数额酌情予以确定。

——最高人民法院（2022）最高法知民终436号民事判决书

▶ 案情概要

软某动力信息技术有限公司（甲方）与泰某公司（乙方）签订涉案合同，约定由乙方就涉案项目向甲方提供技术服务。项目最终客户为深圳中某网信科技有限公司（以下简称中某公司）。双方当事人在《工作说明书》中约定，项目总金额为3695000元，其中第二期合同款金额为2721000元，支付条件为"工程终验合格并交付甲方，且甲方收到项目客户第二期付款后 30 个日历日内。"合同第 11.2.7 条约定："无论何种情形，甲方因履行本协议所承担的违约金以所涉及的本协议工作说明书金额的 10% 为限。"2020 年 6 月，软某动力信息技术有限公司就涉案项目签署验收报告，同意通过验收。原审庭审中，软某动力信息技术有限公司自认于 2020 年 10 月 20 日收到了项目客户中某公司支付的第二期合同款。泰某公司诉请，1. 软某动力信息技术有限公司支付泰某公司第二期合同款 2721000 元；2. 软某动力信息技术有限公司支付泰某公司违约金 369500 元。软某动力信息技术有限公司辩称，软某动力信息技术有限公司同意支付合同款 2721000 元，但泰某公司主张的违约金过高，应予酌减，软某动力信息技术有限公司仅同意按照合同总价款的 10% 支付 369500 元违约金。

最高人民法院认为，关于违约金，原审法院确认软某动力信息技术有限公司的真实答辩意思是认为泰某公司主张的违约金过高。在付款条件已经成就的情况下，软某动力信息技术有限公司迟延付款，构成违约，应当赔偿泰某公司相应损失。因双方当事人在合同中并未针对逾期付款的违约责任进行特别约定，仅约定软某动力信息技术有限公司如违约需支付的违约金上限，故原审法院结合本案具体情况对软某动力信息技术有限公司应支付的违约金数额酌情予以确定。泰某公司依据合同条款，请求软某动力信息技术有限公司支付 369500 元违约金，原审法院根据软某动力信息技术有限公司的原审答辩意见予以酌减，确定违约金计算方式为以 2721000 元为基数，自 2020 年 11 月 20 日起至实际给付之日止，按照全国银行间同业拆借中心公布的贷款市场报价利率标准的 1.5 倍计算。按照该计算方式所得违约金数额未超过涉案合同总价款 3695000 元的 10%，符合涉案合同约定，且不违反法律规定，故原审法院确定的违约金计算方式并无不当。

裁判规则二

在违约方主张违约金过分高于造成的损失并请求减少违约金时，应当按照"谁主张，谁举证"原则，由违约方承担证明违约金过高的举证责任。

——最高人民法院（2022）最高法知民终 1220 号民事判决书

▶案情概要

2017 年 1 月 20 日，棕某园艺公司（甲方）与新大某花木场（乙方）签订《授权生产合作协议》。协议约定：为充分发挥资源优势，甲方自愿在本协议约定的一定量内免费向乙方提供该品种的繁殖材料，乙方自愿以自有的资源（包括土地、人工等投入资金）进行该品种的扩繁生产。双方达成以下合作条款：一、协议的标的及相关事项：1. 本协议约定苗木品种，是受法律特别保护的植物新品种。未经合法许可，任何单位或个人不得生产、繁殖或销售该品种的繁殖材料……八、违约责任：1. 乙方侵犯甲方代理的所有品种知识产权，如有但不限于私自销售、私自扩繁、私自向第三方转让或转移繁殖材料等未经甲方许可的行为，甲方有权没收乙方生产的所有产品，乙方应向甲方支付违约金600000 元人民币，并依法赔偿甲方全部经济损失。2. 任何一方如有违反本合同约定条款，违约方应当向守约方承担赔偿责任。守约方有权进一步追究相关经济损失。无论本协议是否终止，乙方有义务对该品种的繁殖材料进行保护。本协议终止后，甲方有权要求乙方无条件、无偿地对该繁殖材料开展灭活或交回等方式进行保护。棕某园艺公司主张，新大某花木场在涉案合同约定以外的场地擅自种植、销售涉案植物新品种山茶，还擅自种植、销售未经许可的植物新品种山茶"怀金拖紫""瑰丽迎夏"等品种，棕某园艺公司通过录像、拍照的方式进行了记录。新大某花木场认为，棕某园艺公司单方制作的证据不能证明新大某花木场销售了侵权山茶，新大某花木场卖出的数量不多，棕某园艺公司主张的违约金过高。

棕某园艺公司诉称：1. 解除棕某园艺公司与新大某花木场之间的涉案合同；2. 新大某花木场停止种植、生产、销售棕某园艺公司拥有相关权利的植物新品种山茶；3. 新大某花木场交回所有其种植的植物新品种山茶给棕某园艺公司；4. 新大某花木场向棕某园艺公司支付违约金 600000 元，并赔偿棕某园艺公司的损失；5. 新大某花木场赔偿棕某园艺公司维权费用 1 万元；6. 新大某花木场承担本案诉讼费。新大某花木场辩称：1. 新大某花木场的种植行为不属于扩繁行为，而是双方在实际履行涉案合同中增加了种植地址，新大某花木场不应承担违约责任。2. 新大某花木场的销售行为不属于违约行为。棕某园艺公司未按涉案合同的约定支付货款，违约在先。3. 涉案合同是棕某园艺公司提供的格式合同，没有约定棕某园艺公司未制订出圃计划、未履行销售山茶的违约责任。涉案合同未约定新大某花木场的救济途径，违约条款明显不对等，该合同第 8 条的约定无效，棕某园艺公司以该条约定主张损失缺乏依据。

法院认为，根据《民法典》第 577 条、第 585 条的规定，当事人一方不履行合同义务或者履行合同义务不符合约定的，应当承担继续履行、采取补救措施或者赔偿损失等违约责任。对于违约责任，当事人可以约定一方违约时应当根据违约情况向对方支付一定数额的违约金，也可以约定因违约产生的损失赔偿额的计算方法。本案中，新大某花木场构成违约，应当承担违约责任。首先，双方对于违约造成的损失存在合同约定。涉案合同已经约定新大某花木场实施私自销售、私自扩繁、私自向第三方转让或转移繁殖材料等未经棕某园艺公司许可的行为，应向棕某园艺公司支付违约金 600000 元，并依法赔偿棕某园艺公司全部经济损失。该约定是双方真实意思表示的体现，可以作为认定违约责任的基础。其次，在违约方主张违约金过分高于造成的损失并请求减少违约金时，应当按照"谁主张，谁举证"原则，由违约方承担证明违约金过高的举证责任。新大某花木场认为涉案合同约定的违约金过高，请求予以适当减少。调整违约金应当以实际损失为基础，兼顾合同的履行情况以及当事人的过错程度以及预期利益等综合因素，根据公平原则和诚信原则予以衡量。本案中并不存在双方违约过失相抵的情形，新大某花木场并未举证证明合同约定的违约金过分高于其违约行为造成的损失。

第五百八十六条　【定金】 当事人可以约定一方向对方给付定金作为债权的担保。定金合同自实际交付定金时成立。

定金的数额由当事人约定；但是，不得超过主合同标的额的百分之二十，超过部分不产生定金的效力。实际交付的定金数额多于或者少于约定数额的，视为变更约定的定金数额。

条文沿革

本条为新增条文。

裁判规则一

双方订立的合同，约定支付相应的定金，其支付的定金已经超过法律规定的 20%，对超过部分的定金不产生定金效力，对于超过部分，不能适用定金罚则。

——新疆维吾尔自治区高级人民法院伊犁哈萨克自治州分院（2021）新 40 民终 1987 号民事判决书

▶案情概要

阿加某与案外人赵某签订《杨树买卖合同》，约定将位于尼勒克县胡吉尔台乡哈特乌孜尔村约 69.5 亩杨树出售给阿加某。2018 年 10 月 17 日，阿加某与王某就案涉杨树林木签订《木材买卖合同》，合同中载明："阿加某将其位于胡吉台乡某队后面的林木以 280000 元的价格出售给王某；阿加某为王某提供采伐树木的便利条……；如人为造成的采伐不能正常进行，阿加某无条件退还原告王某所交全部款项，并承担支付款项的 5 倍违约金赔偿；付款方式为拿到采伐证时付 100000 元；采伐证必须在 2019 年 12 月 31 日前办理完成。"后王某向阿加某支付 80000 元定金，并约定由阿加某负责办理采伐证的相关手续。事后，由于阿加某未能如期办理采伐证手续，导致王某无法按时采伐案涉林木，故 2020 年 11 月 29 日，王某与阿加某、王某 1 签订一份《协议》。该《协议》载明"阿加某在双方签订的《木材买卖合同》中已构成违约，并自愿承诺于 2021 年 1 月 1 日之前一次性退还王某支付的定金 80000 元；如若阿加某没有在 2021 年 1 月 1 日之前一次性退还王某支付的定金 80000 元，承诺双倍返还定金，即 160000 元（注：其中的 80000 元是违约金、资金利息、往返差旅费等各项费用的总和）；阿加某自愿以房屋作为财产担保，王某 1 自愿作为担保人"等内容。2021 年 1 月 1 日后，阿加某、王某 1 未能依照协议约定时间返还王某支付的定金。王某诉称，请求判令阿加某、王某 1 退还定金 80000 元并支付违约损失 80000 元；阿加某辩称，判令驳回王某双倍返还定金的诉讼请求。

法院认为，根据《民法典》第 588 条第 1 款的规定："当事人既约定违约金，又约定定金的，一方违约时，对方可以选择适用违约金或者定金条款。"王某主张的违约损失实际应当为阿加某违约后承担的双倍返还定金义务，阿加某未按期办理采伐证致使王某不能采伐树木，已构成违约，致使合同目的不能实现，故其应当按照《协议》约定双倍返还定金。根据《民法典》第 586 条第 2 款规定："定金的数额由当事人约定；但是，不得超过主合同标的额的百分之二十，超过部分不产生定金的效力……"王某向阿加某支付的定金为 80000 元，而双方订立的《木材买卖合同》的总价款为 280000 元，其支付的定金已经超过法律规定的 20%，对超过部分的定金不产生定金效力，对于超过部分，不能适用定金罚则。

裁判规则二

双方当事人约定支付定金作为合同生效的要件，一方当事人没有按约定支付定金，合同不生效。

——山东省高级人民法院（2021）鲁民终 1168 号民事判决书

▶案情概要

田某与隋某、周某于 2020 年 12 月 26 日签订《渔船买卖合同》一份，其中载明卖方（甲方）为周某、隋某，买方（乙方）为田某。经甲乙双方协定，甲方自愿将其所有的"鲁荣某 59517/18"钢壳渔船卖给乙方，达成以下协议：一、渔船总价格为人民币肆佰叁拾万元整，乙方交付定金叁拾万元整，交船时付款肆佰万元整（含定金）。完成船舶所有权注销后，付清所有余款……八、本协议由甲乙双方自愿签署（收到定金）后生效。隋某于 2020 年 12 月 26 日出具收条一份，载明"今收到购买鲁荣某 59517/18 船定金人民币叁拾万元整"。同日，鞠某受田某指派以其个人所属的银行账户向隋某所属农业银行账户转入人民币 20 万元，作为向隋某的购船定金。2021 年 2 月 1 日，隋某向鞠某账户转入人民币 20 万元，并注明"退还售船定金"。一审庭审中，田某确认向隋某实际支付购船定金人民币 20 万元。合同中约定的 30 万元定金中剩余 10 万元未支付。隋某、周某提交的《渔船建造合同》及《船舶所有权登记证书》显示案涉"鲁荣某 59517/18"渔船的登记所有权人为华某公司。田某诉称，确认田某与隋某、周某于 2020 年 12 月 26 日签订的《渔船买卖合同》有效。田某辩称，合同条款并未约定需全额支付定金后合同生效。田某已经支付定金，隋某、周某也已经收到定金，符合合同的生效条件（"收到定金"），合同应从隋某、周某收到订金起生效。当合同条款对定金的履行方式约定不明确时，应按照有利于实现合同目的的方式理解，不应轻易认定合同无效。

法院认为，本案系船舶买卖合同纠纷，当事人各方争议的焦点问题为案涉《渔船买卖合同》是否生效。经查，案涉《渔船买卖合同》中约定的生效条件为双方自愿签署（收到定金）时生效。各方当事人均确认：田某交付了 20 万元定金，隋某对此出具了 30 万元的收条。田某主张其已交付了定金，故合同已生效。法院认为，案涉《渔船买卖合同》为附生效条件的合同，隋某、周某未收到案涉《渔船买卖合同》约定的 30 万元定金，该生效条件未成就，合同因此不发生法律效力。在本案中，田某交付定金的数额为 20 万元，但隋某、周某并未出具 20 万元的收条，因此并不能认定各方变更了定金的数额。田某还主张其交付的定金数额系经隋某、周某同意后变更，但未提交证据予以证明。法院认定合同未生效，并无不当。

第五百八十七条 【定金罚则】债务人履行债务的，定金应当抵作价款或者收回。给付定金的一方不履行债务或者履行债务不符合约定，致使不能实现合同目的的，无权请求返还定金；收受定金的一方不履行债务或者履行债务不符合约定，致使不能实现合同目的的，应当双倍返还定金。

条文沿革

本条来自《合同法》第115条："当事人可以依照《中华人民共和国担保法》约定一方向对方给付定金作为债权的担保。债务人履行债务后，定金应当抵作价款或者收回。给付定金的一方不履行约定的债务的，无权要求返还定金；收受定金的一方不履行约定的债务的，应当双倍返还定金。"

关联司法解释

《最高人民法院关于适用〈中华人民共和国民法典〉合同编通则若干问题的解释》

第六十八条 双方当事人均具有致使不能实现合同目的的违约行为，其中一方请求适用定金罚则的，人民法院不予支持。当事人一方仅有轻微违约，对方具有致使不能实现合同目的的违约行为，轻微违约方主张适用定金罚则，对方以轻微违约方也构成违约为由抗辩的，人民法院对该抗辩不予支持。

当事人一方已经部分履行合同，对方接受并主张按照未履行部分所占比例适用定金罚则的，人民法院应予支持。对方主张按照合同整体适用定金罚则的，人民法院不予支持，但是部分未履行致使不能实现合同目的的除外。

因不可抗力致使合同不能履行，非违约方主张适用定金罚则的，人民法院不予支持。

裁判规则

定金罚则的适用条件为一方不履行债务或履行不符合约定致使合同目的不能实现，若因对方当事人违约导致合同目的不能实现，对方当事人无权请求适用定金罚则。

——最高人民法院（2021）最高法知民终 2328 号民事判决书

▶ **案情概要**

2018 年 11 月 26 日，针对甲方玄某公司委托乙方周某研发井下探测巡检机器人项目，双方签订计算机软件开发合同。后因合同履行发生纠纷诉至法院。玄某公司诉求因周某根本违约导致合同履行不能，周某应双倍返还定金与利息并赔偿损失。周某辩称，在玄某公司表示自行开发底盘后，其始终未能如约向周某提供底盘，致使机器人开发项目无法继续，故应由违约在先的玄某公司承担违约责任。

法院认为，对于玄某公司主张周某应双倍返还其已支付的合同款项并赔偿损失，《民法典》第 586 条第 2 款规定："定金的数额由当事人约定；但是，不得超过主合同标的额的百分之二十，超过部分不产生定金的效力……"第 587 条规定："债务人履行债务的，定金应当抵作价款或者收回。给付定金的一方不履行债务或者履行债务不符合约定，致使不能实现合同目的的，无权请求返还定金；收受定金的一方不履行债务或者履行债务不符合约定，致使不能实现合同目的的，应当双倍返还定金。"据此，玄某公司向周某支付的第一笔合同款项 9 万元，其中 6 万元即合同标的额 20% 的部分应认定为定金。玄某公司未履行合同义务致使不能实现合同目的，其无权请求周某返还定金及赔偿损失。

第五百八十八条　【违约金与定金竞合选择权】当事人既约定违约金，又约定定金的，一方违约时，对方可以选择适用违约金或者定金条款。

定金不足以弥补一方违约造成的损失的，对方可以请求赔偿超过定金数额的损失。

条文沿革

本条来自《合同法》第116条："当事人既约定违约金，又约定定金的，一方违约时，对方可以选择适用违约金或者定金条款。"

裁判规则一

违约金与定金竞合时，守约方可根据自身利益判断选择适用的条款，二者不可同时选择适用。

——辽宁省抚顺市中级人民法院（2023）辽04民终491号民事判决书

▶案情概要

尹某与抚顺鸿某地产有限公司于2012年8月23日签订《商品房内部认购协议书》后，双方因故未能签订《商品房（预售）合同》，尹某也未办理贷款，并将房屋交由他人代售。后双方诉至法院不服一审判决而上诉，抚顺鸿某地产有限公司诉求尹某给付违约金，尹某辩称协议不能履行是抚顺鸿某地产有限公司的原因，且抚顺鸿某地产有限公司不能既要违约金又要定金。

法院认为，《民法典》第588条规定："当事人既约定违约金，又约定定金的，一方违约时，对方可以选择适用违约金或者定金条款。定金不足以弥补一方违约造成的损失的，对方可以请求赔偿超过定金数额的损失。"根据上述有关违约金与定金竞合时的责任的规定，在尹某起诉明确表示不再继续履行合同并要求返还已支付房款的情况下，一审法院确定依合同约定的定金罚则在尹某已支付的房款中按总房款的20%部分作为定金予以扣除，所作裁决合理、适当，本院不作调整。本案系因买方出现违约的情形导致合同最终解除，卖方产生重新寻找买家可能导致的房价下跌损失，虽然该损失系众所周知应当预见，但双方签订的合同中并未明确约定买方交付全部房款的具体期限，且抚顺鸿某地产有限公司作为房地产开发企业理应意识到如果在合同履行过程中尹某不履行己方义务或者合同约定不明，其应尽早打破合同的僵局，避免合同履行不能对双方造成更大的损失，而抚顺鸿某地产有限公司在合同签订后至今长达10年有余，怠于积极行使权利，现抚顺鸿某地产有限公司亦未提供证据证实其遭受损失的数额。本案应兼顾合同的履行情况、当事人的过错程度以及预期利益等综合因素，按照公平原则和诚实信用原则予以衡量，故抚顺鸿某地产有限公司要求尹某按违约条款支付违约金的上诉主张依据不足，法院不予支持。

裁判规则二

定金不足以弥补一方违约造成的损失的，对方可以请求赔偿超过定金数额的损失。这并不违反不可同时适用违约金与定金罚则的规定。

——吉林省长春市中级人民法院（2022）吉01民终7035号民事判决书

▶ 案情概要

李某、纪某为举办婚礼，与吉林省盘某酒店管理有限公司下设的吉林省盘某家宴酒店签订《婚宴合同》一份，后吉林省盘某家宴酒店因绿地集团停水停电等原因停业，员工亦解散，酒店大门上锁。李某不得已与另一家酒店签订婚宴合同。后李某向一审法院诉求判令盘某家宴酒店立即向李某支付赔偿金。吉林省盘某家宴酒店不服一审判决而上诉。

二审法院认为，关于盘某家宴酒店主张的法律适用的问题。《民法典》第588条规定："当事人既约定违约金，又约定定金的，一方违约时，对方可以选择适用违约金或者定金条款。定金不足以弥补一方违约造成的损失的，对方可以请求赔偿超过定金数额的损失。"本案中，因盘某家宴酒店的违约造成李某的损失，采用定金罚则不足以弥补李某的损失，故一审法院判决盘某家宴酒店返还李某预交的定金并判决支付李某11000元赔偿金，该赔偿金的计算方式系双方合同约定的计算方式（定金+婚宴总金额的百分比），而非盘某家宴酒店上诉所称的既适用了定金罚则又适用了违约金，故对于盘某家宴酒店的该项上诉理由不予认可。

第五百八十九条　【债权人受领迟延】 债务人按照约定履行债务，债权人无正当理由拒绝受领的，债务人可以请求债权人赔偿增加的费用。

在债权人受领迟延期间，债务人无须支付利息。

条文沿革

本条为新增条文。

裁判规则

债权人无正当理由而拒绝受领的，在合理限度内产生的增加履行费用，债务人有权要求债权人赔偿。

——山东省高级人民法院（2021）鲁民终 1737 号民事判决书

▶**案情概要**

陕某动力公司与海某化工公司签订《压缩机买卖合同》，合同第 1 条约定：陕某动力公司（卖方）按照海某化工公司（买方）提供的技术协议约定的技术要求向海某化工公司提供高效空气压缩机、氨压缩机、合成气压缩机各一套，总金额 108350000.00 元，交货期为陕某动力公司收到预付款之日起 12 个月内全部交清；合同对具体事宜进行详细规定。陕某动力公司按照合同约定产成设备，海某化工公司发邮件称由于现场工期顺延，设备交货日期推迟，后双方签订《变更补充协议》，约定，原合同供货期调整，具体时间由海某化工公司提前 2 个月通知，后因发生事故致使合同继续延期，协议约定期满后数月，陕某动力公司向海某化工公司发函称因为未收到具体的交货时间，以产生合同约定之外的仓储费、资金占用费、检修费等。海某化工回复称目前项目因当地政府原因暂停，未取消，请不要将该司设备转让或挪用。后双方就交货事由多次交涉无果。双方诉至法院，就陕某动力公司要求海某化工公司支付的款项包含因未按时交付产生的费用产生争议。海某化工公司诉称案涉项目因爆炸事故影响，属于客观情况发生重大变化的情势变更，且陕某动力公司在超过约定的时间后，未采取法律规定的提存制度，由此造成的仓储费扩大应自行承担。陕某动力公司辩称"3·21事故"不属于情势变更，不会对案涉合同履行产生实质性影响，且由此产生的仓储费、逾期付款利息合法合理。

山东省高级人民法院认为，本案的争议焦点有：是陕某动力公司要求海某化工公司支付逾期付款损失5020710元、仓储费1514359.90元请求应否予以支持？对于逾期支付货款损失问题，陕某动力公司按照合同约定投入资金按期产成案涉压缩机，海某化工公司未按期提货支付货款，造成陕某动力公司资金投入无法按期收回，逾期付款损失客观存在，陕某动力公司要求海某化工公司支付逾期付款损失的请求，一审法院依法予以支持。2019年3月30日是双方再行协商确定的交货时间，此后海某化工公司虽然多次提出延迟交货的请求，但陕某动力公司均未许诺同意海某化工公司延迟交货的时间点，双方未再行达成延迟交货的时间。因此，一审法院确定案涉货物交货时间为2019年3月30日。按照合同约定的结算方式，货物到达现场满6个月，即2019年9月30日，应支付合同总额的60%货款计6501万元；2020年4月30日，应支付合同总额的20%货款计2167万元。逾期付款损失2019年8月20日前按照人民银行同期贷款利率、此后按照全国银行间同业拆借中心发布的贷款市场报价利率计算至2020年10月16日，数额共计为3063813.01元，2020年10月17日至生效判决确定的付款日逾期付款损失按照同期全国银行间同业拆借中心发布的贷款市场报价利率分段计算。

关于仓储费用问题，《民法典》第589条第1款规定："债务人按照约定履行债务，债权人无正当理由拒绝受领的，债务人可以请求债权人赔偿增加的费用。"海某化工公司未按期提货，产成案涉压缩机一直由陕某动力公司仓储看护，场地占用、设备倒运等仓储成本费用客观存在。陕某动力公司提交证据证明仓储费用损失，海某化工公司不予认可，并要求对此进行司法鉴定。经调查，仓储收费已经市场化管理，没有固定收费标准，鉴定机构亦采取市场比较法进行确定。为节约诉讼成本及提高审判效率，法院分别到淄博市市场监督管理局、淄博市发展和改革委员会价格科进行调查，采取电话询问和现场调查的方式分别在淄博市、西安市任意选取数家仓储公司和物流公司进行调查询价，采取网络查询的方式调取了天津港口、上港集团等对外公开报价的保管费收费标准，结合现场勘验的陕某动力公司仓储案涉压缩机的场所、存放方式，考量双方友好合作基础及陕某动力公司本身系生产者的身份等因素，法院酌情确定仓储费以每吨每天1元的标准计算。陕某动力公司根据产成压缩机装箱清单及物体体积测算，案涉3台压缩机总重量为520.85吨，海某化工公司对此未提出异议，仓储费计算自2019年4月1日起计算至2020年10月16日止，计款294280.25元（1元×520.85吨×565天）。自2020年10月17日至海某化工公司提货时间止，仓储费用依照上述标准计算。陕某动力公司要求海某化工公司支付仓储费的请求，法院部分予以支持。

第五百九十条 【因不可抗力不能履行合同】 当事人一方因不可抗力不能履行合同的，根据不可抗力的影响，部分或者全部免除责任，但是法律另有规定的除外。因不可抗力不能履行合同的，应当及时通知对方，以减轻可能给对方造成的损失，并应当在合理期限内提供证明。

当事人迟延履行后发生不可抗力的，不免除其违约责任。

条文沿革

本条来自《合同法》第117条："因不可抗力不能履行合同的，根据不可抗力的影响，部分或者全部免除责任，但法律另有规定的除外。当事人迟延履行后发生不可抗力的，不能免除责任。

本法所称不可抗力，是指不能预见、不能避免并不能克服的客观情况。"

《合同法》第 118 条："当事人一方因不可抗力不能履行合同的，应当及时通知对方，以减轻可能给对方造成的损失，并应当在合理期限内提供证明。"

裁判规则

不可抗力须发生在合同成立后，若不可抗力发生于合同成立前，不适用本款规定。

——最高人民法院（2019）最高法民终 960 号民事判决书

▶案情概要

某利公司设立时股东为张某（出资 500 万元，占股 50%）、梁某（出资 500 万元，占股 50%），注册资本均已实缴。2015 年 8 月 4 日，梁某、张某及某方公司签订《某利公司增资协议书》约定：某方公司以货币出资 1000 万元。某利公司增资后的注册资本为 2000 万元，股本结构为：梁某出资 500 万元，占股 25%；张某出资 500 万元，占股 25%；某方公司出资 1000 万元，占股 50%。2015 年 8 月 5 日，某利公司与张某签订《借款协议》约定：张某同意向某利公司提供借款 2000 万元，该笔款项已于 2015 年 1 月 7 日汇入某利公司账号，用于支付受让三亚某海景酒店公寓项目定金。借款期限自协议签订之日起算，共 12 个月。借款资金占用费按年利率 12% 计算。2017 年 5 月 25 日，张某与某利公司签订的《还款协议书》约定：截至 2017 年 6 月 16 日，某利公司应付张某借款本金 2000 万元，资金占用费 951.8384 万元，共计 2951.8384 万元。某利公司应于 2017 年 6 月 16 日之前向张某付清上述款项，否则应承担违约责任。2017 年 7 月 15 日，A 房地产公司与某利公司签订《资产转让合同》，约定某利公司为三亚某海景酒店公寓项目产权所有人。某利公司将拟转让资产全部抵押给项目公司（办理资产转让时双方配合办理解押手续）后 15 个工作日内，A 房地产公司通过项目公司向某利公司支付诚意金 3.2 亿元。除资产抵押之外，某利公司股东一致同意提供股权质押。2017 年 8 月 1 日，某利公司作为借款人，A 房地产公司作为委托贷款人，建行三亚分行作为代理人签订的《委托贷款合同》约定：A 房地产公司委托建行三亚分行向某利公司发放贷款 3.2 亿元，借款期限为 12 个月，利率为 7%。同日，某利公司作为抵押人与建行三亚分行作为抵押权人签订《抵押合同》。2017 年 8 月 7 日，A 房地产公司向某利公司转账 3.2 亿元。2017 年 8 月 8 日，某利公司向张某转账 2951.8384 万元。之后项目无法按合同约定完成，某利公司与 A 房地产公司发生争议，A 房地产公司解除合同，要求退还 3.2 亿元诚意金及赔偿相应违约金。最终 A 房地产公司提起诉讼，请求某利公司偿还债务及三位股东承担连带清偿责任。某利公司诉称其无法履约系因政府政策调整导致，属于不可抗力。《资产转让合同》于 2017 年 7 月 15 日签订，同年 9 月海南省人民政府出台"两个暂停"政策，10 月案涉项目受政策影响暂停。政府部门政策调整属于不可抗力，不应认定某利公司违约。碧某园公司辩称其所述政策不属于不可抗力因素，该文件发布的时间均早于《资金转让合同》签订时间，不存在不可预见的情况。

法院认为，本案争议焦点之一在于某利公司是否构成违约，其关于因不可抗力免责的主张能否成立。所谓不可抗力，是指不能预见、不能避免并不能克服的客观情况。案涉《资产转让合同》第 4 条约定，某利公司应完成以下工作，作为合同项下资产转让的先决条件：目标地块完成规划调整及用地性质变更。某利公司承诺协调政府部门审批通过《海南省三亚市红沙片区控制性详细规划网枝村及周边片区规划修改》，目标地块主要规划指标确定可调整为：地块编号为 A-021、容积率≥3.5、计入容积率建筑面积≥6.2 万平方米、限高≥80 米、建筑密度≥30%、绿地率≤30%。目标地块土地性质可以从综合用地变更为二类住宅用地。第 14 条约定：如某利公司在 2017 年 10 月 30 日前，未完成第 4 条第 1 款约定规划调整事宜并缴纳完毕增容变性费用的，则碧某园公司有权单方解除合同。但是出现不可抗力原因导致上述规划调整无法按合同约定完成的，不认定为某利公司违约，碧某园公司或项目公司支付合同约定借款或资产转让借款时间相应顺延。本案中，某利公司未能在 2017 年 10 月 30 日前完成《资产转让合同》第 4 条约定的案涉地块的容积率、土地性质等规划指标的调整。某利公司辩称，其无法如期完成案涉地块规划指标的调整，系因 2017 年 9 月海南省人民政府出台的"两个暂停"政策导致，属于不可抗力，不应认定其构成违约。但根据查明的事实，2016 年 2 月 23 日，海南省人民政府就发布《海南省人民政府关于加强房地产市场调控的通知》（琼府〔2016〕22 号），通知加强商品住宅用地计划管理和规划审批调控，对商品住宅库存消化期超过全省平均水平的市县，暂停办理新增商品住宅（含酒店式公寓，下同）及产权式酒店用地审批（包括农用地转用及土地征收审批、土地供应审批、已供应的非商品住宅用地改为商品住宅用地审批、商品住宅用地容积率提高审批），暂停新建商品住宅项目规划报建审批。2016 年 12 月 7 日，海南省人民政府发布《海南省人民政府关于继续落实"两个暂停"政策进一步促进房地产市场健康发展的通知》（琼府〔2016〕113 号）。2017 年 9 月 28 日，海南省人民政府印发《海南省人民政府关于进一步深化"两个暂停"政策促进房地产业平稳健康发展的意见》（琼府〔2017〕76 号）。可见，早在 2016 年 2 月 23 日海南省人民政府便实施了"两个暂停"政策，2017 年 9 月 28 日的《海南省人民政府关于进一步深化"两个暂停"政策促进房地产业平稳健康发展的意见》（琼府〔2017〕76 号）是对 2016 年 2 月 23 日《海南省人民政府关于加强房地产市场调控的通知》（琼府〔2016〕22 号）的继续深化落实。《资产转让合同》于 2017 年 7 月 15 日签订，某利公司作为在海南省三亚市登记注册的专业房地产投资公司，海南省人民政府的"两个暂停"政策不属于某利公司在签订该合同时无法预见的客观情况，现某利公司主张相关政府政策调整构成不可抗力进而主张其应免责，依据不足，本院不予支持。

第五百九十一条　【减损规则】当事人一方违约后，对方应当采取适当措施防止损失的扩大；没有采取适当措施致使损失扩大的，不得就扩大的损失请求赔偿。

当事人因防止损失扩大而支出的合理费用，由违约方负担。

条文沿革

本条来自《合同法》第119条:"当事人一方违约后,对方应当采取适当措施防止损失的扩大;没有采取适当措施致使损失扩大的,不得就扩大的损失要求赔偿。

当事人因防止损失扩大而支出的合理费用,由违约方承担。"

裁判规则一

未及时验货致使损失扩大的,不得就扩大的损失要求赔偿。

——北京市高级人民法院(2022)京民申3616号民事裁定书

▶案情概要

陈某系欣某公司的员工。丰某经营部通过陈某与欣某公司达成口头买卖合同,约定丰某经营部向欣某公司购买猪肋排心。合同履行过程中发生争议,丰某经营部认为欣某公司实际交货不符,属于违约,故将欣某公司诉至法院,请求判令欣某公司、刘某(欣某公司法定代表人)、陈某退还货款并支付按总货款20%计算的赔偿款。欣某公司、刘某共同辩称,丰某经营部在收到货物后未及时验货,致使损失扩大,不应就损失扩大部分请求赔偿。一审法院判决北京欣某兴泰商贸有限公司、刘某于判决生效之日起7日内返还福州市马尾区丰某食品经营部货款并驳回丰某经营部其他诉讼请求。欣某公司不服一审判决提出上诉,二审法院判决驳回上诉,维持原判。欣某公司提出再审。

北京市高级人民法院认为,依据本案查明的事实,丰某经营部通过微信方式与欣某公司的员工陈某沟通,双方最终达成买卖合同。根据沟通的实际过程可以确定买卖合同的标的物为猪肋排心。因欣某公司的员工陈某履职不当导致发货出现错误,欣某公司向丰某经营部实际交付货物为包含猪排边和猪肋排心的猪排骨。丰某经营部收到货物后未及时验货、未尽到审慎的注意义务亦存有一定过错。二审法院考虑双方过错情况判决欣某公司返还货款,但不再向丰某经营部赔偿其他损失,同时因考虑到货物已临近保质期且欣某公司明确表示不接收货物的客观情况,确定货物由丰某经营部自行处置，并无不当。综上，欣某公司的再审申请不符合《民事诉讼法》第 207 条规定的情形。

裁判规则二

即使申请人对保证金账户享有优先权，也不意味着其可以怠于行使权利，因怠于行使权利致使损失扩大，损失扩大部分应当由申请人承担责任。

——山西省高级人民法院（2022）晋民申 2860 号民事裁定书

▶**案情概要**

民生银行太某分行与畅某签订《借款合同》，就借款事宜作出约定。同时，畅某以保证金账户内 30 万元保证金为该笔借款提供质押担保，担保范围包括主债权及其他应付款项。合同履行过程中发生争议，民生银行太某分行将畅某诉至法院，请求判令畅某偿还本金并支付罚息与复利。

另案（2018）晋 0106 执 1473 号执行裁定书显示，畅某用于质押的保证金账户被太某市迎泽区人民法院于 2018 年 7 月 16 日冻结。

山西省高级人民法院认为，本案一审立案日期为 2021 年 5 月 19 日。申请人主张被申请人应当支付欠付本金所产生的罚息及复利。其一，畅某质押给申请人的保证金账户于 2018 年 7 月即被人民法院冻结，到 2019 年 5 月申请人与畅某约定的借款期限到期相隔 10 个月的时间，在此期间申请人可以要求畅某重新提供保证金或其他担保。至迟在双方约定的借款期限到期后，申请人应当及时与畅某协商还款事宜，以避免损失扩大。根据《民法典》第 591 条第 1 款规定："当事人一方违约后，对方应当采取适当措施防止损失的扩大；没有采取适当措施致使损失扩大的，不得就扩大的损失请求赔偿。"本案中，申请人在借款期限到期 2 年后才起诉，其间产生的罚息及复利系申请人怠于行使权利造成的扩大的损失，故申请人应当对该扩大的损失承担责任。即使申请人对该保证金账户享有优先权，也不意味着其可以怠于行使权利。其二，畅某质押的保证金账户内的金额大于其借款到期后已经欠付的本金。若能及时与被申请人沟通还款事宜，被申请人通过及时还款等方式可以避免自身多支付罚息及复利。故原审判令被申请人无需支付罚息及复利并无不当，本院予以支持。既然主债务人不承担支付罚息及复利的责任，担保合同作为从合同，涉及的担保人亦不应承担该责任。其三，申请人主张其向二审法院表明过其向太某市迎泽区人民法院提起过案外人执行异议申请，但二审法院不予采信和核实。经本院查阅原审电子卷宗，申请人并未向原审法院明确提出调查取证申请，故本院对该主张不予采信。再审申请人申请再审事由不能成立。

第五百九十二条 【双方违约和与有过失规则】 当事人都违反合同的，应当各自承担相应的责任。

当事人一方违约造成对方损失，对方对损失的发生有过错的，可以减少相应的损失赔偿额。

条文沿革

本条来自《合同法》第 120 条："当事人双方都违反合同的，应当各自承担相应的责任。"

裁判规则

当事人都违反合同的，应当各自承担相应的责任。

——最高人民法院（2021）最高法民申 6612 号民事裁定书

▶案情概要

2014 年 3 月 2 日，泽某物流、石油公司与案外人东某公司三方签订单船协议，约定泽某物流将其代理的宏某公司所有的由奥某某轮装载的 2000 吨丙酮氢醇仓储于石油公司的仓储罐中。石油公司违反约定，未尽核实及通知义务，致使涉案货物被案外人张某伪造提货单据提走。宏某公司将泽某物流诉至青岛海事法院，经审理，判决泽某物流承担

9577426.40 元的赔偿责任，山东省高级人民法院维持了该判决。判决生效后，泽某物流履行了赔偿义务，产生了损失，故请求判令石油公司赔偿泽某物流 9744872.62 元及利息损失。石油公司不服一审判决提出上诉，认为石油公司与泽某物流之间不存在仓储合同关系，并且泽某物流在发货过程中存在过错，石油公司在发货过程中尽到了应尽的谨慎义务，不存在过错，不应对货物被骗提承担责任。

最高人民法院认为，泽某物流在与石油公司建立、履行仓储合同过程中有一定的不当行为。在建立仓储合同关系的过程中，泽某物流未进行充分必要的提示、协商、约定以使提货流程清晰明确，为后续发生的货物被骗提事件埋下了隐患，对其被代理人的利益未尽到充分的保障之责。泽某物流作为与仁某公司、宏某公司三方签订了进口货物代理协议的当事人、从事货运代理的专业性企业，对仁某公司与宏某公司之间的关系是有清晰认知的，三方共同约定仁某公司在付清货款及代理费前，货物所有权归宏某公司，因而泽某物流应当在履行合同的过程中以对仁某公司和宏某公司诚信、负责的态度，谨慎勤勉地处理代理业务，对可能发生的误提、骗提风险保持必要的警惕和防范。泽某物流没有尽到上述义务，尤其是在履行仓储合同的过程中没有对宏某公司尽到义务，泽某物流应当承担一定份额的责任。根据《最高人民法院关于适用〈中华人民共和国民法典〉时间效力的若干规定》第 3 条规定："民法典施行前的法律事实引起的民事纠纷案件，当时的法律、司法解释没有规定而民法典有规定的，可以适用民法典的规定，但是明显减损当事人合法权益、增加当事人法定义务或者背离当事人合理预期的除外。"原判决认为泽某物流对货物被骗提亦存在过错，依据《民法典》第 592 条第 2 款"当事人一方违约造成对方损失，对方对损失的发生有过错的，可以减少相应的损失赔偿额"的规定，酌定由泽某物流承担 20% 的损失赔偿额，由石油公司承担货物被骗提所致损失 80% 的赔偿责任是合适的。

第五百九十三条 　【因第三人原因造成违约情况下的责任承担】当事人一方因第三人的原因造成违约的，应当依法向对方承担违约责任。当事人一方和第三人之间的纠纷，依照法律规定或者按照约定处理。

第五百九十四条 　【国际贸易合同诉讼时效和仲裁时效】因国际货物买卖合同和技术进出口合同争议提起诉讼或者申请仲裁的时效期间为四年。

最高人民法院关于适用《中华人民共和国民法典》合同编通则若干问题的解释

（2023 年 5 月 23 日最高人民法院审判委员会第 1889 次会议通过　2023 年 12 月 4 日最高人民法院公告公布　自 2023 年 12 月 5 日起施行　法释〔2023〕13 号）

为正确审理合同纠纷案件以及非因合同产生的债权债务关系纠纷案件，依法保护当事人的合法权益，根据《中华人民共和国民法典》、《中华人民共和国民事诉讼法》等相关法律规定，结合审判实践，制定本解释。

一、一般规定

第一条　人民法院依据民法典第一百四十二条第一款、第四百六十六条第一款的规定解释合同条款时，应当以词句的通常含义为基础，结合相关条款、合同的性质和目的、习惯以及诚信原则，参考缔约背景、磋商过程、履行行为等因素确定争议条款的含义。

有证据证明当事人之间对合同条款有不同于词句的通常含义的其他共同理解，一方主张按照词句的通常含义理解合同条款的，人民法院不予支持。

对合同条款有两种以上解释，可能影响该条款效力的，人民法院应当选择有利于该条款有效的解释；属于无偿合同的，应当选择对债务人负担较轻的解释。

第二条　下列情形，不违反法律、行政法规的强制性规定且不违背公序良俗的，人民法院可以认定为民法典所称的"交易习惯"：

（一）当事人之间在交易活动中的惯常做法；

（二）在交易行为当地或者某一领域、某一行业通常采用并为交易对方订立合同时所知道或者应当知道的做法。

对于交易习惯，由提出主张的当事人一方承担举证责任。

二、合同的订立

第三条　当事人对合同是否成立存在争议，人民法院能够确定当事人姓名或者名称、标的和数量的，一般应当认定合同成立。但是，法律另有规定或者当事人另有约定的除外。

根据前款规定能够认定合同已经成立的，对合同欠缺的内容，人民法院应当依据民法典第五百一十条、第五百一十一条等规定予以确定。

当事人主张合同无效或者请求撤销、解除合同等，人民法院认为合同不成立的，应当依据《最高人民法院关于民事诉讼证据的若干规定》第五十三条的规定将合同是否成立作为焦点问题进行审理，并可以根据案件的具体情况重新指定举证期限。

第四条　采取招标方式订立合同，当事人请求确认合同自中标通知书到达中标人时成立的，人民法院应予支持。合同成立后，当事人拒绝签订书面合同的，人民法院应当依据招标文件、投标文件和中标通知书等确定合同内容。

采取现场拍卖、网络拍卖等公开竞价方式订立合同，当事人请求确认合同自拍卖师落槌、电子交易系统确认成交时成立的，人民法院应予支持。合同成立后，当事人拒绝签订成交确认书的，人民法院应当依据拍卖公告、竞买人的报价等确定合同内容。

产权交易所等机构主持拍卖、挂牌交易，其公布的拍卖公告、交易规则等文件公开确定了合同成立需要具备的条件，当事人请求确认合同自该条件具备时成立的，人民法院应予支持。

第五条　第三人实施欺诈、胁迫行为，使当事人在违背真实意思的情况下订立合同，受到损失的当事人请求第三人承担赔偿责任的，人民法院依法予以支持；当事人亦有违背诚信原则的行为的，人民法院应当根据各自的过错确定相应的责任。但是，法律、司法解释对当事人与第三人的民事责任另有规定的，依照其规定。

第六条　当事人以认购书、订购书、预订书等形式约定在将来一定期限内订立合同，或者为担保在将来一定期限内订立合同交付了定金，能够确定将来所要订立合同的主体、标的等内容的，人民法院应当认定预约合同成立。

当事人通过签订意向书或者备忘录等方式，仅表达交易的意向，未约定在将来一定期限内订立合同，或者虽然有约定但是难以确定将来所要订立合同的主体、标的等内容，一方主张预约合同成立的，人民法院不予支持。

当事人订立的认购书、订购书、预订书等已就合同标的、数量、价款或者报酬等主要内容达成合意，符合本解释第三条第一款规定的合同成立条件，未明确约定在将来一定期限内另行订立合同，或者虽然有约定但是当事人一方已实施履行行为且对方接受的，人民法院应当认定本约合同成立。

第七条　预约合同生效后，当事人一方拒绝订立本约合同或者在磋商订立本约合同时违背诚信原则导致未能订立本约合同的，人民法院应当认定该当事人不履行预约合同约定的义务。

人民法院认定当事人一方在磋商订立本约合同时是否违背诚信原则，应当综合考虑该当事人在磋商时提出的条件是否明显背离预约合同约定的内容以及是否已尽合理努力进行协商等因素。

第八条　预约合同生效后，当事人一方不履行订立本约合同的义务，对方请求其赔偿因此造成的损失的，人民法院依法予以支持。

前款规定的损失赔偿，当事人有约定的，按照约定；没有约定的，

人民法院应当综合考虑预约合同在内容上的完备程度以及订立本约合同
的条件的成就程度等因素酌定。

第九条 合同条款符合民法典第四百九十六条第一款规定的情形，
当事人仅以合同系依据合同示范文本制作或者双方已经明确约定合同条
款不属于格式条款为由主张该条款不是格式条款的，人民法院不予
支持。

从事经营活动的当事人一方仅以未实际重复使用为由主张其预先拟
定且未与对方协商的合同条款不是格式条款的，人民法院不予支持。但
是，有证据证明该条款不是为了重复使用而预先拟定的除外。

第十条 提供格式条款的一方在合同订立时采用通常足以引起对方
注意的文字、符号、字体等明显标识，提示对方注意免除或者减轻其责
任、排除或者限制对方权利等与对方有重大利害关系的异常条款的，人
民法院可以认定其已经履行民法典第四百九十六条第二款规定的提示
义务。

提供格式条款的一方按照对方的要求，就与对方有重大利害关系的
异常条款的概念、内容及其法律后果以书面或者口头形式向对方作出通
常能够理解的解释说明的，人民法院可以认定其已经履行民法典第四百
九十六条第二款规定的说明义务。

提供格式条款的一方对其已经尽到提示义务或者说明义务承担举证
责任。对于通过互联网等信息网络订立的电子合同，提供格式条款的一
方仅以采取了设置勾选、弹窗等方式为由主张其已经履行提示义务或者
说明义务的，人民法院不予支持，但是其举证符合前两款规定的除外。

三、合同的效力

第十一条 当事人一方是自然人，根据该当事人的年龄、智力、知
识、经验并结合交易的复杂程度，能够认定其对合同的性质、合同订立
的法律后果或者交易中存在的特定风险缺乏应有的认知能力的，人民法
院可以认定该情形构成民法典第一百五十一条规定的"缺乏判断能力"。

第十二条　合同依法成立后，负有报批义务的当事人不履行报批义务或者履行报批义务不符合合同的约定或者法律、行政法规的规定，对方请求其继续履行报批义务的，人民法院应予支持；对方主张解除合同并请求其承担违反报批义务的赔偿责任的，人民法院应予支持。

人民法院判决当事人一方履行报批义务后，其仍不履行，对方主张解除合同并参照违反合同的违约责任请求其承担赔偿责任的，人民法院应予支持。

合同获得批准前，当事人一方起诉请求对方履行合同约定的主要义务，经释明后拒绝变更诉讼请求的，人民法院应当判决驳回其诉讼请求，但是不影响其另行提起诉讼。

负有报批义务的当事人已经办理申请批准等手续或者已经履行生效判决确定的报批义务，批准机关决定不予批准，对方请求其承担赔偿责任的，人民法院不予支持。但是，因迟延履行报批义务等可归责于当事人的原因导致合同未获批准，对方请求赔偿因此受到的损失的，人民法院应当依据民法典第一百五十七条的规定处理。

第十三条　合同存在无效或者可撤销的情形，当事人以该合同已在有关行政管理部门办理备案、已经批准机关批准或者已依据该合同办理财产权利的变更登记、移转登记等为由主张合同有效的，人民法院不予支持。

第十四条　当事人之间就同一交易订立多份合同，人民法院应当认定其中以虚假意思表示订立的合同无效。当事人为规避法律、行政法规的强制性规定，以虚假意思表示隐藏真实意思表示的，人民法院应当依据民法典第一百五十三条第一款的规定认定被隐藏合同的效力；当事人为规避法律、行政法规关于合同应当办理批准等手续的规定，以虚假意思表示隐藏真实意思表示的，人民法院应当依据民法典第五百零二条第二款的规定认定被隐藏合同的效力。

依据前款规定认定被隐藏合同无效或者确定不发生效力的，人民法院应当以被隐藏合同为事实基础，依据民法典第一百五十七条的规定确定当事人的民事责任。但是，法律另有规定的除外。

当事人就同一交易订立的多份合同均系真实意思表示，且不存在其他影响合同效力情形的，人民法院应当在查明各合同成立先后顺序和实际履行情况的基础上，认定合同内容是否发生变更。法律、行政法规禁止变更合同内容的，人民法院应当认定合同的相应变更无效。

第十五条　人民法院认定当事人之间的权利义务关系，不应当拘泥于合同使用的名称，而应当根据合同约定的内容。当事人主张的权利义务关系与根据合同内容认定的权利义务关系不一致的，人民法院应当结合缔约背景、交易目的、交易结构、履行行为以及当事人是否存在虚构交易标的等事实认定当事人之间的实际民事法律关系。

第十六条　合同违反法律、行政法规的强制性规定，有下列情形之一，由行为人承担行政责任或者刑事责任能够实现强制性规定的立法目的的，人民法院可以依据民法典第一百五十三条第一款关于"该强制性规定不导致该民事法律行为无效的除外"的规定认定该合同不因违反强制性规定无效：

（一）强制性规定虽然旨在维护社会公共秩序，但是合同的实际履行对社会公共秩序造成的影响显著轻微，认定合同无效将导致案件处理结果有失公平公正；

（二）强制性规定旨在维护政府的税收、土地出让金等国家利益或者其他民事主体的合法利益而非合同当事人的民事权益，认定合同有效不会影响该规范目的的实现；

（三）强制性规定旨在要求当事人一方加强风险控制、内部管理等，对方无能力或者无义务审查合同是否违反强制性规定，认定合同无效将使其承担不利后果；

（四）当事人一方虽然在订立合同时违反强制性规定，但是在合同订立后其已经具备补正违反强制性规定的条件却违背诚信原则不予补正；

（五）法律、司法解释规定的其他情形。

法律、行政法规的强制性规定旨在规制合同订立后的履行行为，当事人以合同违反强制性规定为由请求认定合同无效的，人民法院不予支持。但是，合同履行必然导致违反强制性规定或者法律、司法解释另有规定的除外。

依据前两款认定合同有效，但是当事人的违法行为未经处理的，人民法院应当向有关行政管理部门提出司法建议。当事人的行为涉嫌犯罪的，应当将案件线索移送刑事侦查机关；属于刑事自诉案件的，应当告知当事人可以向有管辖权的人民法院另行提起诉讼。

第十七条 合同虽然不违反法律、行政法规的强制性规定，但是有下列情形之一，人民法院应当依据民法典第一百五十三条第二款的规定认定合同无效：

（一）合同影响政治安全、经济安全、军事安全等国家安全的；

（二）合同影响社会稳定、公平竞争秩序或者损害社会公共利益等违背社会公共秩序的；

（三）合同背离社会公德、家庭伦理或者有损人格尊严等违背善良风俗的。

人民法院在认定合同是否违背公序良俗时，应当以社会主义核心价值观为导向，综合考虑当事人的主观动机和交易目的、政府部门的监管强度、一定期限内当事人从事类似交易的频次、行为的社会后果等因素，并在裁判文书中充分说理。当事人确因生活需要进行交易，未给社会公共秩序造成重大影响，且不影响国家安全，也不违背善良风俗的，人民法院不应当认定合同无效。

第十八条 法律、行政法规的规定虽然有"应当""必须"或者"不得"等表述，但是该规定旨在限制或者赋予民事权利，行为人违反该规定将构成无权处分、无权代理、越权代表等，或者导致合同相对人、第三人因此获得撤销权、解除权等民事权利的，人民法院应当依据法律、行政法规规定的关于违反该规定的民事法律后果认定合同效力。

第十九条 以转让或者设定财产权利为目的订立的合同，当事人或者真正权利人仅以让与人在订立合同时对标的物没有所有权或者处分权为由主张合同无效的，人民法院不予支持；因未取得真正权利人事后同意或者让与人事后未取得处分权导致合同不能履行，受让人主张解除合同并请求让与人承担违反合同的赔偿责任的，人民法院依法予以支持。

前款规定的合同被认定有效，且让与人已经将财产交付或者移转登记至受让人，真正权利人请求认定财产权利未发生变动或者请求返还财产的，人民法院应予支持。但是，受让人依据民法典第三百一十一条等规定善意取得财产权利的除外。

第二十条 法律、行政法规为限制法人的法定代表人或者非法人组织的负责人的代表权，规定合同所涉事项应当由法人、非法人组织的权力机构或者决策机构决议，或者应当由法人、非法人组织的执行机构决定，法定代表人、负责人未取得授权而以法人、非法人组织的名义订立合同，未尽到合理审查义务的相对人主张该合同对法人、非法人组织发生效力并由其承担违约责任的，人民法院不予支持，但是法人、非法人组织有过错的，可以参照民法典第一百五十七条的规定判决其承担相应的赔偿责任。相对人已尽到合理审查义务，构成表见代表的，人民法院应当依据民法典第五百零四条的规定处理。

合同所涉事项未超越法律、行政法规规定的法定代表人或者负责人的代表权限，但是超越法人、非法人组织的章程或者权力机构等对代表权的限制，相对人主张该合同对法人、非法人组织发生效力并由其承担违约责任的，人民法院依法予以支持。但是，法人、非法人组织举证证明相对人知道或者应当知道该限制的除外。

法人、非法人组织承担民事责任后，向有过错的法定代表人、负责人追偿因越权代表行为造成的损失的，人民法院依法予以支持。法律、司法解释对法定代表人、负责人的民事责任另有规定的，依照其规定。

第二十一条 法人、非法人组织的工作人员就超越其职权范围的事项以法人、非法人组织的名义订立合同，相对人主张该合同对法人、非法人组织发生效力并由其承担违约责任的，人民法院不予支持。但是，法人、非法人组织有过错的，人民法院可以参照民法典第一百五十七条的规定判决其承担相应的赔偿责任。前述情形，构成表见代理的，人民法院应当依据民法典第一百七十二条的规定处理。

合同所涉事项有下列情形之一的，人民法院应当认定法人、非法人组织的工作人员在订立合同时超越其职权范围：

（一）依法应当由法人、非法人组织的权力机构或者决策机构决议的事项；

（二）依法应当由法人、非法人组织的执行机构决定的事项；

（三）依法应当由法定代表人、负责人代表法人、非法人组织实施的事项；

（四）不属于通常情形下依其职权可以处理的事项。

合同所涉事项未超越依据前款确定的职权范围，但是超越法人、非法人组织对工作人员职权范围的限制，相对人主张该合同对法人、非法人组织发生效力并由其承担违约责任的，人民法院应予支持。但是，法人、非法人组织举证证明相对人知道或者应当知道该限制的除外。

法人、非法人组织承担民事责任后，向故意或者有重大过失的工作人员追偿的，人民法院依法予以支持。

第二十二条　法定代表人、负责人或者工作人员以法人、非法人组织的名义订立合同且未超越权限，法人、非法人组织仅以合同加盖的印章不是备案印章或者系伪造的印章为由主张该合同对其不发生效力的，人民法院不予支持。

合同系以法人、非法人组织的名义订立，但是仅有法定代表人、负责人或者工作人员签名或者按指印而未加盖法人、非法人组织的印章，相对人能够证明法定代表人、负责人或者工作人员在订立合同时未超越权限的，人民法院应当认定合同对法人、非法人组织发生效力。但是，当事人约定以加盖印章作为合同成立条件的除外。

合同仅加盖法人、非法人组织的印章而无人员签名或者按指印，相对人能够证明合同系法定代表人、负责人或者工作人员在其权限范围内订立的，人民法院应当认定该合同对法人、非法人组织发生效力。

在前三款规定的情形下，法定代表人、负责人或者工作人员在订立合同时虽然超越代表或者代理权限，但是依据民法典第五百零四条的规定构成表见代表，或者依据民法典第一百七十二条的规定构成表见代理的，人民法院应当认定合同对法人、非法人组织发生效力。

第二十三条　法定代表人、负责人或者代理人与相对人恶意串通，以法人、非法人组织的名义订立合同，损害法人、非法人组织的合法权益，法人、非法人组织主张不承担民事责任的，人民法院应予支持。法人、非法人组织请求法定代表人、负责人或者代理人与相对人对因此受到的损失承担连带赔偿责任的，人民法院应予支持。

根据法人、非法人组织的举证，综合考虑当事人之间的交易习惯、合同在订立时是否显失公平、相关人员是否获取了不正当利益、合同的履行情况等因素，人民法院能够认定法定代表人、负责人或者代理人与相对人存在恶意串通的高度可能性的，可以要求前述人员就合同订立、履行的过程等相关事实作出陈述或者提供相应的证据。其无正当理由拒绝作出陈述，或者所作陈述不具合理性又不能提供相应证据的，人民法院可以认定恶意串通的事实成立。

第二十四条　合同不成立、无效、被撤销或者确定不发生效力，当事人请求返还财产，经审查财产能够返还的，人民法院应当根据案件具体情况，单独或者合并适用返还占有的标的物、更正登记簿册记载等方式；经审查财产不能返还或者没有必要返还的，人民法院应当以认定合同不成立、无效、被撤销或者确定不发生效力之日该财产的市场价值或者以其他合理方式计算的价值为基准判决折价补偿。

除前款规定的情形外，当事人还请求赔偿损失的，人民法院应当结合财产返还或者折价补偿的情况，综合考虑财产增值收益和贬值损失、交易成本的支出等事实，按照双方当事人的过错程度及原因力大小，根据诚信原则和公平原则，合理确定损失赔偿额。

合同不成立、无效、被撤销或者确定不发生效力，当事人的行为涉嫌违法且未经处理，可能导致一方或者双方通过违法行为获得不当利益的，人民法院应当向有关行政管理部门提出司法建议。当事人的行为涉嫌犯罪的，应当将案件线索移送刑事侦查机关；属于刑事自诉案件的，应当告知当事人可以向有管辖权的人民法院另行提起诉讼。

第二十五条　合同不成立、无效、被撤销或者确定不发生效力，有权请求返还价款或者报酬的当事人一方请求对方支付资金占用费的，人民法院应当在当事人请求的范围内按照中国人民银行授权全国银行间同业拆借中心公布的一年期贷款市场报价利率（LPR）计算。但是，占用资金的当事人对于合同不成立、无效、被撤销或者确定不发生效力没有过错的，应当以中国人民银行公布的同期同类存款基准利率计算。

双方互负返还义务，当事人主张同时履行的，人民法院应予支持；占有标的物的一方对标的物存在使用或者依法可以使用的情形，对方请求将其应支付的资金占用费与应收取的标的物使用费相互抵销的，人民法院应予支持，但是法律另有规定的除外。

四、合同的履行

第二十六条　当事人一方未根据法律规定或者合同约定履行开具发票、提供证明文件等非主要债务，对方请求继续履行该债务并赔偿因怠于履行该债务造成的损失的，人民法院依法予以支持；对方请求解除合同的，人民法院不予支持，但是不履行该债务致使不能实现合同目的或者当事人另有约定的除外。

第二十七条　债务人或者第三人与债权人在债务履行期限届满后达成以物抵债协议，不存在影响合同效力情形的，人民法院应当认定该协议自当事人意思表示一致时生效。

债务人或者第三人履行以物抵债协议后，人民法院应当认定相应的原债务同时消灭；债务人或者第三人未按照约定履行以物抵债协议，经催告后在合理期限内仍不履行，债权人选择请求履行原债务或者以物抵债协议的，人民法院应予支持，但是法律另有规定或者当事人另有约定的除外。

前款规定的以物抵债协议经人民法院确认或者人民法院根据当事人达成的以物抵债协议制作成调解书，债权人主张财产权利自确认书、调解书生效时发生变动或者具有对抗善意第三人效力的，人民法院不予支持。

债务人或者第三人以自己不享有所有权或者处分权的财产权利订立

以物抵债协议的，依据本解释第十九条的规定处理。

第二十八条　债务人或者第三人与债权人在债务履行期限届满前达成以物抵债协议的，人民法院应当在审理债权债务关系的基础上认定该协议的效力。

当事人约定债务人到期没有清偿债务，债权人可以对抵债财产拍卖、变卖、折价以实现债权的，人民法院应当认定该约定有效。当事人约定债务人到期没有清偿债务，抵债财产归债权人所有的，人民法院应当认定该约定无效，但是不影响其他部分的效力；债权人请求对抵债财产拍卖、变卖、折价以实现债权的，人民法院应予支持。

当事人订立前款规定的以物抵债协议后，债务人或者第三人未将财产权利转移至债权人名下，债权人主张优先受偿的，人民法院不予支持；债务人或者第三人已将财产权利转移至债权人名下的，依据《最高人民法院关于适用〈中华人民共和国民法典〉有关担保制度的解释》第六十八条的规定处理。

第二十九条　民法典第五百二十二条第二款规定的第三人请求债务人向自己履行债务的，人民法院应予支持；请求行使撤销权、解除权等民事权利的，人民法院不予支持，但是法律另有规定的除外。

合同依法被撤销或者被解除，债务人请求债权人返还财产的，人民法院应予支持。

债务人按照约定向第三人履行债务，第三人拒绝受领，债权人请求债务人向自己履行债务的，人民法院应予支持，但是债务人已经采取提存等方式消灭债务的除外。第三人拒绝受领或者受领迟延，债务人请求债权人赔偿因此造成的损失的，人民法院依法予以支持。

第三十条　下列民事主体，人民法院可以认定为民法典第五百二十四条第一款规定的对履行债务具有合法利益的第三人：

（一）保证人或者提供物的担保的第三人；

（二）担保财产的受让人、用益物权人、合法占有人；

（三）担保财产上的后顺位担保权人；

（四）对债务人的财产享有合法权益且该权益将因财产被强制执行

而丧失的第三人；

（五）债务人为法人或者非法人组织的，其出资人或者设立人；

（六）债务人为自然人的，其近亲属；

（七）其他对履行债务具有合法利益的第三人。

第三人在其已经代为履行的范围内取得对债务人的债权，但是不得损害债权人的利益。

担保人代为履行债务取得债权后，向其他担保人主张担保权利的，依据《最高人民法院关于适用〈中华人民共和国民法典〉有关担保制度的解释》第十三条、第十四条、第十八条第二款等规定处理。

第三十一条 当事人互负债务，一方以对方没有履行非主要债务为由拒绝履行自己的主要债务的，人民法院不予支持。但是，对方不履行非主要债务致使不能实现合同目的或者当事人另有约定的除外。

当事人一方起诉请求对方履行债务，被告依据民法典第五百二十五条的规定主张双方同时履行的抗辩且抗辩成立，被告未提起反诉的，人民法院应当判决被告在原告履行债务的同时履行自己的债务，并在判项中明确原告申请强制执行的，人民法院应当在原告履行自己的债务后对被告采取执行行为；被告提起反诉的，人民法院应当判决双方同时履行自己的债务，并在判项中明确任何一方申请强制执行的，人民法院应当在该当事人履行自己的债务后对对方采取执行行为。

当事人一方起诉请求对方履行债务，被告依据民法典第五百二十六条的规定主张原告应先履行的抗辩且抗辩成立的，人民法院应当驳回原告的诉讼请求，但是不影响原告履行债务后另行提起诉讼。

第三十二条 合同成立后，因政策调整或者市场供求关系异常变动等原因导致价格发生当事人在订立合同时无法预见的、不属于商业风险的涨跌，继续履行合同对于当事人一方明显不公平的，人民法院应当认定合同的基础条件发生了民法典第五百三十三条第一款规定的"重大变化"。但是，合同涉及市场属性活跃、长期以来价格波动较大的大宗商品以及股票、期货等风险投资型金融产品的除外。

合同的基础条件发生了民法典第五百三十三条第一款规定的重大变

化，当事人请求变更合同的，人民法院不得解除合同；当事人一方请求变更合同，对方请求解除合同的，或者当事人一方请求解除合同，对方请求变更合同的，人民法院应当结合案件的实际情况，根据公平原则判决变更或者解除合同。

人民法院依据民法典第五百三十三条的规定判决变更或者解除合同的，应当综合考虑合同基础条件发生重大变化的时间、当事人重新协商的情况以及因合同变更或者解除给当事人造成的损失等因素，在判项中明确合同变更或者解除的时间。

当事人事先约定排除民法典第五百三十三条适用的，人民法院应当认定该约定无效。

五、合同的保全

第三十三条　债务人不履行其对债权人的到期债务，又不以诉讼或者仲裁方式向相对人主张其享有的债权或者与该债权有关的从权利，致使债权人的到期债权未能实现的，人民法院可以认定为民法典第五百三十五条规定的"债务人怠于行使其债权或者与该债权有关的从权利，影响债权人的到期债权实现"。

第三十四条　下列权利，人民法院可以认定为民法典第五百三十五条第一款规定的专属于债务人自身的权利：

（一）抚养费、赡养费或者扶养费请求权；

（二）人身损害赔偿请求权；

（三）劳动报酬请求权，但是超过债务人及其所扶养家属的生活必需费用的部分除外；

（四）请求支付基本养老保险金、失业保险金、最低生活保障金等保障当事人基本生活的权利；

（五）其他专属于债务人自身的权利。

第三十五条　债权人依据民法典第五百三十五条的规定对债务人的相对人提起代位权诉讼的，由被告住所地人民法院管辖，但是依法应当适用专属管辖规定的除外。

债务人或者相对人以双方之间的债权债务关系订有管辖协议为由提出异议的，人民法院不予支持。

第三十六条　债权人提起代位权诉讼后，债务人或者相对人以双方之间的债权债务关系订有仲裁协议为由对法院主管提出异议的，人民法院不予支持。但是，债务人或者相对人在首次开庭前就债务人与相对人之间的债权债务关系申请仲裁的，人民法院可以依法中止代位权诉讼。

第三十七条　债权人以债务人的相对人为被告向人民法院提起代位权诉讼，未将债务人列为第三人的，人民法院应当追加债务人为第三人。

两个以上债权人以债务人的同一相对人为被告提起代位权诉讼的，人民法院可以合并审理。债务人对相对人享有的债权不足以清偿其对两个以上债权人负担的债务的，人民法院应当按照债权人享有的债权比例确定相对人的履行份额，但是法律另有规定的除外。

第三十八条　债权人向人民法院起诉债务人后，又向同一人民法院对债务人的相对人提起代位权诉讼，属于该人民法院管辖的，可以合并审理。不属于该人民法院管辖的，应当告知其向有管辖权的人民法院另行起诉；在起诉债务人的诉讼终结前，代位权诉讼应当中止。

第三十九条　在代位权诉讼中，债务人对超过债权人代位请求数额的债权部分起诉相对人，属于同一人民法院管辖的，可以合并审理。不属于同一人民法院管辖的，应当告知其向有管辖权的人民法院另行起诉；在代位权诉讼终结前，债务人对相对人的诉讼应当中止。

第四十条　代位权诉讼中，人民法院经审理认为债权人的主张不符合代位权行使条件的，应当驳回诉讼请求，但是不影响债权人根据新的事实再次起诉。

债务人的相对人仅以债权人提起代位权诉讼时债权人与债务人之间的债权债务关系未经生效法律文书确认为由，主张债权人提起的诉讼不符合代位权行使条件的，人民法院不予支持。

第四十一条　债权人提起代位权诉讼后，债务人无正当理由减免相对人的债务或者延长相对人的履行期限，相对人以此向债权人抗辩的，人民法院不予支持。

第四十二条　对于民法典第五百三十九条规定的"明显不合理"的低价或者高价，人民法院应当按照交易当地一般经营者的判断，并参考交易时交易地的市场交易价或者物价部门指导价予以认定。

转让价格未达到交易时交易地的市场交易价或者指导价百分之七十的，一般可以认定为"明显不合理的低价"；受让价格高于交易时交易地的市场交易价或者指导价百分之三十的，一般可以认定为"明显不合理的高价"。

债务人与相对人存在亲属关系、关联关系的，不受前款规定的百分之七十、百分之三十的限制。

第四十三条　债务人以明显不合理的价格，实施互易财产、以物抵债、出租或者承租财产、知识产权许可使用等行为，影响债权人的债权实现，债务人的相对人知道或者应当知道该情形，债权人请求撤销债务人的行为的，人民法院应当依据民法典第五百三十九条的规定予以支持。

第四十四条　债权人依据民法典第五百三十八条、第五百三十九条的规定提起撤销权诉讼的，应当以债务人和债务人的相对人为共同被告，由债务人或者相对人的住所地人民法院管辖，但是依法应当适用专属管辖规定的除外。

两个以上债权人就债务人的同一行为提起撤销权诉讼的，人民法院可以合并审理。

第四十五条　在债权人撤销权诉讼中，被撤销行为的标的可分，当事人主张在受影响的债权范围内撤销债务人的行为的，人民法院应予支持；被撤销行为的标的不可分，债权人主张将债务人的行为全部撤销的，人民法院应予支持。

债权人行使撤销权所支付的合理的律师代理费、差旅费等费用，可以认定为民法典第五百四十条规定的"必要费用"。

第四十六条　债权人在撤销权诉讼中同时请求债务人的相对人向债

务人承担返还财产、折价补偿、履行到期债务等法律后果的，人民法院依法予以支持。

债权人请求受理撤销权诉讼的人民法院一并审理其与债务人之间的债权债务关系，属于该人民法院管辖的，可以合并审理。不属于该人民法院管辖的，应当告知其向有管辖权的人民法院另行起诉。

债权人依据其与债务人的诉讼、撤销权诉讼产生的生效法律文书申请强制执行的，人民法院可以就债务人对相对人享有的权利采取强制执行措施以实现债权人的债权。债权人在撤销权诉讼中，申请对相对人的财产采取保全措施的，人民法院依法予以准许。

六、合同的变更和转让

第四十七条 债权转让后，债务人向受让人主张其对让与人的抗辩的，人民法院可以追加让与人为第三人。

债务转移后，新债务人主张原债务人对债权人的抗辩的，人民法院可以追加原债务人为第三人。

当事人一方将合同权利义务一并转让后，对方就合同权利义务向受让人主张抗辩或者受让人就合同权利义务向对方主张抗辩的，人民法院可以追加让与人为第三人。

第四十八条 债务人在接到债权转让通知前已经向让与人履行，受让人请求债务人履行的，人民法院不予支持；债务人接到债权转让通知后仍然向让与人履行，受让人请求债务人履行的，人民法院应予支持。

让与人未通知债务人，受让人直接起诉债务人请求履行债务，人民法院经审理确认债权转让事实的，应当认定债权转让自起诉状副本送达时对债务人发生效力。债务人主张因未通知而给其增加的费用或者造成的损失从认定的债权数额中扣除的，人民法院依法予以支持。

第四十九条 债务人接到债权转让通知后，让与人以债权转让合同不成立、无效、被撤销或者确定不发生效力为由请求债务人向其履行的，人民法院不予支持。但是，该债权转让通知被依法撤销的除外。

受让人基于债务人对债权真实存在的确认受让债权后，债务人又以
该债权不存在为由拒绝向受让人履行的，人民法院不予支持。但是，受
让人知道或者应当知道该债权不存在的除外。

第五十条 让与人将同一债权转让给两个以上受让人，债务人以已
经向最先通知的受让人履行为由主张其不再履行债务的，人民法院应予
支持。债务人明知接受履行的受让人不是最先通知的受让人，最先通知
的受让人请求债务人继续履行债务或者依据债权转让协议请求让与人承
担违约责任的，人民法院应予支持；最先通知的受让人请求接受履行的
受让人返还其接受的财产的，人民法院不予支持，但是接受履行的受让
人明知该债权在其受让前已经转让给其他受让人的除外。

前款所称最先通知的受让人，是指最先到达债务人的转让通知中载
明的受让人。当事人之间对通知到达时间有争议的，人民法院应当结合
通知的方式等因素综合判断，而不能仅根据债务人认可的通知时间或者
通知记载的时间予以认定。当事人采用邮寄、通讯电子系统等方式发出
通知的，人民法院应当以邮戳时间或者通讯电子系统记载的时间等作为
认定通知到达时间的依据。

第五十一条 第三人加入债务并与债务人约定了追偿权，其履行债
务后主张向债务人追偿的，人民法院应予支持；没有约定追偿权，第三
人依照民法典关于不当得利等的规定，在其已经向债权人履行债务的范
围内请求债务人向其履行的，人民法院应予支持，但是第三人知道或者
应当知道加入债务会损害债务人利益的除外。

债务人就其对债权人享有的抗辩向加入债务的第三人主张的，人民
法院应予支持。

七、合同的权利义务终止

第五十二条 当事人就解除合同协商一致时未对合同解除后的违约
责任、结算和清理等问题作出处理，一方主张合同已经解除的，人民法
院应予支持。但是，当事人另有约定的除外。

有下列情形之一的，除当事人一方另有意思表示外，人民法院可以认定合同解除：

（一）当事人一方主张行使法律规定或者合同约定的解除权，经审理认为不符合解除权行使条件但是对方同意解除；

（二）双方当事人均不符合解除权行使的条件但是均主张解除合同。

前两款情形下的违约责任、结算和清理等问题，人民法院应当依据民法典第五百六十六条、第五百六十七条和有关违约责任的规定处理。

第五十三条　当事人一方以通知方式解除合同，并以对方未在约定的异议期限或者其他合理期限内提出异议为由主张合同已经解除的，人民法院应当对其是否享有法律规定或者合同约定的解除权进行审查。经审查，享有解除权的，合同自通知到达对方时解除；不享有解除权的，不发生合同解除的效力。

第五十四条　当事人一方未通知对方，直接以提起诉讼的方式主张解除合同，撤诉后再次起诉主张解除合同，人民法院经审理支持该主张的，合同自再次起诉的起诉状副本送达对方时解除。但是，当事人一方撤诉后又通知对方解除合同且该通知已经到达对方的除外。

第五十五条　当事人一方依据民法典第五百六十八条的规定主张抵销，人民法院经审理认为抵销权成立的，应当认定通知到达对方时双方互负的主债务、利息、违约金或者损害赔偿金等债务在同等数额内消灭。

第五十六条　行使抵销权的一方负担的数项债务种类相同，但是享有的债权不足以抵销全部债务，当事人因抵销的顺序发生争议的，人民法院可以参照民法典第五百六十条的规定处理。

行使抵销权的一方享有的债权不足以抵销其负担的包括主债务、利息、实现债权的有关费用在内的全部债务，当事人因抵销的顺序发生争议的，人民法院可以参照民法典第五百六十一条的规定处理。

第五十七条　因侵害自然人人身权益，或者故意、重大过失侵害他人财产权益产生的损害赔偿债务，侵权人主张抵销的，人民法院不予支持。

第五十八条　当事人互负债务，一方以其诉讼时效期间已经届满的债权通知对方主张抵销，对方提出诉讼时效抗辩的，人民法院对该抗辩应予支持。一方的债权诉讼时效期间已经届满，对方主张抵销的，人民法院应予支持。

八、违约责任

第五十九条　当事人一方依据民法典第五百八十条第二款的规定请求终止合同权利义务关系的，人民法院一般应当以起诉状副本送达对方的时间作为合同权利义务关系终止的时间。根据案件的具体情况，以其他时间作为合同权利义务关系终止的时间更加符合公平原则和诚信原则的，人民法院可以以该时间作为合同权利义务关系终止的时间，但是应当在裁判文书中充分说明理由。

第六十条　人民法院依据民法典第五百八十四条的规定确定合同履行后可以获得的利益时，可以在扣除非违约方为订立、履行合同支出的费用等合理成本后，按照非违约方能够获得的生产利润、经营利润或者转售利润等计算。

非违约方依法行使合同解除权并实施了替代交易，主张按照替代交易价格与合同价格的差额确定合同履行后可以获得的利益的，人民法院依法予以支持；替代交易价格明显偏离替代交易发生时当地的市场价格，违约方主张按照市场价格与合同价格的差额确定合同履行后可以获得的利益的，人民法院应予支持。

非违约方依法行使合同解除权但是未实施替代交易，主张按照违约行为发生后合理期间内合同履行地的市场价格与合同价格的差额确定合同履行后可以获得的利益的，人民法院应予支持。

第六十一条　在以持续履行的债务为内容的定期合同中，一方不履行支付价款、租金等金钱债务，对方请求解除合同，人民法院经审理认为合同应当依法解除的，可以根据当事人的主张，参考合同主体、交易类型、市场价格变化、剩余履行期限等因素确定非违约方寻找替代交易的合理期限，并按照该期限对应的价款、租金等扣除非违约方应当支付的相应履约成本确定合同履行后可以获得的利益。

非违约方主张按照合同解除后剩余履行期限相应的价款、租金等扣除履约成本确定合同履行后可以获得的利益的，人民法院不予支持。但是，剩余履行期限少于寻找替代交易的合理期限的除外。

第六十二条 非违约方在合同履行后可以获得的利益难以根据本解释第六十条、第六十一条的规定予以确定的，人民法院可以综合考虑违约方因违约获得的利益、违约方的过错程度、其他违约情节等因素，遵循公平原则和诚信原则确定。

第六十三条 在认定民法典第五百八十四条规定的"违约一方订立合同时预见到或者应当预见到的因违约可能造成的损失"时，人民法院应当根据当事人订立合同的目的，综合考虑合同主体、合同内容、交易类型、交易习惯、磋商过程等因素，按照与违约方处于相同或者类似情况的民事主体在订立合同时预见到或者应当预见到的损失予以确定。

除合同履行后可以获得的利益外，非违约方主张还有其向第三人承担违约责任应当支出的额外费用等其他因违约所造成的损失，并请求违约方赔偿，经审理认为该损失系违约一方订立合同时预见到或者应当预见到的，人民法院应予支持。

在确定违约损失赔偿额时，违约方主张扣除非违约方未采取适当措施导致的扩大损失、非违约方也有过错造成的相应损失、非违约方因违约获得的额外利益或者减少的必要支出的，人民法院依法予以支持。

第六十四条 当事人一方通过反诉或者抗辩的方式，请求调整违约金的，人民法院依法予以支持。

违约方主张约定的违约金过分高于违约造成的损失，请求予以适当减少的，应当承担举证责任。非违约方主张约定的违约金合理的，也应当提供相应的证据。

当事人仅以合同约定不得对违约金进行调整为由主张不予调整违约金的，人民法院不予支持。

第六十五条 当事人主张约定的违约金过分高于违约造成的损失，

请求予以适当减少的，人民法院应当以民法典第五百八十四条规定的损失为基础，兼顾合同主体、交易类型、合同的履行情况、当事人的过错程度、履约背景等因素，遵循公平原则和诚信原则进行衡量，并作出裁判。

约定的违约金超过造成损失的百分之三十的，人民法院一般可以认定为过分高于造成的损失。

恶意违约的当事人一方请求减少违约金的，人民法院一般不予支持。

第六十六条　当事人一方请求对方支付违约金，对方以合同不成立、无效、被撤销、确定不发生效力、不构成违约或者非违约方不存在损失等为由抗辩，未主张调整过高的违约金的，人民法院应当就若不支持该抗辩，当事人是否请求调整违约金进行释明。第一审人民法院认为抗辩成立且未予释明，第二审人民法院认为应当判决支付违约金的，可以直接释明，并根据当事人的请求，在当事人就是否应当调整违约金充分举证、质证、辩论后，依法判决适当减少违约金。

被告因客观原因在第一审程序中未到庭参加诉讼，但是在第二审程序中到庭参加诉讼并请求减少违约金的，第二审人民法院可以在当事人就是否应当调整违约金充分举证、质证、辩论后，依法判决适当减少违约金。

第六十七条　当事人交付留置金、担保金、保证金、订约金、押金或者订金等，但是没有约定定金性质，一方主张适用民法典第五百八十七条规定的定金罚则的，人民法院不予支持。当事人约定了定金性质，但是未约定定金类型或者约定不明，一方主张为违约定金的，人民法院应予支持。

当事人约定以交付定金作为订立合同的担保，一方拒绝订立合同或者在磋商订立合同时违背诚信原则导致未能订立合同，对方主张适用民法典第五百八十七条规定的定金罚则的，人民法院应予支持。

当事人约定以交付定金作为合同成立或者生效条件，应当交付定金的一方未交付定金，但是合同主要义务已经履行完毕并为对方所接受的，人民法院应当认定合同在对方接受履行时已经成立或者生效。

当事人约定定金性质为解约定金，交付定金的一方主张以丧失定金为代价解除合同的，或者收受定金的一方主张以双倍返还定金为代价解除合同的，人民法院应予支持。

第六十八条　双方当事人均具有致使不能实现合同目的的违约行为，其中一方请求适用定金罚则的，人民法院不予支持。当事人一方仅有轻微违约，对方具有致使不能实现合同目的的违约行为，轻微违约方主张适用定金罚则，对方以轻微违约方也构成违约为由抗辩的，人民法院对该抗辩不予支持。

当事人一方已经部分履行合同，对方接受并主张按照未履行部分所占比例适用定金罚则的，人民法院应予支持。对方主张按照合同整体适用定金罚则的，人民法院不予支持，但是部分未履行致使不能实现合同目的的除外。

因不可抗力致使合同不能履行，非违约方主张适用定金罚则的，人民法院不予支持。

九、附　则

第六十九条　本解释自 2023 年 12 月 5 日起施行。

民法典施行后的法律事实引起的民事案件，本解释施行后尚未终审的，适用本解释；本解释施行前已经终审，当事人申请再审或者按照审判监督程序决定再审的，不适用本解释。

最高人民法院发布《关于适用〈中华人民共和国民法典〉合同编通则若干问题的解释》相关典型案例①

案例一

某物业管理有限公司与某研究所房屋租赁合同纠纷案

【裁判要点】

招投标程序中，中标通知书送达后，一方当事人不履行订立书面合同的义务，相对方请求确认合同自中标通知书到达中标人时成立的，人民法院应予支持。

【简要案情】

2021年7月8日，某研究所委托招标公司就案涉宿舍项目公开发出投标邀请。2021年7月28日，某物业管理有限公司向招标公司发出《投标文件》，表示对招标文件无任何异议，愿意提供招标文件要求的服务。2021年8月1日，招标公司向物业管理公司送达中标通知书，确定物业管理公司为中标人。2021年8月11日，研究所向物业管理公司致函，要求解除与物业管理公司之间的中标关系，后续合同不再签订。物业管理公司主张中标通知书送达后双方租赁合同法律关系成立，研究所应承担因违约给其造成的损失。研究所辩称双方并未签订正式书面租赁合同，仅成立预约合同关系。

---

① 《最高人民法院发布民法典合同编通则司法解释相关典型案例》，载最高人民法院网站，https://www.court.gov.cn/zixun/xiangqing/419392.html。

【判决理由】

法院生效裁判认为，从合同法律关系成立角度，招投标程序中的招标行为应为要约邀请，投标行为应为要约，经评标后招标人向特定投标人发送中标通知书的行为应为承诺，中标通知书送达投标人后承诺生效，合同成立。预约合同是指约定将来订立本约合同的合同，其主要目的在于将来成立本约合同。《招标投标法》第46条第1款规定："招标人和中标人应当自中标通知书发出之日起三十日内，按照招标文件和中标人的投标文件订立书面合同。招标人和中标人不得再行订立背离合同实质性内容的其他协议。"从该条可以看出，中标通知书发出后签订的书面合同必须按照招投标文件订立。本案中招投标文件对租赁合同内容已有明确记载，故应认为中标通知书到达投标人时双方当事人已就租赁合同内容达成合意。该合意与主要目的为签订本约合同的预约合意存在区别，应认为租赁合同在中标通知书送达时成立。中标通知书送达后签订的书面合同，按照上述法律规定其实质性内容应与招投标文件一致，因此应为租赁合同成立后法律要求的书面确认形式，而非新的合同。由于中标通知书送达后租赁合同法律关系已成立，故研究所不履行合同义务，应承担违约责任。

【司法解释相关条文】

《最高人民法院关于适用〈中华人民共和国民法典〉合同编通则若干问题的解释》第4条

案例二

某通讯公司与某实业公司房屋买卖合同纠纷案

【裁判要点】

判断当事人之间订立的合同是本约还是预约的根本标准应当是当事人是否有意在将来另行订立一个新的合同，以最终明确双方之间的权利义务关系。即使当事人对标的、数量以及价款等内容进行了约定，但如果约定将来一定期间仍须另行订立合同，就应认定该约定是预约而非本约。当事人在签订预约合同后，已经实施交付标的物或者支付价款等履行行为，应当认定当事人以行为的方式订立了本约合同。

【简要案情】

2006 年 9 月 20 日，某实业公司与某通讯公司签订《购房协议书》，对买卖诉争房屋的位置、面积及总价款等事宜作出约定，该协议书第三条约定在本协议原则下磋商确定购房合同及付款方式，第五条约定本协议在双方就诉争房屋签订房屋买卖合同时自动失效。通讯公司向实业公司的股东某纤维公司共转款 1000 万元，纤维公司为此出具定金收据两张，金额均为 500 万元。次年 1 月 4 日，实业公司向通讯公司交付了诉争房屋，此后该房屋一直由通讯公司使用。2009 年 9 月 28 日，通讯公司发出《商函》给实业公司，该函的内容为因受金融危机影响，且房地产销售价格整体下调，请求实业公司将诉争房屋的价格下调至 6000 万元左右。当天，实业公司发函给通讯公司，要求其在 30 日内派员协商正式的房屋买卖合同。通讯公司于次日回函表示同意商谈购房事宜，商谈时间为同年 10 月 9 日。2009 年 10 月 10 日，实业公司发函致通讯公司，要求通讯公司对其拟定的《房屋买卖合同》作出回复。当月 12 日，通讯公司回函对其已收到上述合同文本作出确认。2009 年 11 月 12 日，实业公司发函给通讯公司，函件内容为双方因对买卖合同的诸多重大问题存在严重分歧，未能签订《房屋买卖合同》，故双方并未成立买卖关系，通讯公司应支付场地使用费。通讯公司于当月 17 日回函，称双方已实际履行了房屋买卖义务，其系合法占有诉争房屋，故无需支付场地占用费。2010 年 3 月 3 日，实业公司发函给通讯公司，解除其与通讯公司签订于 2006 年 9 月 20 日的《购房协议书》，且要求通讯公司腾出诉争房屋并支付场地使用费、退还定金。通讯公司以其与实业公司就诉争房屋的买卖问题签订了《购房协议书》，且其已支付 1000 万元定金，实业公司业已将诉争房屋交付给其使用，双方之间的《购房协议书》合法有效，且以已实际履行为由，认为其与实业公司于 2006 年 9 月 20 日签订的《购房协议书》已成立并合法有效，请求判令实业公司向其履行办理房屋产权过户登记的义务。

【判决理由】

法院生效裁判认为，判断当事人之间订立的合同系本约还是预约的根本标准应当是当事人的意思表示，即当事人是否有意在将来订立一个新的合同，以最终明确在双方之间形成某种法律关系的具体内容。如果当事人存在明确的将来订立本约的意思，那么，即使预约的内容与本约已经十分接近，且通过合同解释，从预约中可以推导出本约的全部内容，也应当尊重当事人的意思表示，排除这种客观解释的可能性。不过，仅就案涉《购房协议书》而言，虽然其性质应为预约，但结合双方当事人在订立《购房协议书》之后的履行事实，实业公司与通讯公司之间已经成立了房屋买卖法律关系。对于当事人之间是存在预约还是本约关系，不能仅凭一份孤立的协议就简单地加以认定，而是应当综合审查相关协议的内容以及当事人嗣后为达成交易进行的磋商甚至具体的履行行为等事实，从中探寻当事人的真实意思，并据此对当事人之间法律关系的性质作出准确的界定。本案中，双方当事人在签订《购房协议书》时，作为买受人的通讯公司已经实际交付了定金并约定在一定条件下自动转为购房款，作为出卖人的实业公司也接受了通讯公司的交付。在签订《购房协议书》的三个多月后，实业公司将合同项下的房屋交付给了通讯公司，通讯公司也接受了该交付。而根据《购房协议书》的预约性质，实业公司交付房屋的行为不应视为对该合同的履行，在当事人之间不存在租赁等其他有偿使用房屋的法律关系的情形下，实业公司的该行为应认定为系基于与通讯公司之间的房屋买卖关系而为的交付。据此，可以认定当事人之间达成了买卖房屋的合意，成立了房屋买卖法律关系。

【司法解释相关条文】

《最高人民法院关于适用〈中华人民共和国民法典〉合同编通则若干问题的解释》第 6 条

案例三

某甲银行与某乙银行合同纠纷案

【裁判要点】

案涉交易符合以票据贴现为手段的多链条融资交易的基本特征。案涉《回购协议》是双方虚假意思表示，目的是借用银行承兑汇票买入返售的形式为某甲银行向实际用资人提供资金通道，真实合意是资金通道合同。在资金通道合同项下，各方当事人的权利义务是，过桥行提供资金通道服务，由出资银行提供所需划转的资金并支付相应的服务费，过桥行无交付票据的义务，但应根据其过错对出资银行的损失承担相应的赔偿责任。

【简要案情】

票据中介王某与某甲银行票据部员工姚某等联系以开展票据回购交易的方式进行融资，2015 年 3 月至 12 月间，双方共完成 60 笔交易。交易的模式是：姚某与王某达成票据融资的合意后，姚某与王某分别联系为两者之间的交易提供资金划转服务的银行即过桥行，包括某乙银行、某丙银行、某丁银行等。所有的交易资金最终通过过桥行流入由王某控制的企业账户中；在票据的交付上，王某从持票企业收购票据后，通过其控制的村镇银行完成票据贴现，并直接向某甲银行交付。资金通道或过桥的特点是过桥行不需要见票、验票、垫资，没有资金风险，仅收取利差。票据回购到期后，由于王某与姚某等人串通以虚假票据入库，致使某甲银行的资金遭受损失，王某与姚某等人亦因票据诈骗、挪用资金等行为被判处承担刑事责任。之后，某甲银行以其与某乙银行签订的《银行承兑汇票回购合同》（以下简称《回购合同》）为据，以其与某乙银行开展票据回购交易而某乙银行未能如期交付票据为由提起诉讼，要求某乙银行承担回购合同约定的违约责任。

【判决理由】

生效判决认为，《回购合同》系双方虚假合意，该虚假合意隐藏的真实合意是由某乙银行为某甲银行提供资金通道服务，故双方之间的法律关系为资金通道合同法律关系。具体理由为：第一，某甲银行明知以票据回购形式提供融资发生在其与王某之间，亦明知是在无票据作为担保的情况下向王某融出资金，而某乙银行等过桥行仅凭某甲银行提供的票据清单开展交易，为其提供通道服务。因此，本案是以票据贴现为手段，以票据清单交易为形式的多链条融资模式，某甲银行是实际出资行，王某是实际用资人，某乙银行是过桥行。第二，某甲银行与某乙银行之间不交票、不背书，仅凭清单交易的事实可以证明，《回购合同》并非双方当事人的真实合意。第三，案涉交易存在不符合正常票据回购交易顺序的倒打款，进一步说明《回购合同》并非双方的真实意思表示。《回购合同》表面约定的票据回购系双方的虚假意思而无效；隐藏的资金通道合同违反了金融机构审慎经营原则，且扰乱了票据市场交易秩序、引发金融风险，因此双方当事人基于真实意思表示形成的资金通道合同属于违背公序良俗、损害社会公共利益的合同，依据《民法总则》第 153 条第 2 款及《合同法》第 52 条第 4 项的规定，应为无效。在《回购合同》无效的情形下，某甲银行请求某乙银行履行合同约定的义务并承担违约责任，缺乏法律依据，但某乙银行应根据其过错对某甲银行的损失承担相应的赔偿责任。

【司法解释相关条文】

《最高人民法院关于适用〈中华人民共和国民法典〉合同编通则若干问题的解释》第 15 条

案例四

某旅游管理公司与某村村民委员会等合同纠纷案

【裁判要点】

当事人签订具有合作性质的长期性合同，因政策变化对当事人履行合同产生影响，但该变化不属于订立合同时无法预见的重大变化，按照变化后的政策要求予以调整亦不影响合同继续履行，且继续履行不会对当事人一方明显不公平，该当事人不能依据《民法典》第533条请求变更或者解除合同。该当事人请求终止合同权利义务关系，守约方不同意终止合同，但双方当事人丧失合作可能性导致合同目的不能实现的，属于《民法典》第580条第1款第2项规定的"债务的标的不适于强制履行或者履行费用过高"，应根据违约方的请求判令终止合同权利义务关系并判决违约方承担相应的违约责任。

【简要案情】

2019年初，某村村委会、村股份经济合作社（甲方）与某旅游管理有限公司（乙方）就某村村域范围内旅游资源开发建设签订经营协议，约定经营期限50年。2019年底，某村所在市辖区水务局将经营范围内河沟两侧划定为城市蓝线，对蓝线范围内的建设活动进行管理。2019年11月左右，某旅游管理有限公司得知河沟两侧被划定为城市蓝线。2020年5月11日，某旅游管理有限公司书面通知要求解除相关协议。经调查，经营协议确定的范围绝大部分不在蓝线范围内，且对河道治理验收合格就能对在蓝线范围内的部分地域进行开发建设。

【判决理由】

生效判决认为，双方约定就经营区域进行民宿与旅游开发建设，因流经某村村域的河道属于签订经营协议时既有的山区河道，不属于无法预见的重大变化，城市蓝线主要是根据江、河、湖、库、渠和湿地等城市地标水体来进行地域界线划定，主要目的是水体保护和控制，某旅游管理有限公司可在履行相应行政手续审批或符合政策文件的具体要求时继续进行开发活动，故城市蓝线划定不构成情势变更。某村村委会、村股份经济合作社并不存在违约行为，某旅游管理有限公司明确表示不再对经营范围进行民宿及旅游资源开发，属于违约一方。某旅游管理有限公司以某村村委会及村股份经济合作社根本违约为由要求解除合同，明确表示不再对经营范围进行民宿及旅游资源开发，某村村委会及村股份经济合作社不同意解除合同或终止合同权利义务，双方已构成合同僵局。考虑到双方合同持续履行长达50年，须以双方自愿且相互信赖为前提，如不允许双方权利义务终止，既不利于充分发挥土地等资源的价值利用，又不利于双方利益的平衡保护，案涉经营协议已丧失继续履行的现实可行性，合同权利义务关系应当终止。

【司法解释相关条文】

《最高人民法院关于适用〈中华人民共和国民法典〉合同编通则若干问题的解释》第 32 条

案例五

某控股株式会社与某利公司等债权人代位权纠纷案

【裁判要点】

在代位权诉讼中，相对人以其与债务人之间的债权债务关系约定了仲裁条款为由，主张案件不属于人民法院受理案件范围的，人民法院不予支持。

【简要案情】

2015 年至 2016 年，某控股株式会社与某利国际公司等先后签订《可转换公司债发行及认购合同》及补充协议，至 2019 年 3 月，某利国际公司欠付某控股株式会社款项 6400 余万元。2015 年 5 月，某利公司与其母公司某利国际公司签订《贷款协议》，由某利国际公司向某利公司出借 2.75 亿元用于公司经营。同年 6 月，某利国际公司向某利公司发放了贷款。案涉《可转换公司债发行及认购合同》及补充协议、《贷款协议》均约定了仲裁条款。某控股株式会社认为某利国际公司怠于行使对某利公司的债权，影响了某控股株式会社到期债权的实现，遂提起代位权诉讼。一审法院认为，虽然某控股株式会社与某利公司之间并无直接的仲裁协议，但某控股株式会社向某利公司行使代位权时，应受某利公司与某利国际公司之间仲裁条款的约束。相关协议约定的仲裁条款排除了人民法院的管辖，故裁定驳回某控股株式会社的起诉。某控股株式会社不服提起上诉。二审法院依据《最高人民法院关于适用〈中华人

民共和国合同法〉若干问题的解释（一）》第 14 条的规定，裁定撤销
一审裁定，移送被告住所地人民法院审理。

【判决理由】

生效裁判认为，虽然案涉合同中均约定了仲裁条款，但仲裁条款只
约束签订合同的各方当事人，对合同之外的当事人不具有约束力。本案并
非债权转让引起的诉讼，某控股株式会社既非《贷款协议》的当事人，
亦非该协议权利义务的受让人，一审法院认为某控股株式会社行使代位权
时应受某利公司与某利国际公司之间仲裁条款的约束缺乏依据。

【司法解释相关条文】

《最高人民法院关于适用〈中华人民共和国民法典〉合同编通则若
干问题的解释》第 36 条

案例六

周某与丁某、薛某债权人撤销权纠纷案

【裁判要点】

在债权人撤销权诉讼中，债权人请求撤销债务人与相对人的行为并
主张相对人向债务人返还财产的，人民法院依法予以支持。

【简要案情】

周某因丁某未能履行双方订立的加油卡买卖合同，于 2020 年 8 月提起
诉讼，请求解除买卖合同并由丁某返还相关款项。生效判决对周某的诉讼请
求予以支持，但未能执行到位。执行中，周某发现丁某于 2020 年 6 月至 7 月
间向其母亲薛某转账 87 万余元，遂提起债权人撤销权诉讼，请求撤销丁某
无偿转让财产的行为并同时主张薛某向丁某返还相关款项。

【判决理由】

生效裁判认为，丁某在其基于加油卡买卖合同关系形成的债务未能
履行的情况下，将名下银行卡中的款项无偿转账给其母亲薛某的行为客
观上影响了债权人周某债权的实现。债权人周某在法定期限内提起撤销

权诉讼，符合法律规定。丁某的行为被撤销后，薛某即丧失占有案涉款项的合法依据，应当负有返还义务，遂判决撤销丁某的行为、薛某向丁某返还相关款项。

【司法解释相关条文】

《最高人民法院关于适用〈中华人民共和国民法典〉合同编通则若干问题的解释》第 46 条第 1 款

案例七

孙某与某房地产公司合资、合作开发房地产合同纠纷案

【裁判要点】

合同一方当事人以通知形式行使合同解除权的，须以享有法定或者约定解除权为前提。不享有解除权的一方向另一方发出解除通知，另一方即便未在合理期限内提出异议，也不发生合同解除的效力。

【简要案情】

2014 年 5 月，某房地产开发有限公司（以下简称房地产公司）与孙某签订《合作开发协议》。协议约定：房地产公司负有证照手续办理、项目招商、推广销售的义务，孙某承担全部建设资金的投入；房地产公司拟定的《项目销售整体推广方案》，应当与孙某协商并取得孙某书面认可；孙某投入 500 万元（保证金）资金后，如果销售额不足以支付工程款，孙某再投入 500 万元，如不到位按违约处理；孙某享有全权管理施工项目及承包商、施工场地权利，房地产公司支付施工方款项必须由孙某签字认可方能转款。

同年 10 月，房地产公司向孙某发出协调函，双方就第二笔 500 万元投资款是否达到支付条件产生分歧。2015 年 1 月 20 日，房地产公司向孙某发出《关于履行的通知》，告知孙某 5 日内履行合作义务，向该公司支付 500 万元投资款，否则将解除《合作开发协议》。孙某在房地产公司发出协调函后，对其中提及的需要支付的工程款并未提出异议，

亦未要求该公司提供依据，并于 2015 年 1 月 23 日向该公司发送回复函，要求该公司近日内尽快推出相关楼栋销售计划并取得其签字认可，尽快择期开盘销售，并尽快按合同约定设立项目资金管理共同账户。房地产公司于 2015 年 3 月 13 日向孙某发出《解除合同告知函》，通知解除《合作开发协议》。孙某收到该函后，未对其形式和内容提出异议。2015 年 7 月 17 日，孙某函告房地产公司，请该公司严格执行双方合作协议约定，同时告知"销售已近半月，望及时通报销售进展实况"。后孙某诉至法院，要求房地产公司支付合作开发房地产收益分红总价值 3000 万元；房地产公司提出反诉，要求孙某给付违约金 300 万元。一审、二审法院认为，孙某收到解除通知后，未对通知的形式和内容提出异议，亦未在法律规定期限内请求人民法院或者仲裁机构确认解除合同的效力，故认定双方的合同已经解除。孙某不服二审判决，向最高人民法院申请再审。

【判决理由】

生效裁判认为，房地产公司于 2015 年 3 月 13 日向孙某发送《解除合同告知函》，通知解除双方签订的《合作开发协议》，但该《解除合同告知函》产生解除合同的法律效果须以该公司享有法定或者约定解除权为前提。从案涉《合作开发协议》的约定看，孙某第二次投入 500 万元资金附有前置条件，即房地产公司应当对案涉项目进行销售，只有在销售额不足以支付工程款时，才能要求孙某投入第二笔 500 万元。结合《合作开发协议》的约定，能否认定房地产公司作为守约方，享有法定解除权，应当审查该公司是否依约履行了己方合同义务。包括案涉项目何时开始销售，销售额是否足以支付工程款；房地产公司在房屋销售前后，是否按照合同约定，将《项目销售整体推广方案》报孙某审批；工程款的支付是否经由孙某签字等一系列事实。一审、二审法院未对上述涉及房地产公司是否享有法定解除权的事实进行审理，即以孙某"未在法律规定期限内请求人民法院或者仲裁机构确认解除合同的效力"为由，认定《合作开发协议》已经解除，属于认定事实不清，适用法律错误。

【司法解释相关条文】

《最高人民法院关于适用〈中华人民共和国民法典〉合同编通则若干问题的解释》第 53 条

案例八

某实业发展公司与某棉纺织品公司委托合同纠纷案

【裁判要点】

据以行使抵销权的债权不足以抵销其全部债务，应当按照实现债权的有关费用、利息、主债务的顺序进行抵销。

【简要案情】

2012 年 6 月 7 日，某实业发展公司与某棉纺织品公司签订《委托协议》，约定某实业发展公司委托某棉纺织品公司通过某银行向案外人某商贸公司发放贷款 5000 万元。该笔委托贷款后展期至 2015 年 6 月 9 日。某商贸公司在贷款期间所支付的利息，均已通过某棉纺织品公司支付给某实业发展公司。2015 年 6 月 2 日，某商贸公司将 5000 万元本金归还某棉纺织品公司，但某棉纺织品公司未将该笔款项返还给某实业发展公司，形成本案诉讼。另，截至 2015 年 12 月 31 日，某实业发展公司欠某棉纺织品公司 8296517.52 元。某棉纺织品公司于 2017 年 7 月 20 日向某实业发展公司送达《债务抵销通知书》，提出以其对某实业发展公司享有的 8296517.52 元债权抵销案涉 5000 万元本金债务。某实业发展公司以某棉纺织品公司未及时归还所欠款项为由诉至法院，要求某棉纺织品公司归还本息。在本案一审期间，某棉纺织品公司又以抗辩的形式就该笔债权向一审法院提出抵销，并提起反诉，后主动撤回反诉。

【判决理由】

生效裁判认为，某棉纺织品公司据以行使抵销权的债权不足以抵销其对某实业发展公司负有的全部债务，参照《最高人民法院关于适用〈中华人民共和国合同法〉若干问题的解释（二）》第 21 条的规定，应当按照实现债权的有关费用、利息、主债务的顺序进行抵销，即某棉纺织品公司对某实业发展公司享有的 8296517.52 元债权，先用于抵销其对某实业发展公司负有的 5000 万元债务中的利息，然后再用于抵销本金。某棉纺织品公司有关 8296517.52 元先用于抵销 5000 万元本金的再审申请缺乏事实和法律依据，故不予支持。

【司法解释相关条文】

《最高人民法院关于适用〈中华人民共和国民法典〉合同编通则若干问题的解释》第 56 条第 2 款

案例九

某石材公司与某采石公司买卖合同纠纷案

【裁判要点】

非违约方主张按照违约行为发生后合理期间内合同履行地的市场价格与合同价格的差额确定合同履行后可以获得的利益的，人民法院依法予以支持。

【简要案情】

某石材公司与某采石公司签订《大理石方料买卖合同》，约定自某采石公司在某石材公司具备生产能力后前两年每月保证供应石料 1200 立方米至 1500 立方米。合同约定的大理石方料收方价格根据体积大小，主要有两类售价：每立方米 350 元和每立方米 300 元。自 2011 年 7 月至 2011 年 9 月，某采石公司向某石材公司供应了部分石料，但此后某采石公司未向某石材公司供货，某石材公司遂起诉主张某采石公司承担未按照合同供货的违约损失。某采石公司提供的评估报告显示荒料价格为每立方米 715.64 元。

【判决理由】

生效裁判认为，某采石公司提供的评估报告显示的石材荒料价格为每立方米 715.64 元，是某石材公司在某采石公司违约后如采取替代交易的方法再购得每立方米同等质量的石料所需要支出的费用。以该价格扣除合同约定的供货价每立方米 350 元，即某石材公司受到的单位损失。

【司法解释相关条文】

《最高人民法院关于适用〈中华人民共和国民法典〉合同编通则若干问题的解释》第 60 条第 3 款

案例十

柴某与某管理公司房屋租赁合同纠纷案

【裁判要点】

当事人一方违约后，对方没有采取适当措施致使损失扩大的，不得就扩大的损失请求赔偿。承租人已经通过多种途径向出租人作出了解除合同的意思表示，而出租人一直拒绝接收房屋，造成涉案房屋的长期空置，不得向承租人主张全部空置期内的租金。

【简要案情】

2018 年 7 月 21 日，柴某与某管理公司签订《资产管理服务合同》，约定：柴某委托某管理公司管理运营涉案房屋，用于居住；管理期限自 2018 年 7 月 24 日起至 2021 年 10 月 16 日止。合同签订后，柴某依约向某管理公司交付了房屋。某管理公司向柴某支付了服务质量保证金，以及至 2020 年 10 月 16 日的租金。后某管理公司与柴某协商合同解除事宜，但未能达成一致，某管理公司向柴某邮寄解约通知函及该公司单方签章的结算协议，通知柴某该公司决定于 2020 年 11 月 3 日解除《资产管理服务合同》。柴某对某管理公司的单方解除行为不予认可。2020 年 12 月 29 日，某管理公司向柴某签约时留存并认可的手机号码发送解约完成通知及房屋密码锁的密码。2021 年 10 月 8 日，法院判决终止双方之间的合同权利义务关系。柴某起诉请求某管理公司支付 2020 年 10 月 17 日至 2021 年 10 月 16 日房屋租金 114577.2 元及逾期利息、违约金 19096.2 元，未履行租期年度对应的空置期部分折算金额 7956.75 元等。

【判决理由】

生效裁判认为，当事人一方违约后，对方应当采取适当措施防止损失的扩大；没有采取适当措施致使损失扩大的，不得就扩大的损失请求赔偿。合同终止前，某管理公司应当依约向柴某支付租金。但鉴于某管理公司已经通过多种途径向柴某表达解除合同的意思表示，并向其发送房屋密码锁的密码，而柴某一直拒绝接收房屋，造成涉案房屋的长期空置。因此，柴某应当对其扩大损失的行为承担相应责任。法院结合双方当事人陈述、合同实际履行情况、在案证据等因素，酌情支持柴某主张的房屋租金至某管理公司向其发送电子密码后一个月，即 2021 年 1 月 30 日，应付租金为 33418.35 元。

【司法解释相关条文】

《最高人民法院关于适用〈中华人民共和国民法典〉合同编通则若干问题的解释》第 61 条第 2 款、第 63 条第 3 款

图书在版编目（CIP）数据

民法典合同编通则及司法解释案例应用手册／邹毅强，朱挺主编；潘建云，陶俊杰副主编．—北京：中国法制出版社，2024.6

ISBN 978-7-5216-4511-8

Ⅰ.①民… Ⅱ.①邹… ②朱… ③潘… ④陶… Ⅲ.①合同法-法律解释-中国 Ⅳ.①D923.65

中国国家版本馆 CIP 数据核字（2024）第 093881 号

责任编辑：秦智贤　　　　　　　　　　　　　　封面设计：杨鑫宇

民法典合同编通则及司法解释案例应用手册

MINFADIAN HETONGBIAN TONGZE JI SIFA JIESHI ANLI YINGYONG SHOUCE

主编／邹毅强　朱挺

副主编／潘建云　陶俊杰

经销／新华书店

印刷／三河市紫恒印装有限公司

开本／880 毫米×1230 毫米　32 开　　　　印张／12　字数／310 千

版次／2024 年 6 月第 1 版　　　　　　　　2024 年 6 月第 1 次印刷

中国法制出版社出版

书号 ISBN 978-7-5216-4511-8　　　　　　　　　　定价：45.00 元

北京市西城区西便门西里甲 16 号西便门办公区

邮政编码：100053　　　　　　　　　　　　　传真：010-63141600

网址：http://www.zgfzs.com　　　　　　　　编辑部电话：010-63141798

市场营销部电话：010-63141612　　　　　　印务部电话：010-63141606

（如有印装质量问题，请与本社印务部联系。）